集人文社科之思 刊专业学术之声

刊　　名：中国区域文化研究
主办单位：安徽师范大学中国区域文化研究院
主　　编：卜宪群

STUDIES IN CHINESE REGIONAL CULTURE

编辑委员会

主　　任：卜宪群
副 主 任：李琳琦

委　员

卜宪群　瞿林东　范金民　张国刚　陈尚胜　李琳琦
王世华　徐　彬　胡传志　陆　林　郭淑新

主　　编：卜宪群
执行主编： 李琳琦
副 主 编：刘道胜　梁仁志
编　　辑：胡　宁　朱小阳　丁守伟

第一辑·创刊号

集刊序列号：PIJ-2018-262
中国集刊网：http://www.jikan.com.cn/
集刊投约稿平台：http://iedol.ssap.com.cn/

安徽师范大学中国区域文化研究院　主办
安徽省重点智库安徽文化发展研究院　协办

中国区域文化研究
第 一 辑 · 创 刊 号

STUDIES IN CHINESE REGIONAL CULTURE

卜宪群　主编

社会科学文献出版社
SOCIAL SCIENCES ACADEMIC PRESS (CHINA)

Vol. 1

发刊词

卜宪群

《易》云："观乎天文，以察时变；观乎人文，以化成天下"，体现了古人崇尚自然秩序与社会秩序相统一的文化观。中华文化源远流长，博大精深，是中华民族五千多年历史发展中的根和魂。同时，我们也深刻注意到，蔚为壮观的中华文化是在各区域文化发生、发展的历史过程中，由涓涓细流而渐渐百川归海的。因此，区域文化研究是史学研究的一个重要分支。

区域文化是一个区域因地理条件、自然环境和行政区域不同而形成的物质文化与精神文化总和。考古发现且业已证实中华文明起源具有多元性。黄河流域、长江流域、珠江流域、辽河流域和北方草原文化带，都是中华文明的摇篮。正是文明起源的多元性，造就了中华文明波澜壮阔的历史开端而又特色鲜明的区域文化。《尚书·禹贡》篇虽非大禹的作品，但其中的"九州"划分，以及关于这种划分背后的意蕴，就反映了先秦时期人们的区域认识。这一划分内涵十分丰富，对其后的中国历史产生了深刻的影响。不晚于春秋战国，各具特色的区域文化在中华大地上已经异彩纷呈，奠定了诸如齐鲁文化、三晋文化、燕赵文化、三秦文化、吴越文化、荆楚文化、巴蜀文化的基本面貌，也由此构成了后世研究中国历史文化绕不开的话题。秦汉以后，"天下为一"的大一统国家建立，法家主张"海内为郡县，法令由一统"，儒家倡导"六合同风，九州共贯"，但区域文化并没有因此而湮没消失。伟大的史学家司马迁在《史记》中，就从自然地理和政区地理划分的视角，论及自先秦至汉代区域文化在经济、社会、文化风俗上的特点与作用，也涉及区域文化在政治上的影响，开了中国区域文化研究之先河。此后历代无论处于统一还是分裂时期，区域文化大都没有被深刻改变大概是一个不争的事实。我想，这与中国幅员辽阔又十分复杂的自然地理环境、人口众多民族复杂的社会状况、绵延长久的历史文化传承有着密切关系。

区域文化是区域的，也是整体的。区域文化不完全等同于因自然地理环境而形成的地域文化，它包含了地域文化的因素，但又超越了地域文化的范围，内涵有政治文化因素的深刻影响。如上述"齐鲁""三晋""三秦""吴越""荆楚""巴蜀"等，既是地域，也是政区，既是由自然地理环境分割的，又是由历史文化传承的面貌不同而形成的。因此，同一区域内，可能存在着不同的地域文化。区域文化也不完全等同于地方文化，同一区域里，可能有着林林总总的地方文化。如我们今天习称的中原区域文化，就实际包含着许许多多的地方文化。但是，中国历史上形成的区域文化又不是彼此孤立的，不是司马迁在《史记·货殖列传》开篇所引老子所言"至老死不相往来"的文化。中国的区域文化既受区域自然环境、历史人文因素的影响，更受大一统文化的深刻影响，是中华文化的组成部分。因此，要想真正认识中国文化，不仅要理解共同的中华文化核心基因，还必须要关注到中国文化的区域差异。换言之，唯有认识到不同区域之间的文化差异，中华文化共同的核心基因才能真正被揭示，中华文化也才能真正被认识和理解，区域文化研究也就成了必由之路。区域文化是历史的也是现实的。中国区域文化的形成既有自然地理环境的因素，也是各地历史文化传承的结果。没有人类的历史活动，也就谈不上区域文化的划分。由于人类历史活动的变迁，区域文化也处在不断的发展变化之中。我们观察分析区域文化，既不能忘记它的历史渊源，又不能胶柱鼓瑟地将今天的区域文化完全等同于历史上的区域文化，忽视其在历史演变过程中所形成的现实性。区域文化是中国的，也是世界的。中国区域文化汇聚成了中华文化的洪流，锻造出了中华文化的品格，折射出中华文化的丰富内涵。中国文化走向世界，缺少不了区域文化的参与，世界要了解中国文化，也不能缺少对区域文化的认识。

学术研究随着时代而发展，也是社会客观需要的产物。20世纪八九十年代后，学界开始重视对中国区域文化的研究、发掘、阐释，至今方兴未艾。这一变化的根本原因是改革开放后的中国学术研究逐渐向深入发展，对中国文化的分析从宏观走向微观的反映，也是区域社会经济文化发展的必然呼唤。文化自信是最根本的自信。对区域文化的重视，正是区域文化越来越成为各地社会经济文化发展新的增长点的结果。几十年来我们取得了很多成绩，但中国区域文化研究还有许多空白，在满足社会需要上还有许多不足，需要我们做出更多的努力。

基于此，我们创办了《中国区域文化研究》。本刊的目的就是要通过中国区域文化的特殊性揭示中国文化的普遍性和规律性，又通过中国文化的普遍性和规律性深入揭示区域文化的特点，不断推出高水平的中国区域文化研究成果，从史学实践和社会实践两个层面推动中国区域文化创造性发展、创新性转化，为构建新时代中国特色的史学学科体系、学术体系、话语体系做出微薄的贡献。因此这份刊物既包含了我们崇高的学术理想，也包含了我们强烈的现实关怀。我深切地期盼学界同道能够多多关注、多多关心、多多支持这棵学术幼苗。唯有大家的不断支持，我们的理想才能变成现实，我们的关怀才能转化为实践。

在安徽师范大学党委、安徽师范大学历史与社会学院领导、学界各位朋友的大力支持下，在社会科学文献出版社的鼎力协助下，《中国区域文化研究》第一辑（创刊号）终于面世了。在此，我向各位关心支持这份刊物的所有朋友表示深深的感谢！预祝这份小刊在大家的呵护下能够茁壮成长！

2019 年 2 月 17 日

目录 contents

笔谈:"区域文化与国家治理"

从汉代风俗观念看国家治理与区域文化的发展 ………………… 彭 卫 / 3
区域社会文化研究的当代意义
  ——以闽台区域文化研究为例 ……………………………… 陈支平 / 8

理论探索

区域科技创新的江南道路
  ——江南早期工业化中工匠与学者互动研究 …………… 余同元 / 15
从地方史到区域史
  ——关于徽学研究的反思 …………………………………… 梁仁志 / 32

专题研究

区域政治文化与秦汉之际的国家治理
  ——以"六国后"为例 ……………………………………… 卜宪群 / 47
西土意识与周人的克商战略 ………………………………………… 钟春晖 / 61
东汉洛阳的"胡客" ………………………………………………… 王子今 / 77
"山泽之利"和"林泉之乐"
  ——中古地主庄园问题再探讨 ……………………………… 王利华 / 93
试论徽商的开拓创新精神 …………………………………………… 栾成显 / 113

徽商文化补论 …………………………………………… 王世华 / 128
明清江南园林的砌筑之风及其设计家 …………… 黄 泳 范金民 / 142
明清徽州才媛的地理分布与文化教育 ……………………… 俞晓红 / 159
清乾嘉时期的浙江地方社会职役
　　——以刑科题本为基本资料 ……………………………… 常建华 / 176
晚清西学东渐的文化传播学研究概论 ……………………… 欧阳跃峰 / 195

文化创新

符号经济与徽州文化品牌发展策略研究 ………………… 秦 枫 / 211

特色史料

入清源约出晓起约叙记 …………………………… 刘道胜 整理 / 227

书　评

重新发现淮河之美
　　——评《走读淮河——淮河南北过渡带文化考察》……… 高 旭 / 243

征稿启事 ……………………………………………………… / 247

笔谈:"区域文化与国家治理"

从汉代风俗观念看国家治理与区域文化的发展

彭 卫

区域文化是一个较为宽泛的概念，它既包含着特定空间范围内人们精神世界的表现，也包含着在这一精神的支配下人们的创造，从而与社会的发展和进步紧密联系在一起。风俗民情是在自然和人文共同作用下形成的，因此风俗民情具有了自然与人文的双重意义。由于不同地区的人群在不同的自然环境和人文环境下成长起来，并对这个地区独特的文化表现产生了深刻影响，从而风俗民情便成为该区域文化的核心部分。从这个意义上说，对一个地区区域文化的思考，实际上也就是对这个地区风俗民情各种表现的认识。

与今天的"风俗"概念有所不同，中国古代的"风俗"有两层意义。其一，定位于政治性和文化性含义的风俗，如顾炎武《日知录》卷十三有"周末风俗"、"两汉风俗"和"宋世风俗"条，所论内容是这三个时代的政治、社会和文化的气象和风尚。其二，定位于风土人情，即风俗的范围和内容包括一个地区的地理环境、人们生存的基本方式，以及性格和精神面貌的风俗，如班固所说"凡民函五常之性，而其刚柔缓急，音声不同，系水土之风气，故谓之'风'；好恶取舍，动静亡常，随君上之情欲，故谓之'俗'"。① 这种大"风俗"概念，可能是中国传统文化所独有的。它所包含的大量的历史信息，体现了历史上区域文化与国家治理之间的关系，

---

① 《汉书》卷二十八下《地理志下》，中华书局，1962，第1640页。

也有理由为今天的研究提供经验和借鉴。下面我们以汉代为例略作说明。

笔者曾指出，汉代风俗观念集中于五个方面。（1）风俗是一种差异，而这种差异源自不同的自然和文化背景，是为风俗观中的环境影响说。（2）上古时期风俗淳厚质朴，后世风俗浇薄败坏，是为风俗观中的厚古薄今说。（3）物质财富的增长和商品经济的发展必定带来风俗的沦丧，是为风俗观中的财富与风俗背离说。（4）大一统的王朝需要统一的风俗，统治者应致力于风俗的一致化，消弭差异有助于保证国家稳定；相反，风俗的多样化则必然瓦解统治基础。是为风俗观中的"齐同"说。（5）良好的风俗要依靠社会上层尤其是君主或圣人的努力来建立，是为风俗观中的圣人施教说。① 这五个方面大都与国家治理有关，其思想萌芽在春秋以来的百家争鸣中均有程度不同的体现，不过可以肯定的是，这些风俗观念正是在秦汉时期才得到全面展开，并显示出明显的思维同一性，即风俗与社会尤其是与政治方面的关系贯穿着上述这些观点。这既是秦汉风俗观的中轴，也是中国古代社会风俗观的一条基本脉络。在今天，我们依然能够看到这些观点的许多痕迹，就此而言，汉代风俗观念的上述表达，具有里程碑和导向性的意义。

何以汉代政论家和学者将风俗与以国家为代表的政治体制紧密联系在一起？一个重要的原因乃是在于，风俗是一种非制度化的社会表现，它通过信仰、习俗将单个的个体连接成彼此联系的有着共同价值观念的群体；而国家则是通过权力进行控制的最高组织，它通过行政管理、法律等制度化的内容，使社会得以运转。这是两种立足不同、方式不同、内容不同的力量，而它们的相同之处则是，人群的生存、社会的发展不能离开一个有效率的、公正和廉洁的政府，也不能离开养育着不同地区人群生存的文化土壤。因此，将民间和地方风俗与国家治理联系在一起，顺理成章地成为汉代人思考的基本内容。

实施风俗一体化的"齐同"说的提出和实践都反映出时代的变迁。在商、周（西周和春秋时期）王制社会，否认不同地区的风俗存在的合理性的声音即使有也是微乎其微的。《诗经》十五"国风"显示了人们对各地风俗差异的认可。这种情状与当时的"封建"制度密切相关：受到商王和周王分封的方国和诸侯国保持着自己的在政治上的独立性，从而也就使得它

---

① 彭卫、杨振红：《转型与契合——解读秦汉风俗》，《史学理论研究》2001年第3期。

们所控制地区的经济和社会各方面都保有自己的合法性。随着秦汉大一统王朝的建立，这种情形发生了改变。

大一统的政治和军事表现从战国时逐渐成为一个历史趋势。而在思想文化方面，齐同风俗成为构建大一统理论的一个要点。战国后期儒家代表性人物荀子指出："风俗以一"是"政令以定"结果，如果"有离俗不顺其上"，就会导致"百姓莫不敢恶，莫不毒孽"的恶果。① 汉代思想家和政论家大抵以荀子之说为依归，并在大一统皇权社会的背景下，发展了"齐同"观。其基本点是"《春秋》所以大一同者，六合同风，九州共贯也"，而"百里不同风，千里不同俗，户异政，人殊服"的结果是"诈伪萌生，刑罚亡极，质朴日销，恩爱浸薄"。② 这即是说，统治者应致力于风俗的一致性，取消风俗的区域差异有助于保证国家稳定，而风俗的多样化则必然瓦解统治基础。平帝时，王莽遣风俗使者分行郡国览观风俗，以证"天下风俗齐同"，③ 显示了国家在这种观念指导下的努力。

一个地区的风俗习惯是经历了漫长过程而形成的，它的存在显示了其存在的合理性，也体现了它是区域文化中无可替代的力量。其实，战国以来风俗观中的环境影响说已经触摸到了这一点。《吕氏春秋·用众》指出："戎人生乎戎、长乎戎而戎言，不知其所受之；楚人生乎楚、长乎楚而楚言，不知其所受之。今使楚人长乎戎，戎人长乎楚，则楚人戎言，戎人楚言矣。"④《淮南子·地形训》和应劭《风俗通义·序》认为，自然环境和食物摄取与不同地区人群的性格和品质具有因果关系，所谓"衍气多仁，陵气多贪，轻土多利，重土多迟……中土多圣人。皆象其气，皆应其类"⑤、"风者，天气有寒暖，地形有险易，水泉有美恶，草木有刚柔也。俗者，含血之类，像之而生。故言语歌讴异声，鼓舞动作殊形"⑥。贾谊则强调生活在不同地区的人群"生而同声，耆欲不异"，但在其成长过程中，因"教习"的不同形成风俗差异。⑦ 这些表述从自然论和人文论的角度说明"齐同"缺乏必要的立论前提，即没有解释何以各地风俗民情可以摆脱各自所

---

① 王先谦：《荀子集解》卷十，中华书局，1988，第286页。
② 《汉书》卷七十二《王吉传》，第3063页。
③ 《汉书》卷十二《平帝纪》，第359页；《汉书》卷九十九上《王莽传》，第4071页。
④ 陈奇猷：《吕氏春秋校释》卷四，学林出版社，1984，第232页。
⑤ 张双棣：《淮南子校释》卷四，北京大学出版社，1997，第451页。
⑥ 吴树平：《风俗通义校释》，天津人民出版社，1980，第1页。
⑦ 《汉书》卷四十八《贾谊传》，第2252页。

处环境的影响，而成为统一的模版，因而不过是一种一厢情愿的幻觉。

汉代历史的实践同样证明，王莽等人的"齐同"实践不过是编饰出的谎言，"齐同"主张不过是一种乌托邦式的虚幻。王莽之前的司马迁和依附了王莽的扬雄在《史记·货殖列传》和《方言》中使用的区域分布标准不是汉代的行政建制，而是春秋战国的诸侯国区域空间——这个空间的许多分野就是《诗经》十五"国风"。在王莽之后的班固同样使用的是司马迁、扬雄模式。他们的描述反映了历史与现实的密切关联，反映了春秋战国以来所形成的诸国风俗在汉代依然稳固地存在着，从而显示了一个时代风俗与国体和国家政治主张并不完全重合的复杂关系，显示了民间秩序与国家秩序的差别，显示了一个时代的风俗习尚在"变"与"不变"中纠葛和合流，也显示了保留了区域文化的汉帝国文化景观是那样的绚烂多彩。在汉代和汉代以后的历朝各代，还没有发现因区域文化的保存和蓬勃发展而导致的影响国家安全的变乱。这些历史提示我们：要尊重包含风俗习尚在内的区域文化的特点；要承认在一个多民族的统一国家中，多元文化的存在不是国家的离心力量，而是一种富有活力的宝贵的精神和文化资源。因此就不能用行政手段强制将风俗整齐划一。

在以往风俗史的研究中，人们似乎忽略了司马迁的一个重要主张。在《史记·货殖列传》开篇，他即写下了对从先秦至西汉前期长时段的不同地区经济和风俗民情总趋向的评论，写下了应当如何应对这些情状的主张："夫神农以前，吾不知已。至若《诗》《书》所述虞夏以来，耳目欲极声色之好，口欲穷刍豢之味，身安逸乐，而心夸矜势能之荣，使俗之渐民久矣，虽户说以眇论，终不能化。故善者因之，其次利道之，其次教诲之，其次整齐之，最下者与之争。"① 与其父相同，司马迁思想中有着浓厚的黄老因素，因此"因之"等等的出现不足为奇。但值得注意司马迁的判断，是通过他对历史的观察而获得的，借用今天的话说，是论从史出而非以论代史。他承认不同地区文化差异存在的合理性，以辩证的态度看待历史和现实的经济活动和风俗民情，提出绝对的"善"与"恶"、"好"与"坏"是不存在的，从而展现了一个伟大历史学家的历史纵深感和思想的厚度。正如有的研究者所指出的：司马迁的这段话提倡让人性自由地表现和发展，反对

---

① 《史记·货殖列传》，中华书局，2014，第3949页。

压抑人性,可以说达到了中国古代对历史发展客观规律的最深刻理解。①

一个地区的风俗习尚是否会出现变化?国家是否就是简单地"因袭"这种风俗而不会有所变化?在《货殖列传》中司马迁没有明确指明此点。不过,从司马迁所秉持的历史是变化的而不是静止的(如"物盛而衰,固其变也""物盛则衰,时极而转。一质一文,终始之变"② 等)和历史上的人是有作为的而非消极的基本历史观念来看,尽管司马迁强调的是对于一个地区有着长期历史传承的风俗习尚,当政者应当慎重行事。这从逻辑上应当能延伸出一个地区的风俗不是凝固不变的,国家在这一方面应当与时俱进有所作为的结论。司马迁的一些认识虽有着不可避免的历史局限,但在区域文化和国家治理的关系上,"善者因之,其次利道之,其次教诲之,其次整齐之,最下者与之争",正是先贤留给我们的一笔宝贵思想财富。

(彭卫,中国社会科学院学部委员、古代史研究所研究员、
《中国史研究》主编)

---

① 金春峰:《汉代思想史》,中国社会科学出版社,2006,第238页。
② 《史记·平准书》,第1714、1738页。

区域社会文化研究的当代意义

——以闽台区域文化研究为例

陈支平

改革开放以来，区域社会文化史的研究越来越受到学界的重视。学者们对于区域社会文化的研究，进行了多角度、多视野的探索和开拓，取得了诸多引人瞩目的研究成果。我认为，区域社会文化史的研究，不仅仅是一个学术问题，同时也是一个与现实密不可分的社会问题，因此，区域社会文化研究，应当注重这种学术研究的当代意义。这些年来，我也对东南沿海特别是闽台区域社会文化史问题进行了一些研究。下面，我就开展闽台区域社会文化史研究所展现的当代意义，谈一点粗浅的看法。

闽台区域文化是中华文化的一个重要组成部分，同时又是中华文化中的一种极具鲜明特色的地域文化。闽台文化的形成及其发展，是经过了漫长的历史演变与文化磨合，以及东南沿海地带独特的地理环境、闽台两地的家族血脉相连等多种因素所逐渐造就的。中华文化的核心价值培育了闽台文化的茁壮成长，而独具地域特色的闽台文化又使得中华文化的整体性显得更加丰富多彩。

闽台区域文化是一种辐射型的区域文化。从地理概念上说，所谓闽台区域，指的是海峡两岸包括福建与台湾两省所属的各个县市。然而从文化的角度说，闽台文化的概念远远超出了以上区域。由于面临大海的自然特征与文化特征，使得闽台文化在长期的传承演变历程中，不断地向东南的海洋地带传播。不用说，中国大陆的浙江温州沿海、广东南部沿海、海南沿海，都深深受到闽台文化的影响，形成了带有变异性的闽台方言社会与乡族社会。即使是在东南亚地区以及海外的许多地区，闽台文化的影响所及，都是不可忽视的社会现实。因此，闽台文化既是地域性的，同时又带有鲜明的世界性特征。

文化的伟大意义，就在于她能够在一定程度上超越政治、经济、社会的种种局限性，呈现出其较有永恒性的跨时空的功能。文化的传承及其弘扬，虽然也会受到不同时期政治、经济及社会等种种因素的干扰，但是其所承载的中华文化的核心价值观，却往往能够穿越政治、经济、社会等因素的干扰，沿着自己发展的应有轨道向前迈进。正因为如此，我们今天来探讨闽台传统文化的当代意义，无疑具有十分积极的时代必要性与紧迫性。

在东南沿海与台湾间文化关系产生发展的历史过程中，移民作为文化传播的载体，成为两地文化关系形成的基础。自东南沿海民众移居台湾以来，台湾汉人社会使用的语言是和闽、粤两省一样的闽台话和客家话，一直延续到现在，台湾民间交流使用的语言还是和大陆一样的普通话（台湾称为"国语"）、闽台话和客家话。同样的，台湾使用的文字也是和大陆的主要文字一样的方块汉字。用共同的语言和文字进行思考、表达和沟通，这是共同文化的一个重要的表现。早期移居台湾的闽粤民众首先带去的是基层的庶民文化，尽管这种文化较为粗糙、富于感性色彩，但它建立在生活传统、信仰传统、社区组织传统、经验传统的基础上，是一种具有明显非理性、自发性和承传性的文化。东南沿海移居台湾的民众按照不同祖籍进行组合，形成地缘性明显的社会群体，这种移民社会保持着家乡的语言、民间信仰、民俗礼仪、戏剧等，因此这种随闽粤移民播迁至台湾的庶民文化，在祖籍地相同的人群聚居社会环境中具有很强的适应性和坚韧性。随着移民数量的增加，中国大陆的家族制度、伦理制度、经济制度、政治制度、教育制度以及价值观念、道德观念等意识形态也逐渐传入台湾。当然，到了近现代时期，由于台湾与大陆在政治上的变迁，台湾的社会文化也产生了某些变异性的因素，但是从整体上而言，闽台两地文化的核心价值，依然根深蒂固地保存在社会的各个层面之中，建立在共同文化基础之上的民族意识成为台湾人民保持与大陆联系的精神纽带。

任何一种文化现象不仅在一定条件下可以对经济发展产生某种促进或抑制作用，而且本身也具有知识经济价值，特别当诸多文化形态组合成一定的生态网时就会加强对经济发展的作用。中华文化、东南文化在台湾的传播和发展同样表现出这种作用。特殊的地缘等因素，形成了闽台文化中比其他地区更明显的以海为田的重商主义的特质。特别是历史上闽台地区对外贸易的发展以及对外交流的频繁，不但有力地促进了两地商品经济的繁荣，而且使得闽台两地文化的国际性特征，表现得尤为突出。

文化现象与经济间的促进作用是相互的、双向的，从历史上看，一方面东南文化向台湾传播发展的过程促进了社会经济的发展；另一方面社会经济的发展，带来了两岸间更大规模的人员交流和多角度、多层次的各种交往，从而扩大了中华文化在台湾传播的范围、深度和广度。由于两地经济交往的不断拓展，吸引了更多大陆东南沿海民众移居台湾或前往进行经济、科技、文教等活动，促进了台湾社会、经济、文化的进步。而对福建祖籍地来说，台湾的迅速开发、农业的发达、两岸商业关系的密切与市场网络的形成，对福建社会经济的发展和民生的保障起到了积极的补强作用。到了国际化日益扩展的今天，海峡两岸文化与经济的双向互动，尤其成为不可逆转的时代潮流。闽台传统文化中的国际性特征，必将在21世纪发扬光大。闽台区域社会经济与文化的辉煌，两岸间大规模、不间断、互惠互利的促进往来是一个极为重要的因素。

就文化与政治的关系而言，政治的一个重要特征是非永久性的，政治始终处于不断的调试与变化的动态之中。而这种调试与变化，文化的因素在其中所产生的作用是不容忽视的。台湾当今的政治生态，固然存在许多负面的甚至是不可接受的表象。然而我们还应该看到，闽台两地所共有的语言特征、社会基层的传统组织特征，以及民间信仰、民俗礼仪、价值观念、道德观念等等的文化表现形态，依然具有共通性和延续性。以宗教信仰与民间信仰为例。绝大部分的台湾政治人物都是闽台区域民间崇拜神祇的信仰者。这种情况的出现，就是与两地深刻的社会文化和思想观念等有密切联系。首先，闽粤台宗教信仰的思想基础相同，均源于中华民族传统的思想文化，既有敬天思想、儒家伦理思想，又有道家等思想，这种深厚的基础决定了两地民间宗教信仰交流融合中难舍难分的关系。其次，闽粤台人民既有向海外发展的传统做法又有着根深蒂固的故土观念。这种强烈的传统观念有各方面的表现形式，其中世代信仰具有祖籍特点的神明，正是人们眷念故土、不忘祖根观念在神缘文化方面的强烈反映。再以闽台两地民间盛行的祖先崇拜为例。中国传统文化培植起来的"天、地、君、师、亲"构成信仰体系的主要类型,这同样对台湾民众的生活方式、价值观念等产生很大的影响。台湾的绝大多数民众,包括政治人物在内,始终奉行中华文化中"慎终追远"的观念,在大陆福建等地寻根访祖、不敢丝毫忘情于祖先。这样的文化情感,是具有永恒性而又与生俱来的。这种跨越政治、经济、社会等层面的文化诉求,无疑更容易得到人们的共识与接受。可以预见,对闽台文化的继承和弘扬,将是今后两岸政治和解的首要突破口。台湾文化现象及诸多文化形态组成的生态网络不仅对社会经济发展发挥着十分重要的作用,同时对于建立海峡两岸民族文化认同的精神纽带,更是起到不可替代的作用。

当然,我们在谈到文化传承的时候,往往会有意无意地忽视文化的负面成分。毋庸讳言,无论是中华传统文化的整体结构,还是各个不同的区域文化,必然都会存在某些负面的成分。闽台区域文化也不例外,需要我们予以正视。例如,宗族乡族观念是保持和加强大陆与台湾交流的无形纽带,宗族乡族组织在闽粤台地方事务中发挥着一定作用,这是值得肯定的一面,但是它毕竟还有愚昧、落后的一面。每当其消极面恶性膨胀时,各势力经常为了局部的、小集团的荣誉、权益而大动干戈,从而危害地方社会经济稳定。闽台人民的文化心理还包含着重义气、急相助的内容。崇尚义气是中华民族传统文化的一部分,应该说这种文化心理在移民互助协作开发建设台湾中发挥了积极作用。但是当族群义气受到家庭、乡族利益局限时,便有可能朝极端化的方向发展,暴露出消极的一面。另外,由于台湾独特的历史遭遇,台湾人民为摆脱殖民统治、反抗专制压迫、实现自主的愿望,进行了长期艰苦卓绝的斗争,同时在特殊的历史背景下形成复杂的心态。历史上荷兰人和日本人的殖民占领,外来文化通过政权力量的强力灌输,对台湾本地文化也造成一定的影响。这些因素使得台湾文化在一些方面展现出它的草根、本土化的属性,甚至包括民众中颇为普遍地表露出来的自大与自卑相结合的岛民心理。

我们需要清醒认识的是,闽台区域文化中存在的某些负面的内容,毕竟只是闽台文化中的非主流因素。我们需要予以正视,更需要予以正确的区分和引导。特别是我们对台政策的制定者和执行者,应该深入了解闽台文化的方方面面,包括其中负面的内容,因势利导,切不可高高在上,以一成不变的面孔,指责台湾当今政治与社会所表现出来的奇异现象。而只有在充分理解闽台文化的基本特征之后,才能对当今的台湾政治、经济与社会，做出符合区域文化实情的决策，从而推进海峡两岸社会经济的繁荣与祖国的统一大业。

我们只有充分认识区域社会文化史学术研究所蕴含的重要当代意义之后，才能更好地把握区域社会文化史学术研究的重心所在，更好地把持我们应该具有的学术立场。近30年来台湾岛内对于"台湾史"研究的兴盛，自然引起大陆学者的关注，然而遗憾的是，大陆的少部分学者对于台湾"台湾史"研究中的某些"台独"的政治化偏见，却缺乏应有的鉴别意识。例如，近年来一部分"台独"为了寻求台湾与祖国大陆互不相干的所谓历史依据，大肆操作"南岛语系"和"南岛语族"的所谓学术研究，把台湾本岛说成"南岛语系"和"南岛语族"的中心发源地。本来，"南岛语系"和"南岛语族"确实是很值得探讨的一个学术问题，但是台湾少部分人借此研究来操作台湾与大陆互不相干的用心，确是我们必须认识到的，但是同样让人遗憾的是，大陆的少数学者，对此研究十分欣赏，亦步亦趋，丧失了自我的学术立场。最让我不可理解的是，我们政府部门的一些管理阶层，居然也会忘记自己的立场，在客观上附和了台湾岛内的这种学术研究的奇谈怪调。台湾的"高山族"，是由中华人民共和国政府正式确认的中国的56个民族之一。最近这些年来，台湾的"高山族"研究为了强调台湾本土的主体性，以及适应选举政治的需求，"高山族"已经变成9族以至于15族的所谓"原住民"民族了。这众多的分支，实际上不过是"高山族"涵盖之下的不同部落而已。

区域社会文化史是属于中国的区域社会文化史，作为中国的研究学者，我们必须秉持自己应有的学术立场。假如因而丧失了自我的学术判断能力，那么这种学术交流将是毫无意义甚至有害的。

（陈支平，厦门大学资深教授、国学研究院院长，中国明史学会会长）

理论探索

区域科技创新的江南道路

——江南早期工业化中工匠与学者互动研究

余同元

摘　要：工匠（经验技术）与学者（科学理论）结合，使产业的经验技术上升为科学的理论技术，是西方近代科技革命的主要内涵与工业革命的前提条件。在此基础上，出现学者与工匠结合即科学技术化的过程，又出现工匠与学者互动即科技社会产业化的过程。明清时期，江南出现了从"工匠与学者结合"，到"学者与工匠结合"，再到"工匠与学者互动"的历史现象。说明江南早期工业化中，经验性技术向理论性科学技术转变的技术理论化，是一种近代性技术转型，实质上是科学（学者）、技术（工匠）与产业互动的过程，即工匠与学者结合的技术科学化、学者与工匠结合的科学技术化，以及工匠与学者互动的科技社会化并行。西方在相当长的时期内，科学在很多方面依附在哲学传统上，技术则依附在工匠传统上。直到17世纪，这两种分离的传统才开始结合并进入互动阶段，两者关系由此发生质的变化。明清工匠与学者互动所产生的科技进步与近代技术经济兴起，是中国早期工业化进程中工匠与学者互动并实现科技创新的典型范例，故称为区域科技创新的"江南道路"。

关键词：区域　工匠　学者　科技创新　江南道路

中国传统社会到明代中后期发生了深刻的变化，江南早期工业化进程开启，产业技术的理论化空前发展是核心标志。明清早期工业化中，江南传统工匠的技术转型主要包含技术科学化（以工匠著作的数量增多和科技含量增加为标志，简称"工匠与学者结合"）和科学技术化（以新型职业技术教育和机器工业兴起为标志，简称"学者与工匠结合"）两项内容，两者互为主次且相辅相成。在早期工业化阶段，经验性技术向理论性科学技术转变的技术理论化，是一种近代性技术转型，实质上是科学、技术与产业互动（即技术科学化、科学技术化、科技社会化并行，简称"工匠与学者互动"）过程的初级阶段。"工匠与学者互动"包含"工匠与学者结合"及"学者与工匠结合"两方面，最后汇为工匠与学者彼此互动的状态，便是现代工业化成型的标志。到晚清及清末民初这一大变革时期，随着西方近代科学技术的大量引进，便有了技术科学化、科学技术化与科技社会化三种形态的整体转型。

一 工匠与学者结合：江南传统产业技术的理论化

现代化是一个历史过程，是一个由传统社会向现代社会转型的历史过程。在这个整体过程中，区域工业化是人们首先关注和研究的重点。作为区域现代化根本标志的工业化，一般要经历早期工业化和工业现代化两个阶段。近代欧洲就经历了从16世纪开始到19世纪中后期的350年左右的动荡时期，即是西方工业化的早期阶段。[①] 从科学技术驱动区域工业化发展的角度看，早期工业化过程与工业现代化过程，本质上就是技术科学化过程和科学技术化过程互动的区域科技创新过程。所谓技术科学化是指经验性技术或技术的经验形态向理论知识形态转变，属于早期工业化的重要标志；所谓科学技术化是指新的理论知识通过职业技术教育等手段转化为新的技术，是工业现代化的重要特征。

江南传统产业的技术理论化过程，本质上是工匠传统与学者传统结合的过程，经验型工匠变成理论与技术结合的学者型工匠，也就是现代工程师及高级技术工人的产生过程。传统产业技术的文本化是产业技术理论化的前提和标志，它表明江南及其周边地区传统工业技术由经验型态向理论型态转变，其主要内容是传统工业文献的形成及其科学内涵的

---

① 详见〔英〕罗伯特·杜普莱西斯《早期欧洲现代资本主义的形成过程》，朱智强等译，辽宁教育出版社，2001，第1~7页。

增长。传统工业技术的理论化是产业技术科学化的核心内容,它具体表现为各行业部门生产技术的文本化、数量化、数学化、则例化、标准化、学科化过程。

产业技术理论化的首要标志是技术文本化。产业技术文本文献数量的增长是衡量产业技术理论化水平的刻度尺。中国传统工业文献到底有多少?统计难度很大。在拙作《传统工匠现代转型研究——以江南早期工业化中工匠技术转型与角色转换为中心》附表一中,初步统计了1003种。[①] 同时,在拙作《中国传统工业文献的初步统计与明清江南工业著作的地域分布》一文中,对现存中国传统的工业科技文献也曾尝试统计,初步结论是20世纪20年代前,除翻译西方科技书以外,现存中国传统工业科技文献尚有550多种。其中,属于明代中期1520年以前的为116种,占总数的21%;1520~1920年的有434种,约占总数的79%,是1520年以前的3.7倍。如果将1520年到1920年全国434种工业科技著作,分别扣除佚书、作者佚名,或无法查对籍贯,或姓名无考者,剩下371种。再在这371种(全国数)书中,统计出作者或为江南籍贯,或在江南生活,或写江南八府一州(苏、松、常、杭、嘉、湖、宁、镇、太仓)之事的工业科技书有209种,占1520年到20世纪20年代全国371种工业科技书数的56%,占江南及其周边地区299种工业科技书的70%。[②] 由此可见,1520年到20世纪20年代,江南工业技术上升到理论技术的速度,不仅遥遥领先于全国,而且在本区域内也是空前未有的。从这些工业文献在各产业行业部门的分布情况看,在明末清初到清末民初这一历史时期,除了新兴电力工业书和化学工业书多译自国外以外[③],其余每个工业部门内科技著作,主要都由国内学者撰写,而且大都与此前的科技著作一脉相承,特别是在科技含量上大大提

---

① 余同元:《传统工匠现代转型研究——以江南早期工业化中工匠技术转型与角色转换为中心》,天津古籍出版社,2012,附表一。
② 详见余同元《中国传统工业文献的初步统计与明清江南工业著作的地域分布》,《明清时期江南社会史研究》,群言出版社,2006,第1~52页。明末已有西方工业科技书翻译介绍到中国,大约到江南制造局大规模译书,西方工业分类法才开始被中国学术界普遍接受,但到20世纪20年代中国建筑营造学社成立后采用的工业分类法研究传统工业,还是土洋结合,以土为主,不过此时中国现代工业科技研究已成为独立的工学学科,主要标志有1928年上海商务印书馆出版《工程丛书》和其后上海商务印书馆出版《工学小丛书》(收录当时出版的工业科技书120多种)。
③ 清末江南制造局翻译40多种西方工业书与北京古籍出版社2002年版王世襄先生收集的70多种,《清代匠作则例》等未列入。

高，出现了明显的技术科学化趋势。

产业技术的文本化是产业技术理论化的主要标志，产业技术文本文献数量的增长是衡量产业技术理论化水平的刻度尺。明清江南及其周边地区工业科技著作，从作者身份上看，可分成官员、学者和匠人三大类。官员编撰，按照管理对象不同，可以划分为两种：一种是针对某种行业或事务而编定的综合文献，如《河工器具图说》《铁模图说》等；另一种是集多种行业或事务于一体的行业类书，如《工部修辑军器则例》《军器则例》等。文人学者著述，按照内容可以划分为三种：一种为描述或考订性文献，如《后观石录》《食宪鸿秘》《车制考》等；一种是集多种行业于一体的类书，又称为博物书，如《农政全书》《长物志》等；还有一种是专门工业技术量化分析的文献，如《畴人传》《火器真诀》等。匠人撰述如《鲁班营造正式》《园冶》《梓业遗书》等问世，是中国传统工匠经验技术开始上升为理论技术的主要标志，也是传统产业技术理论化的核心标志。

作为产业技术科学理论化的核心内容，传统产业技术的理论化具体表现为技术文本内容的数学化、标准化和学科化等要素的历史增长。

所谓技术数学化，首先表现为数量化。"数量化"由"概数化"和"实数化"构成，是指传统产业技术理论总结中数量的概数化和实数化，它使工艺操作程序更加准确和灵活，使产品质量检验的标准化成为可能。所谓概数是指工艺理论总结中简单而不确切数字的使用。如《髹饰录坤集·裹衣第十五·纸衣》中说："纸衣，贴纸三、四重，不露胚胎之木理者佳。"纸衣是指用纸糊在器物胎骨上上漆的做法。纸必多糊几层，以免将木纹透露出来。糊纸的层数，取决于纸质的好坏。原则是漆不能透过纸，以致使表面显得不滋润。概数化的规定使工艺操作更加灵活。所谓实数是指比较精确数字的使用。如《营造正式》卷二《三架屋后连三架》中说："造此小屋者，切不可高大。凡步柱只可高一丈零一寸。栋柱高一丈二尺一寸……间阔一丈一尺一寸，次间一丈零一寸。此法则相称也。"又如"正七架三间""正九架五间堂屋"等多种房屋样式，这些样式中所规定的数据都是实数。"概数化"和"实数化"构成"数量化"，它使工艺操作更加准确和灵活，大大提高了产品的质量。

在数量化基础上的技术数学化，是指技术客体在数量上的逻辑关系或在逻辑上的数量关系的规律化与科学化。构成数学化的基础是数理化，数理化的基本要素是数与理，数即是数学，理即是因果关系和规律模式。技术的数理化就是技术的范式化。范式有三个层次：最高层次是世界观和价值观，其次是某一特定时代和特定领域基本定律和基本理论，最后是模式、技术或方法。技术数学化中的数，主要是考虑数量之间因果关系及其对数理方法的运用，数学化是科学化的具体表现，科学化是数学化的抽象概括。

"数学化"还是一种设计构建活动，运用已有的知识与技能去发现未知的规律关系和结构。数学地组织和构建现实世界的过程，即人们运用数学方法观察现实世界，分析研究各种具体现象，并加以整理组织和总结其运行规律。为了实现数学化构建，首先要将问题运用数学的方式来陈述，同时通过图式化与形象化的手段来发现规律与关系，此外还要从普遍的背景中确认生产技术体系与结构的特殊数学关系。

所谓技术标准化，主要内容是"范式化"、"法式化"与"则例化"，即指某一行业技术理论在范式化、法式化基础上以"则例"形式颁布、流传和使用。"法式化"、"则例化"与"标准化"之间有着前后相承的关系。中国传统工匠在很早就重视运用数学方法设立规格并制定标准，《周礼·考工记》中百工制作就有比例标准，宋代《木经》和《营造法式》更是集当时建筑营造"法式"之大成。明清建筑技术的则例化，以建筑设计标准、规范、材料、施工定额、指标规范化等为主要内容，明确建筑等级制度、艺术形式及料例功限等。则例化是生产率提高与工艺水平提高的前提条件，是传统工业技术经济的基础。江南传统建筑技术理论化过程中，则例化主要表现为建筑技术理论以"则例"形式使用和传承，它是江南传统建筑技术理论化的重要阶段，特别体现为当时官式建筑技术对民间建筑技术的影响。这种影响表现在建筑设计技术的标准化和工程管理技术的规范化两方面。在建筑设计和施工规范方面，明清江南与宫廷之间始终保持着技术则例化和规范化互动。宫廷著名工匠大多来自江南，他们将各地技术样式带入官府，成为官府法式则例的基本源头。自雍正十二年（1734）《工程做法》颁行到乾隆时期，由于政府大兴土木，形成则例文本空前增多，供职内廷算房和样房的匠师、小吏纷纷抄录，流布民间。

所谓传统产业技术的学科化，是技术科学理论化的最终实现阶段，也是科学返归技术与科技创新的开始。技术理论的学科化，必须完成自己的语言标准、学术规范和学科范式，集中体现为职业技术教育的教科书编写。清末实业教育体系里，建筑技术教学开始崭露头角。以职业技术教育为主要内容的技术理论学科化，不仅改变了专业技术的教育传承方式，而且使传统产业技术知识也得到保护和传承，大大加强了行业技术自身的完善。

所谓技术转型则是指技术几种形态及其系统结构的转化。"技术"本义指专门的手段和方法体系。这种手段和方法是经过反复练习，达到一定熟练程度而获得的经验、技能和技艺，或者说是人类为实现社会需要而使用的手段、方法和技能的总和。它主要有三种表现形态：一是"人化"形态，亦称主体技术或人化技术；二是"物化"形态，表现为以实物为载体的，为实现某种目的的物质手段或物质手段体系的总和，体现在工具、机器、仪器、设备等要素上面；三是"知识"形态，亦称文本技术或理论技术，是以语言、文字、图形或符号等要素来表达的技术形态。技术是这三种形态的有机系统，是为实现某种现实人类活动目的而将劳动技能、方法和规则、劳动手段与技术知识等要素以某种方式结合而成的有机系统。

一般说来，上述三种技术形态的转变是彼此互动、相辅相成的，但知识形态的技术转型起主导作用。尽管其相互之间作用有主次先后，而且在不同国家、不同区域有不同的表现，但基本上有一个渐次发展的过程。在晚明到晚清的江南地区，这三种技术形态转变过程中，知识形态技术转型，特别是经验型技术上升到理论型技术的技术理论化过程，是整个技术转型的枢纽。本文所述江南产业技术理论化的本质要求，是产业技术理论的科技含量日益提高，所以也称技术科学化。在明末清初到清末民初四个发展阶段中，江南工业技术文献及其内容虽然形式上具有差异性，但本质上却具有内在的关联性。表现为[①]：

  明中后期：以产业技术文本化为主流。
  明末清初：以产业技术数理化为主流。
  清中后期：以产业技术则例化为主流。
  清末民初：以产业理论学科化为主流。

文本化、数理化、则例化、学科化，四者的差异性与关联性一体两面，虽然在不同时期有不同的侧重，但总体上呈现为前后相继和彼此互动。

[①] 余同元：《明末清初到清末民初：江南产业技术理论化的差异性与关联性研究》，北京大学与故宫博物院合办《明清论丛》第9辑，故宫出版社，2009年。

传统产业技术主要表现为一种经验型技术，每个社会在早期现代化过程中，都要经历以经验性技术向科学性技术转变的早期工业化阶段。明清江南早期工业化进程中，也有一个经验性技术发展到科学性技术的转变过程。[①] 它显示着传统社会向现代社会转型中区域经济发展的内在动力与外在途径。如果说近代科学的技术化是工业现代化的内涵特质，那么传统产业技术的科学化则无疑是早期工业化的核心标志。

二 学者与工匠结合：理论技术化中的技术创新

科学与技术之间始终呈现着复杂的互动关系，这种关系的发展，在不同的历史时期具有不同的特点，从而在根本上决定了社会经济发展进程中科技创新的阶段性特征。在17世纪的英国，经验主义和功利主义渐成教育的主调，职业技术教育迅速发展，从而大大推动了技术科学化和科学技术化的历史进程，正是本文所说的"学者与工匠结合"的过程。

"人们所熟悉的科学活动的主要根基不在于学识渊博的大学传统，而往往在于已有的技艺之中，他们全部严格依赖于往往由工匠们帮助引进新的科学实验程序和新的仪器。"[②] 这就是"默顿命题"中的一项重要内容：即17世纪的工匠传统与实验科学开始结合并推动了近代科学发展，它一方面促成了长期分离的学术理论传统与工匠经验传统的联姻；另一方面又促成了科学理论的技术化及科技主体的社会化运动。美国学者罗伯特·金·默顿在发表于1938年的博士学位论文《十七世纪英格兰的科学、技术与社会》中，就以此解释英格兰的科学为什么在17世纪突飞猛进的问题。[③] 奥地利学者齐尔塞尔（Edgar Zilsel, 1891-1944）也有"工匠+学者"论题（Zilsel thesis），聚焦于1300~1600年西方工匠、学者与人文主义者互动，核心是研讨工匠与学者互动产生近代科学的历史。霍尔（Alfoed Ruperd Hall）在《科学革命时期的学者与工匠》（"The Scholar and Craftsman in the Scientific Revolution"），帕梅拉·隆（Pame La Long）在《工匠/实践者与

---

① 详见余同元《传统工匠的现代转型》，《光明日报》2005年7月30日理论版。
② 〔美〕托马斯·库恩（Thomas S. Kuhn）：《必要的张力：科学的传统和变革论文选》，纪树立译，中华书局，2002，第116页。
③ 详见〔美〕默顿《十七世纪英格兰的科学、技术与社会》，范岱年等译，四川人民出版社，1986，第20~31、46页。参见徐道稳《科学与社会的互动——"默顿命题"评析》，《深圳大学学报》1998年第1期。

新科学的兴起：1400-1600》（"Artisan/Practitioners and the Rise of the New Sciences，1400-1600"；*Sixteenth Century Journal*，2013）中皆有类似论述。①工匠作为传统社会的技术主体，不仅是传统社会中工业财富的直接创造者，也是科学技术的重要创造者、实践者和传承者。学者与工匠结合的途径直接带来科学技术发展，不仅可以提升科学理论，而且还承担着传统社会中创造发明的职责。

为解决生产、生活以及社会各种需求而产生和发展起来的生产技术问题，学者与工匠结合就有着指导实践的技术体系和科学理论体系，学者深入生产实际，不再是空头说教，构成科学理论技术化的中坚力量，成为工业生产力的核心，不仅为推动社会经济发展起着动力作用，而且在传统社会向现代社会转型的现代化进程中有着辉煌的历史。知识技术转型和物化技术转型都强调技术科学化与科学技术化中科技互化。科学的根本职能是在认识世界，回答"是什么""为什么"；技术的根本职能是在改造世界，回答"做什么""怎么做"。一旦经验性技术或技术的经验形态向理论知识形态转变（即技术科学化）和新的理论知识通过教育等手段转化为新的科学性技术（即科学技术化），传统工匠的生产技术便在这个双向互化的过程中实现了最后转型，其相应的社会角色也发生了新的变化。王树松先生在《从近代科学技术发展历史辨析科学与技术的关系》一文中，通过对西方近代科学技术发展的历史分析，认为科学与技术关系是由相互并行到相互作用，形成"技术科学化"和"科学技术化"的历史过程，得出结论如下：

> 在近代前期主要是"生产—技术—科学"的序列关系（技术科学化），到近代中后期呈现"科学—技术—生产"的序列关系（科学技术化）。②

传统产业技术转型中的技术科学化和科学技术化过程，可以是分阶段完成的，也可以是同步完成的。只是在中国江南地区表现出特有的历史阶段性：大体说来技术科学化阶段大约从明代后期嘉靖万历年间开始发轫，

---

① 参见〔荷〕H.弗洛里斯·科恩（H. Floris Cohen）《科学革命的编史学研究》（*The Scientific Revolution. A Historiographical Inquiry*，1994）（湖南科学技术出版社，2012）。
② 王树松：《从近代科学技术发展历史辨析科学与技术的关系》，《高师理科学刊》2002年第4期。

表现为工匠和学者撰写科技著作的明显增多；以江南地区的职业技术教育兴起为主要标志的科学技术化，则普遍兴起于清末民初。从地域范围论，明末清初到清末民初产业科技的发展和走向现代化的过程中，领全国风气之先又独占龙头地位的当然是江南及其周边地区。清末民初江南地区在实现技术理论化与学科化的同时，也开启了实业教育为标志的科学技术化进程，它是早期工业化社会开始向工业现代化社会发展的基本标志，也表明中国近代技术经济发展的基本途径——"技术科学化"与"科学技术化"互动的初步实现。

在技术学科化基础上开展的职业技术教育，培养新型技术人才去从事产业技术工作，在此过程中实现科学进步与技术创新。产业技术学科化是理论返归技术的开始阶段，这一现象在明末清初的江南一些产业部门中开始出现，到清末民初形成潮流。传统产业技术理论化和理论运用推广并开发技术，其直接经济影响至少有三条途径：一是技术传承方式改变，及早期的专业学习与学科培养——如宋代"苏湖教学法"中的"分斋教学"及职业技术教育；二是推动技术理论的科学化，主要表现为技术理论的学科化及近代实业教育推动现代科学发展；三是带来科学理论的技术化即技术创新。从传统工业文献在各大行业部门的分布情况看，明末清初到清末民初这一历史时期，苏州开启了传统产业技术大总结和技术理论大转型时期，催生出耀眼的近代技术经济和质量文化。表现在中国百工技艺及其时尚产业产品中，"苏"字品牌开始盛行，与传统的"吴"字品牌一起畅销天下，"苏作""苏造""苏式"等"苏"字头品牌产品已普遍流行，说明具有近代技术经济性质的苏州品牌产业、时尚产业和创意产业开始兴起。

又如宜兴紫砂业技术理论化，主要表现为紫砂制壶技术的科学理论化和科学理论的技术化过程。专门研究宜兴紫砂制陶业的文献出现于明代中后期，初步统计明末清初到清末民初紫砂陶业文献常见的有王稺登《荆溪疏》，项元汴《历代名瓷图谱》，周高起《阳羡茗壶系》，周容《宜兴瓷壶记》，嘉胄《阳羡茗壶图谱》，吴梅鼎《阳羡茗壶赋》，张燕昌《阳羡陶说》，吴骞《阳羡名陶录》，〔日〕奥兰田《茗壶图录》，朱坚《壶史》，周润生、周幽东《宜兴陶器概要》，李景康、张虹《阳羡砂壶图考》，邓秋枚《砂壶全形拓本》等。由于工匠与学者合作，技术理论化程度提高，使宜兴陶器生产达到了一个新水平，紫砂制陶产品遍及四方，各地商贩云集，趋之若鹜，出现了日夜商贾贸易、山村变成集市的景象。特别是经过文人学者与制陶艺人的摸索、改进，紫砂制壶成型方法有了重大突破。这就使紫砂业从旧的日用陶业技术局限中脱离出来，使创作者在造型追求和技艺发挥上有了更广阔的空间。

吾淳先生认为，中国古代知识活动中有着深刻的工匠因素，因而经验特征与技术特征特别突出。"经验特征与技术特征息息相关且成正比关系。如果说技术乃是知识主体运用其知识的样式以及这种样式在成果或产品上的体现，那么经验则是这种样式在思维或工作方式上的具体展开。技术更多地表示着作为物化的知识方面，而经验则更多地表示着作为精神活动的思维方面。古代中国（包括绝大多数古代文明）与古代希腊知识活动的区别的又一表现在于：古代中国的知识是'经验'的，古代希腊的知识是'理论'的。换言之，是'经验'的知识，抑或是'理论'的知识，成为了解或把握古代不同知识系统也即科学技术活动的另一关键。""经验特征的突出同时也表明在知识活动中有深刻的工匠因素。因为按照常规，学者在主流上多占有理论，而工匠在主流上则更依赖于经验，这是与其所接受的训练密切相关的，工匠这一阶层很难享受到文字训练的权利与机会，因此必然会导致对经验的亲近和对理论的疏离这样一种结局，或者说必然会导致稀释理论浓度、增加经验成分这样一种结果。"[①] 经验型技术向科学理论型技术转型的同时，技术主体也开始由经验型向经验与理论结合的素质型生产劳动者转变，从而实现传统工匠角色向现代技术工人和工程师角色转换。

三 工匠与学者互动：科技互动中的技术经济发展

明清江南早期工业化进程中，有一个经验性技术发展到科学性技术的转型过程，在此过程中又开启了科学理论向技术转化的过程，这一过程在明清苏州地区表现最突出。明代中后期，苏州开启了传统产业技术大总结和大转型时期，催生出耀眼的近代技术经济。[②] "苏作""苏样""苏造""苏式"等"苏"字头品牌产品已普遍流行，说明工匠与学者互动下的苏州近代品牌产业、时尚产业和创意产业等近代技术经济已正式兴起。

---

① 吾淳：《古代中国科学范型》，中华书局，2002，第19页。
② 参见余同元《传统工匠现代转型研究——以江南早期工业化中工匠技术转型与角色转换为中心》上编，天津古籍出版社，2012，第77~234页。

（一）"苏造"的品牌化

"苏造"是"苏州造"的简称，到明清以后有狭义和广义之分。

狭义"苏造"又称"苏州片"，特指苏州书画与古董的仿造业，简称古玩仿造业或仿古业。明清江南的书画与古董仿造，主要在苏州和扬州，形成大规模的作坊化产业。两地所产的仿制书画古董，世称"苏州造""扬州造"，又称"苏州片""扬州片"。

沈德符《万历野获编》卷二十六说："骨董自来多赝，而吴中尤甚，文士皆以糊口。"表明苏州在明代中期就以古玩仿造出名，而参与仿造的不少是文人学者，一般俗贾之古玩作伪仿造就更多了。钱泳《履园丛话》卷九说："吴中既有伪书画，又造伪法帖，谓之充头货。"还有制造假碑帖者，先按拓本上文字写出来刻石，再将刻石做旧大卖。由书画仿造业延伸出"苏裱"，又叫"吴装"或"书画郎中"，世称"吴装最善，他处无及"。① 苏裱大家兼有修复古旧书画特殊技艺，即使支离破碎折皱残缺的书画，一经装裱即可起死回生。

广义"苏造"指"苏州制造"、"苏州铸造"及"苏州织造"及其品牌产品，如明清白酒制造业中的"苏三白"、清代苏州钟表制造业的"苏作"、玻璃生产业的"苏铸"、金属铸造业与器具制造业等，都是"苏造"的重要内容。

（二）"苏作"的时尚化

"苏作"也有广义和狭义的不同含义。《中国文物大辞典》和《中国民间美术辞典》定义"苏作"为"明清家具工艺中的苏州流派"或"'明式家具'的代名词"。《中国文物大辞典》说："苏作，中国明清家具工艺流派，指苏州地区制作的家具。"②《中国民间美术辞典》说："苏作，明代苏州地区木器家具制作业的简称。苏州是明式家具主要生产地，在清代流行'清式家具'的时候，苏州地区生产的家具仍然保持着'明式家具'的特点，因此人们往往用'苏作'来作为'明式家具'的代名词。"③ 这两种定

---

① 陈元龙：《格致镜原》卷三十九，《文具类三》，《四库全书》第1032册，上海古籍出版社，1987。
② 中国文物学会专家委员会编《中国文物大辞典》，中央编译出版社，2008。
③ 张道一主编《中国民间美术辞典》，江苏美术出版社，2001。

义只能作为狭义的"苏作"定义,即"苏作"就是苏式家具或细硬木明式家具的说法。但清代浙江巡抚纳兰常安在《受宜堂宦游笔记》中解释"苏作"说:

> 苏州专诸巷,琢玉、雕金、镂木、刻竹、与夫髹漆、装潢、像生、针绣,咸类聚而列肆焉。其曰"鬼工"者,以显微镜烛之,方施刀错。其曰水盘者,以砂水涤滤,泯其痕迹。凡金银、琉璃、绮、铭、绣之属,无不极其精巧,概之曰"苏作"。

这种把明清苏州所产构思奇巧、精雕细琢、灵气飘逸的工艺品称为"苏作",是广义的"苏作"定义。今人通常将主要"苏作"产品分为"竹木制品"和"玉石制品"两大门类。

此外,还有称为"姑苏作"的"苏作",多指称"苏裱"。如《全蜀艺文志》卷五十六曰:"连四售者,连四一名曰'船笺',又有青白笺,青面白,有学士笺,长不满尺,小学士笺,又半之,仿'姑苏作'。"

总之,"苏作"一般指称明清苏州工艺制作及其产品,实质是指出自苏州的技术高超的工艺时尚产业及品牌产品。

(三)"苏样"与"苏式"的创意化

"苏样"亦称"苏州样"。"苏样"最晚在明代中期已成流行语,至明末清初,其含义已由"服装样式"演变为"生活方式的苏州样板"。如方弘静《千一录》曰:"万历壬寅,杭州府推官枷号一'苏样少年',众皆笑之,传以为快。凡样之始,皆知笑之是非之本心也。久则效之,不知其可笑矣。今之服妖,如所谓'苏样'者,翩翩道上,莫知禁者。无论坊市细氓,即缙绅大夫袖仅纳手,若弯弓之为者。此何祥乎?"如冯梦龙《古今小说》中说:"头上带一顶'苏样'的百柱鬃帽,身穿一件鱼肚白的湖纱道袍。"还有佚名《烬宫遗录》卷上曰:"周后籍苏州,田贵妃居扬州,皆习江南服饰,谓之'苏样'。"[1] 可见"苏样"最初指苏州服饰样式,后来所指范围扩大,成为时尚生活方式的"文化样本"。

---

[1] (明)方弘静:《千一录》卷二十三,明万历刻本;(明)抱瓮老人:《今古奇观》卷二十三,清初刊本;佚名:《烬宫遗录》卷上,《民国适园丛书》,小琅環校,稽瑞楼本。

明代中后期"苏样"流行是江南文化在苏州融合的结晶。《松窗梦语·百工纪》曰:"今天下财货聚于京师,而半产于东南,故百工技艺之人,亦多出于东南。"纳兰常安在《受宜堂宦游笔记》曰:"广东匠役,亦以巧驰名,是以有'广东匠、苏州样'之谚。"清代《工程做法则例》载有"寿山福海苏式彩画""福缘善庆苏式彩画"等苏画的多种不同做法,亦称"苏样"。"苏样"之所以成为新潮代名词,主要原因是苏州传统工艺产品不仅式样新鲜,而且技术、艺术含量高。所以说苏州"百工技艺之巧"为他处所不及。

"苏式"是"苏样"的抽象。狭义的"苏式"是以苏州为代表的明清工艺美术样式,广义的"苏式"是明清时期以苏州为代表的好古尚雅崇奢和创意趋新求变的生活时尚。郑丽虹《苏艺春秋——"苏式"艺术的缘起和传播》[1]一书称"苏式"为"苏式艺术"或"苏式文化",将"苏式"看作"苏样"的扩展,认为与"京式"相对应的"苏式"艺术是中国传统艺术流变的结果,代表了明代以后中国艺术发展的主流方向。因该书对"苏式"源流言之颇详,这里不再赘述,仅补充说说"苏式"与"苏样"之区别。

首先是"苏式"与"苏样"所指时间先后不同。"'苏式'产生于经济文化高度发达的明代中晚期,明代文人多称之为'苏样',清代以后则多称之为'苏式'。"[2] 如《清续文献通考》曰:"顾绣乃苏绣之一种,相传明初有顾氏者,始创画绣之法,后世遂名顾绣,杭产乃'苏式',故属于'苏绣'。"[3]

其次是所指内容要素有别。"苏样"多指服饰式样延伸到建筑式样及相关各种工艺作品的苏州式样,强调新鲜时髦奇特。"苏式"所指内容更加扩大,包括整个工艺行业各类产品的苏州样式,强调技术质量和艺术品位,举凡服饰、建筑、琢玉、雕金、镂木、刻竹、漆、装潢、像生、针绣等各门工艺,苏州人都能极尽工巧,到达一种"鬼斧神工"的技艺水准。

最后是两者所代表的审美价值不同。"苏样"多指服饰款式或建筑风格

---

[1] 详见郑丽虹《苏艺春秋——"苏式"艺术的缘起和传播》,山东美术出版社,2009,第3~20页。
[2] 郑丽虹:《"苏样"与"苏式"——"苏式"工艺美术的含义》,《装饰》2008年第11期。
[3] 刘锦藻:《清续文献通考》卷三百八十五,《实业考八》,民国十本。

上新鲜奇特的苏州样板性及其工艺内涵中时尚的苏州文化样本性，如李斗《扬州画舫录》卷十七说："诸彩色随其花式所宜，称花式以'苏式'彩画为上。""苏式"由苏州工艺审美的法式性扩大到苏州人尚古典求高雅适中庸的生活态度、审美取向以及因此表现出来的行为方式的时尚性追求。如明代高濂《遵生八笺》中说"吴中之式雅甚，又且适中"。

总之，"苏样"是"苏造"与"苏作"的抽象，"苏式"是"苏样"的抽象。

（四）"苏意"的艺术化

"苏意"是抽象中的抽象。奠基于"苏造""苏作"基础上的"苏样"、"苏式"和"苏意"，内含互通互摄，外延彼此关联，同中有异，异中有同。大体而言，"苏样"重技术重求新，"苏式"重艺术重求雅，"苏意"重意境重求异。具体说来，"苏意"又有褒贬双重含义。先说贬义"苏意"，一般皆指苏州人只务虚名、不讲实际的浮华习气，包含三层意义。

一是晚明凡盲目赶时髦出风头求变革者均被讥为"苏意"。钱钟书《管锥编》考曰：

> 晚明常言"苏意"，谓虚浮无实，即"空头"之旨。《尺牍新钞》二集卷八周文炜《与婿王荆良》："……来作吴诋，当时时戒子弟，勿学苏意。"周亮工《赖古堂集》卷一一《闽茶曲》第五首："歙客秦淮盛自夸，罗囊珍重过仙霞。不知薛老全苏意，造作兰香诮闽家。"……"全苏意"即谓"全失本色"。……李渔《意中缘》第一一出阉人黄天监评曰："替做新郎忒燥脾，不费；洞房花烛尽堪陪，苏意。""苏意"谓阉人娶妇，浪得虚名。①

二是把稀奇古怪的人与事物称为"苏意"。万历《建昌府志》曰："迩来一二少年，浮慕三吴之风，侈谈江左，则高冠博袖，号曰'苏意'。"明浮白斋主人《雅谑》"苏意"条："一座中有麻城人脸麻者，与苏州人逊坐。麻城人曰：'照苏意，苏坐可也。'苏州人曰：'照麻意，麻坐可也。'相视

---

① 钱钟书：《管锥编》，中华书局，1982，第191页。

不觉失笑。"①

三是把标新立异的苏州人、事和物称为"苏意"。明人薛冈《天爵堂笔余》曰："'苏意'非美谈，前无此语。丙申岁有甫官于杭者，笞窄袜浅鞋人，枷号示众，难以书封，即书'苏意犯人'，人以为笑柄。转相传播，今遂一概稀奇鲜见动称'苏意'，而极力效法，北人尤甚。"②

再看褒义"苏意"。褒义"苏意"指明代中后期由"苏样""苏式"呈现出来的独具创意的生活态度、文化品位、审美取向及行为方式。明人吴从先《小窗自纪》曰："焚香煮茗，从来清课，至于今讹曰'苏意'。天下无不焚之煮之，独以意归苏，以苏非着意于此，则以此写意耳。"其中"苏意"特指一种生活方式上古雅与奢华并重的价值取向。同是焚香煮茗，别人重内容与实用，而苏州人则重形式与意境。明文震孟《姑苏名贤小记·小序》："当世言苏人则薄之，至用相排调，一切轻薄浮靡之习，咸笑指为'苏意'，就是做人透骨时样"。所谓"做人透骨时样"，实含有走在时代前列，做时尚弄潮儿的含义。

褒义的"苏意"还特指苏州工艺技术产品中所包含的复古与创新并重的技艺思想和文心匠镜。明人王士性遍游全国，论及苏州时说："姑苏人聪慧好古，亦善仿古法为之，书画之临摹，鼎彝之冶淬，能令真赝莫辨。又善操海内上下进退之权，苏人以为雅者，则四方随而雅之；俗者，则随而俗之。其赏识品第本精，故物莫能违。又如斋头清玩、几案床榻，近皆以紫檀、花梨为尚。尚古朴不尚雕镂，即物有雕镂，亦皆商、周、秦、汉之式，海内僻远皆效尤之。此亦嘉、隆、万三朝为始盛。至于寸竹片石，摩弄成物，动辄千文百缗，如陆子冈之玉、马小官之扇、赵良璧之锻，得者竞赛，咸不论钱，几成物妖，亦为俗蠹。"③ 明代苏州成为产生"物妖"和崇尚"时玩"的城市。"物妖""时玩"这些新名词的出现，并迅速传遍大街小巷，说明时人所崇尚乃至所享受的是一种不同于过去的新生活。

所以，"苏意"乃是明清苏州社会由传统向近代转型中出现的新型心态、世态、物态的抽象，如同顾颉刚先生论评弹的艺术特点一样，是抽象

---

① 夏良胜：《建昌府志》卷一《风俗》，明万历四十年刊本，台湾汉学研究中心影印，第28页。
② （明）薛冈：《天爵堂笔余》卷一，《丛书集成续编》，第89册，上海书店出版社，1994。
③ 王士性著、吕景琳点校《广志绎》卷二，《两都》，中华书局，1997，第33页。

中的抽象，是产品质量审美化与艺术化的象征。

（五）近代技术经济兴起

通过对近代江南科学技术发展史分析，不难看出科学与技术关系是由相互并行到相互作用，形成"技术科学化"和"科学技术化"的历史互动过程：

近代早期是"生产—技术—科学"序列（技术科学化）
近代后期是"科学—技术—生产"序列（科学技术化）
现代科学技术一体化序列：技术科学化—科学技术化互动

这就是江南早期工业化时期的技术科学化与科学技术化互动，可以简称为工匠（技术）与学者（科学）的互动，奠基于传统产业技术的理论化，反映了科学与技术之间始终呈现着复杂的互促互进的关系。随着科学革命和技术革命的兴起，科学（学者）与技术（工匠）越来越趋向于一体化，技术与科学的联系越来越紧密，科学与技术的内在统一和协调发展已成为主要趋势。这种科技创新关系的发展，在不同的历史时期具有不同特点，从而在根本上决定了区域经济发展进程中的时代特征，即不同的技术要素和技术要素的不同组合可以形成新的科学技术系统。

伴随着苏州传统产业技术理论化及理论技术化再到技术经济发展，"苏造""苏工""苏作""苏做""苏样""苏式""苏意""苏派""苏铸""苏绣""苏画""苏裱""苏宴""苏钟""苏灯""苏白"等带"苏"字头产品词层出不穷，与已有的"吴戈""吴甲""吴剑""吴钩""吴器""吴装""吴冠""吴锦""吴绫""吴娟""吴笺""吴扇""吴帧"等带"吴"字头产品词竞相流行，充分体现了苏州传统产业经济向近代技术经济转型。①

由此说明，技术（工匠）发明需要科学理论支撑，科学（学者）发现是技术发明的理论基础；科学（学者）提出发展的可能，技术（工匠）变

---

① 余同元：《吴韵入苏风：明清江南社会经济近代转型的标志》，《复旦史学集刊》第五辑《变化中的明清江南社会与文化》，复旦大学出版社，2016，第47~70页。

"可能"为"现实";技术(工匠)发明推动科学进步,科学(学者)成就推动技术进步。某一区域的科学与技术相互依存、相互促进、相互转化,其内在的互动发展已经成为当今科技创新的主要特征。

(余同元,苏州大学社会学院教授、国学研究所所长)

从地方史到区域史

——关于徽学研究的反思*

梁仁志

摘　要：早期的徽学研究，主要是以马克思主义唯物史观为指导，以徽州的史料或史实来回应当时学界对以"五朵金花"为代表的关于中国历史发展若干重要问题的讨论。因此，从一开始，徽学研究就是与更大空间的历史发展进程联系在一起的，其目的不仅是认识徽州，而且是要在对徽州的研究中发现中国。20世纪90年代以后，以徽州文书为典型代表的地方文献和民间文献在徽学研究中角色不断凸显，加之受中国史学发展大环境之影响，徽学开始出现文献学化和碎片化研究倾向，对学术前沿问题和具有重要现实观照的历史问题的敏感性降低，徽学研究的学术旨趣和理论范式也迟迟难以建构，因而必须做到：一是要清晰地认识到徽学研究的归处乃是通过徽州去发现中国发现世界；二是必须要明确徽州文书等文献的史料本质，必须在思想创新、理论创新和范式创新上苦下功夫。

关键词：徽州文书　徽学　区域史研究　问题意识

以江南、华南、华北、徽州等研究为代表，中国的区域史研究渐成气

---

* 本文为安徽省教育厅高校人文社会科学研究项目基地重点项目（项目编号：SK2013A076）的阶段性研究成果。

候。区域史不同于地方史，它从一开始就是作为总体史①的一部分而展开，扮演着总体史研究的"样本"的角色。因此，区域史研究如何与总体史研究有机衔接，从而实现区域史研究真正的目的和价值，就成了区域史研究者不得不认真思考的问题。在以往的区域史研究中，研究者往往更多地关注区域史的"出处"，即着力梳理某一区域史形成发展的脉络，讨论与本区域史研究相关的具体问题、方法或理论，却甚少关注区域史的"归处"，即作为一种研究范式的区域史研究的根本目的和终极关怀。事实上，要想更加清晰地检视当前区域史研究的状况，推动区域史研究不断健康发展，厘清其"归处"也尤为重要和迫切。

以徽学研究为例，近些年来徽学发展的一个突出特点是以徽州文书为典型代表的地方文献和民间文献在研究中的角色日益凸显。当老一辈的研究者还在强调正史、文集等传统资料的重要性时，后起之秀们似乎不约而同地将研究重心转移到了徽州文书之上。"特别是上个世纪九十年代以来徽州文书之再度大规模发现，徽州文书已由一般人难以企及的珍稀文献，一变而为明清史学工作者案头常备的一般史料"②之后，这一特点变得尤为明显。③应当说，从某种意义上讲这是一个好现象，它表明徽学研究者对地方文献、民间文献重要性的认识更加深刻，运用得更加得心应手。桑兵先生曾指出："历史已经过去，不可能像人类学那样，通过实地调查，即可获得正在发生的所有事情的各种信息。能否回到历史现场，以及能够在何种程度上重返，不能不受制于史料的遗存状况及其开发潜力。"④正是徽州文书等地方文献和民间文献的大量运用和深度解读，使得徽学研究越来越具历史现场感，这种历史现场感恰是今天的史学研究者所孜孜追求的一种境界。

---

① 此处"总体史"的概念，意指在史学研究中应将国家乃至世界视作"一种复杂的社会整体"而非"一种有机的整体性"来加以研究，故而它不是地方史或国别史的拼图，只能经由区域史等的研究来逐步实现。具体概念可参见〔德〕彼得·舍特勒尔《总体史》（*History Totale*），〔德〕斯特凡·约尔丹主编《历史科学基本概念辞典》，孟钟捷译，北京大学出版社，2012，第117~119页。
② 王振忠：《徽州文书与明清以来的中国史研究》，《安徽大学学报》（哲学社会科学版）2018年第1期。
③ 通过对"读秀学术搜索"（www.duxiu.com）和"中国知网"（www.cnki.net）的检索可以较为清晰地发现，近些年来学术界出版的徽学专著和发表的徽学研究论文，可以说大多数都是以徽州文书为资料的。
④ 桑兵：《从眼光向下回到历史现场——社会学人类学对近代中国史学的影响》，《中国社会科学》2005年第1期。

但如果冷静地看，这种现象背后却又潜藏着些许隐忧，主要表现在：一是徽学研究的地方史色彩日益浓重，碎片化倾向日趋明显；二是徽学研究者之间、徽学研究者与其他史学研究者之间真正意义上的颇具宏观视野和现实观照的学术对话愈发困难；三是徽学作为一门学科的总的学术旨趣、理论范式迟迟未能很好地建构。这些隐忧的出现，与徽学研究者在一定程度上忽视徽学的"归处"是有关系的，对于徽学的长远发展将产生不利影响。有鉴于此，本文拟以徽学研究为例，对当前的中国区域史研究状况进行初步反思。不当之处，敬祈方家批评指正。

一 徽学研究的出处与路径转向

20世纪中国史学的发展从总体上看，"1949年以前，基本是以史料考订派为中心的叙事；1949年以后40年，基本上是唯物史观派为中心的叙事；而20世纪90年代以来，学术史叙事分裂的规模与剧烈程度都远远大于以前，但总体趋势是向史料考订派倾斜"①。如果从一个较为宏观的视角来观察可以发现，徽学与20世纪中国史学发展的基本脉络大体上是一致的。早期傅衣凌、章有义、叶显恩、张海鹏、王廷元、栾成显等先生的徽学研究，都是以马克思主义唯物史观为指导，以徽州的史料或史实，来回应当时学界对以"五朵金花"为代表的关于中国历史发展若干重要问题的讨论。如傅衣凌先生1946年发表的《明代徽商考——中国商业资本集团史初稿之一》一文，论证了"朱明一朝，中国商业资本的发展"②；1958年发表的《明清时代徽州婺商资料类辑》一文则论证了"明代中叶以后中国各地商业资本因受着新因素的刺激而迅速地成长起来"③。傅先生在回顾自己早年的徽学研究经历时曾说："这些研究，使我对于明清时代商品经济在中国经济史上的地位与作用，有了进一步的认识，亦给中国经济史的研究，开辟了一个新天地；并为我以后有关资本主义萌芽和山区经济等方面的研究，提供了可靠的资料。"④ 章有义先生在20世纪七八十年代对徽州土地关系和租

---

① 王学典：《"二十世纪中国史学"是如何被叙述的——对学术史书写客观性的一种探讨》，《清华大学学报》（哲学社会科学版）2008年第2期。
② 傅衣凌：《明代徽商考——中国商业资本集团史初稿之一》，《福建省研究院社会科学研究所研究汇报》1946年第2期。
③ 傅衣凌：《明清时代徽州婺商资料类辑》，《安徽史学通讯》1958年第2期。
④ 傅衣凌：《序言》，刘淼辑译《徽州社会经济史研究译文集》，黄山书社，1988，第1页。

佃制度的研究①，进一步论证了以地主所有制为主导的中国封建土地所有制形式。1983年叶显恩先生的《明清徽州农村社会与佃仆制》②一书问世，美国学者居蜜在评论该书时指出："在叶先生的书中，虽然对宗族制度和村社活动提供了丰富的资料，但历史学家和社会人类学家将会发现，他在讨论徽州的土地占有制这个中心主题时，是用马克思主义的观点去处理阶级分化、对抗和阶级剥削等问题的。"③可见，叶先生也是在马克思主义唯物史观的指导下，通过对徽州的实证研究，来回应当时学界关于中国封建土地所有制形式的讨论。1985年张海鹏先生在《明清徽商资料选编》的"前言"中，提出了徽商是徽州文化发展的"酵母"的观点④，明确了马克思主义唯物史观的经济决定论在徽学研究中的理论基础地位。其后张先生和他所带领的安徽师范大学徽学研究团队⑤，从徽商兴起的视角考察了明清商品经济的发展，回应了资本主义萌芽问题的讨论。⑥综上可以说，从一开始，徽学研究就是与更大空间的历史发展进程联系在一起的，其研究目的不只是要认识徽州，更是要在徽州发现中国。这正是徽学研究的出处。尽管有学者认为，早期的徽学研究是以"阶级斗争理论为主导的解释模式，且有理论先行的迹象"⑦，这种评论是否恰当姑且不论，但透过徽州来研究中国，将"徽州"作为解剖"中国"的样本，恰恰从徽学形成之初就明确了其作为区域史而非地方史的学科属性，这为徽学的长远发展指明了方向，也为徽学学科的建立奠定了坚实的基础。

20世纪90年代以后，徽学研究路径开始发生转向。1991年周绍泉先生

---

① 章有义先生在1974~1989年间陆续发表了一系列关于徽州土地关系和租佃制度的研究论文，并出版了《明清徽州土地关系研究》（中国社会科学出版社，1984）、《近代徽州租佃关系案例研究》（中国社会科学出版社，1988）两部重要的研究论著。
② 叶显恩：《明清徽州农村社会与佃仆制》，安徽人民出版社，1983。
③ 〔美〕居蜜：《明清时期的徽州宗法制度与土地占有制——兼评叶显恩〈明清徽州农村社会与佃仆制〉》，刘淼辑译《徽州社会经济史研究译文集》，第478页。
④ 张海鹏、王廷元主编《明清徽商资料选编》，"前言"，黄山书社，1985，第2页。
⑤ 当时称"明清史研究室"，后一度改称"徽商研究中心""徽学研究所"，现为安徽省人文社会科学重点研究基地"安徽师范大学皖南历史文化研究中心"。
⑥ 早期的代表性研究成果为《徽商研究》（张海鹏、王廷元主编，安徽人民出版社，1995）一书，该书系统梳理了明清徽商形成、发展乃至衰落的基本脉络，代表了当时学术界徽商研究的最高水平，被范金民先生誉为"徽商研究的集大成之作，也是迄今为止国内传统商人研究篇幅最为宏大之作"（范金民：《老树春深更著花》，《中国社会科学》1997年第2期）。
⑦ 张佩国：《林权、坟山与庙产》，中国社会科学出版社，2014，第58~59页。

在《徽州千年契约文书》中说:"自徽州文书发现以来,一个以研究徽州历史文化为对象的新学科——'徽学'(又称'徽州学')在学术界逐渐形成,并日益为国内外学者所瞩目。"① 学界开始强调徽州文书对徽学研究乃至徽学学科形成的特殊重要性。此后他又进一步指出:"徽学所以会成为一门新学科,其根本原因还是大量徽州文书的发现。"② 与此同时,徽学研究也"基本摆脱了阶级斗争论、地主制经济论、资本主义萌芽论的束缚,并根植于特定地域脉络下解读村落家族契约文书"③。尽管以张海鹏、栾成显等先生为代表的一批学者仍然坚持"徽州"的样本意义,1995年张海鹏先生在《徽商研究》中就指出:"自明朝中叶至清末、民初的数百年间,徽商一直是活跃于全国商界的一支劲旅。徽商的活动对于当时社会的政治、经济和文化无不产生或多或少的影响,而徽商活动的方式及其势力的消长又无不受到当时社会条件多方面的制约,因而透过徽商兴衰演变之迹可以从一个侧面窥探当时整个社会的全貌。因此,无论是明清史的学者还是研究徽商的学者都不能不关心徽商的研究。"④ 1996年栾成显先生利用徽州文书中遗存的档案资料,"对明末清初一户庶民地主的经济状况,诸如人口情况、土地所有、土地买卖等,作了微观考察;着重分析了其人户构成情况和经济结构。并以此为典型,进而剖析了中国封建社会地主自身经济存在的具体形态"⑤。张海鹏先生及其弟子王世华、李琳琦、周晓光诸先生和王廷元先生、栾成显先生等其后的徽学研究也都遵循着这样的路数。但从总体上看,徽学研究的重心和路径已悄然发生改变,从围绕以"五朵金花"为代表的关于中国历史发展若干重要问题展开讨论,开始转向围绕以徽州文书为典型代表的地方文献和民间文献展开讨论,从以问题为导向开始转向以史料为导向。

二 徽学研究的困惑与问题

以徽州文书为典型代表的地方文献和民间文献在徽学研究中角色的不

---

① 王钰欣、周绍泉主编《徽州千年契约文书》,"前言",花山文艺出版社,1991,第1页。
② 周绍泉:《徽州文书与徽学》,《历史研究》2000年第1期。
③ 张佩国:《林权、坟山与庙产》,中国社会科学出版社,2014,第61页。
④ 张海鹏、王廷元主编《徽商研究》,"前言",安徽人民出版社,1995,第1页。
⑤ 栾成显:《明清庶民地主经济形态剖析》,《中国社会科学》1996年第4期。

断凸显，逐渐引发了一些理论和实践上的困惑，主要表现有二。一是徽州文书等文献渐渐从史料演变成研究对象的重要组成部分，甚至呈喧宾夺主之势。对于文献本身收藏流传状况、基本样态、具体内容的描述和考证慢慢成为研究内容的重要组成部分甚至主体，文献所能揭示的重要历史信息却渐渐被弱化甚至被边缘化，由此，徽学甚至出现了一定程度的文献学化倾向。二是徽学研究被文献牵着鼻子走的情况越发明显。一些徽学研究者渐渐习惯于从自己所能寓目的徽州文书等文献出发去选择论题甚至研究方向，而缺乏对学术前沿问题和具有重要现实观照的历史问题保持高度的敏感性，也缺乏对这些问题进行更加富有前瞻性、系统性和洞见性的思考，与学界和现实的深度对话也因此而难以积极的展开。

  与此同时，按照一般逻辑和常识，随着徽学研究的不断拓展和深入，我们对传统徽州社会形象的整体认知当更加清晰，对徽学研究中一些重要问题的认识也当更加深刻和富有新意。然而吊诡的是，事实似乎并非如此。追源溯流，徽学研究的碎片化当是一个重要原因。通过检索"读秀学术搜索"和"中国知网"可以较为清晰地发现，20世纪90年代以来的徽学研究成果，其研究对象多局限于某一村落、某一家族或某种文献、某个人物，而这与徽州文书等民间文献和地方文献记载内容的特殊性存在着一定的关系。王振忠先生曾给徽州文书下过一个定义："简单地说，徽州文书是指保存在徽州当地，或者是由徽州人手写的文献史料。从内容上看，除了狭义的契约文书之外，还包含诉讼案卷、账册、书信、日记、杂抄等。……徽州文书是徽州民众在日常生活、商业活动和其他社会活动中形成的原始档案，它们原先主要保存在私人手中，还有的是保存于祠堂、文会等各类基层组织的管理者手中。"① 由此可知，徽州文书主要是关于某一特定私人事情的记载，故其内容涵盖范围相对比较狭窄。其他地方文献和民间文献也存在着类似的情况。加之既有的以徽州文书等地方文献和民间文献为史料的研究多为个案研究，其研究对象范围的狭窄便几乎难以避免。与此同时，多数地方文献和民间文献记载时段的短期性特点，也使得"短期主义"之风在徽学研究中渐渐抬头。可以说，由于20世纪90年代以后以徽州文书为典型代表的地方文献和民间文献在徽学研究中角色的不断凸显，在一定程度上加剧了徽学研究的碎片化，不仅有研究空间上的碎片化，也有研究时

---

① 王振忠：《徽州文书：商人与社会》，《文汇报》2011年1月22日。

间上的碎片化。

此外,有学者指出:"受特定意识形态倾向的影响,1990年代以降,中国大陆学术界进入了一个'思想家淡出、学问家凸显'的新时代,一众学人齐声高呼告别思想、走向学术,思想观念的反思、建构和争鸣遂让位于对学术传统的爬梳、整理和重续。"① 这一看法不一定完全符合事实,但至少部分地反映了中国史学发展的现状。徽学研究就存在着这样的问题。1990年代之前的徽学研究者大都提出了一些颇具宏观视野、现实观照和理论深度的学术观点,如张海鹏、唐力行等先生提出的徽商具有"贾而好儒"的特色的观点②,张海鹏先生提出的徽商是徽州文化发展的"酵母"的观点③,王世华先生提出的明代徽商积极参与了抗倭斗争的观点④,唐力行先生提出的徽商与封建宗族势力关系密切、互为奥援的观点⑤,李琳琦先生提出的徽商资本是和土地紧密结合在一起的观点⑥,周晓光先生提出的新安理学向皖派经学转变进而宣告新安理学终结的观点⑦等,这些观点在徽学界乃至明清史学界均产生了一定的影响。然而,1990年代之后,特别是近些年来,尽管徽学研究取得了较大发展,发表在核心甚至权威刊物上或由知名出版社出版的研究论著不断涌现,但产生了较大学术影响力、引起了较多学术共鸣的新的学术观点却不多见。不仅如此,如果追问今天的徽学研究者:大家共同的徽学研究学术旨趣是什么?共同倡导的徽学研究理论范式是什么?徽学研究的重要合作平台和交流机制在哪里?徽学研究对中国总体史研究的重要推动作用表现在哪里?对于诸如此类的问题,大家一时半会儿恐怕都难以说得清楚,甚至会无言以对。而从事华南研究的学者们却"逐渐形成并且接受了共同的范式"⑧,进而形成了或者说已经被学界公认为

---

① 王学典:《二十世纪中国史学评论续编:新史学与新汉学》"序言",上海古籍出版社,2013,第1页。
② 张海鹏、唐力行:《论徽商"贾而好儒"的特色》,《中国史研究》1984年第4期。
③ 张海鹏、王廷元主编《明清徽商资料选编》,"前言",第2页。
④ 王世华:《论徽商的抗倭斗争》,《安徽师大学报》(哲学社会科学版)1986年第1期。
⑤ 唐力行:《论徽商与封建宗族势力》,《历史研究》1986年第2期。
⑥ 李琳琦:《论徽商资本流向土地的特点及其规律》,《安徽师大学报》(哲学社会科学版)1988年第4期。
⑦ 周晓光:《试论新安理学向皖派经学的转变》,《安徽师大学报》(哲学社会科学版)1988年第4期。
⑧ 梁庆寅:《学术共同体的基本特征》,《开放时代》2016年第4期。

一个学术共同体。①"华南学派"所谓的"进村找庙、进庙找碑"的研究方式也常常为学界所津津乐道。

可以说，以徽州文书为典型代表的地方文献和民间文献在徽学研究中角色的不断凸显，加之受中国史学发展大环境的影响，所引发的徽学在一定程度上的文献学化倾向和碎片化发展，对学术前沿问题和具有重要现实观照的历史问题的敏感性降低，以及徽学研究的学术旨趣和理论范式迟迟难以很好地建构，都对徽学的健康发展产生了一定的消极影响。英国历史学家柯林武德曾说："历史学家们都会同意历史学的程序或方法根本上就在于解释证据。"②德国历史学家克劳斯·阿诺尔德曾说："一段史料的重大作用是其对于历史研究的认知意义。在这里，认知意义较少取决于史料的外在形式，而更多地取决于它同相应历史事件或状况的远近程度。"③李剑鸣先生也曾说："在作为'问题史学'的现代史学中，离开了问题、理论和方法，史料就没有独立的意义。故而治史不能孤立地以史料为工作对象，而必须通过问题、史料、解释的互动，以充分发掘史实的意义。"④因此，"解释证据"而非证据本身才是史学研究的根本，文献只是作为史料（即所谓的"证据"）而存在的，无论其如何重要，都无法代替研究本身。在徽学研究中，徽州文书等文献无论价值有多高，都无法掩盖其作为史料的本质，因此它们不能也不应成为徽学研究的重心。

章开沅先生认为："历史研究的对象是整个社会运动，是前后连续的过程，然而无论是整体或过程，都是成千上万细节组成。或许可以说无细节即无历史；然而组成历史的细节毕竟有主次与层次之分，随意撷拾罗列的细节仍然难以重现真实的历史情景。宏观研究容许在他人研究成果基础上的概括，细节研究则必须以自己的实证工作为基础，而且要能进能出，因小见大，这才能形成真知灼见。"⑤所以，尽管建立在徽州文书等文献之上的碎片化研究的学术价值毋庸置疑，但要紧的问题，不在于这种碎片化研

---

① 关于"华南学派"形成发展脉络及其学术旨趣等的相关讨论，可参见梁庆寅、郑振满、陈春声等《学术共同体》，《开放时代》2016年第4期。
② 〔英〕柯林武德：《历史的观念》（增补版），何兆武、张文杰、陈新译，北京大学出版社，2010，第11页。
③ 〔德〕克劳斯·阿诺尔德：《史料》，〔德〕斯特凡·约尔丹主编《历史科学基本概念辞典》，孟钟捷译，北京大学出版社，2012，第222页。
④ 李剑鸣：《历史学家的修养和技艺》，上海三联书店，2007，第252页。
⑤ 章开沅：《重视细节，拒绝"碎片化"》，《近代史研究》2012年第4期。

究本身是否有价值，而在于这种碎片化研究是研究的起点还是终点。如果我们的研究仅仅到此为止，则碎片依旧是碎片；如果我们能够在碎片化研究的基础之上继续耕耘，走向综合研究，则情况就大为不同。罗志田先生就曾说："如果史学本是以碎片为基础的学问，似亦不必太担心历史研究的'碎片化'。相反，比较可怕的是，即使在一些已显'琐碎'的题目中，还是常见从头到尾的空论。若习惯了蹈空之论，久假忘归，或沦入真正的历史虚无取向……至少对史学的初入道者而言，题目不论大小，论述都宜由虚入实。把问题讲清楚了，再言能见其大不迟。"① 这就提醒我们的徽学研究者，今天建立在以徽州文书为代表的地方文献和民间文献为重要史料基础之上的徽学研究，其所面临的一个重要问题，不只是碎片化研究，更是以碎片化研究为起点的综合研究的缺乏。由此甚至可以说，当下的徽学研究，存在着"行百里者半九十"之窘境，也即只做了开端的功夫，却忽视了在"良好"开端基础之上做好进一步深入揭示历史总体面貌的工作，其实后面的工作才更有价值，当然也更为艰难。

三 徽学研究的归处与出路

德国历史学家德罗伊森曾指出："历史研究工作的起点是历史问题的提出。"② 李剑鸣先生也曾指出："研究一个问题，运用一定的材料和方法，最终是为了建构新的历史解释。也就是说，创新最后要落实在新观点上面，只有新的解释才是创新的归宿。"③ 所以，徽学研究要想健康地发展和产生更大的学术影响力，就必须在问题意识上下苦功夫，不断提出富有价值的新问题，不断发明富有前瞻性、系统性和洞见性的新观点。然而必须要指出的是，徽学研究的问题意识并不能只针对"徽州"。徽学研究者一直在强调徽州的典型性，叶显恩先生在《徽州文化全书》中说："徽州文化既是地域文化，又是中华正统文化传承的典型。它集中地、典型地体现了中华传统文化的精华。"④ 赵华富先生也曾说："中国自古以来就是一个宗族社会。

---

① 罗志田：《非碎无以立通：简论以碎片为基础的史学》，《近代史研究》2012年第4期。
② 〔德〕德罗伊森：《历史知识理论》，胡昌智译，北京大学出版社，2006，第17页。
③ 李剑鸣：《历史学家的修养和技艺》，上海三联书店，2007，第228页。
④ 叶显恩：《总序——徽州文化的定位及其发展大势》，李琳琦等著《徽州文化全书》，安徽人民出版社，2005，第3页。

秦汉以来……以父系血缘关系为纽带的社会人群共同体始终存在。宋元以来，徽州宗族特别繁荣，徽州成为中国宗族社会的一个典型地区。"① 何为"典型"？《辞海》中解释说："原指模型或模范。现指在同类中最具代表性的人或事物。"② 据此，必须将徽州置于更为广阔的时空背景下，特别是将徽州与同类区域的历史要素进行比较，徽州的这种典型性才能得以体现。换言之，说徽州是"典型"，就已经表明了徽学研究者将徽学研究视作区域史而非地方史的态度，这也是徽学从诞生之日起就已经注定了的命运。

由于"从实践的角度看，区域史研究应是一种方法论和分析工具，是一种新的史学研究范式；区域史研究中的'区域'当是作为史学研究的样本存在的……与地方史研究中的'地方'的概念不尽相同，区域史绝非简单意义上的地方史"③。故作为区域史的徽学，其研究视角自然必须要关注徽州与其他区域的联结。王家范先生在寄语从事江南学研究的年轻学者时曾说："在更大的中国历史网络中，'江南史'只是其中的一个网络区域，它外与其他区域（甚至世界）有经纬线相连，而内部又是多由东西南北许多小网络联体组合。"④ 在这一点上，徽学与江南学无疑是相通的。赵世瑜先生也曾说："从一开始，区域研究就不是目的，而是过程。正是由于区域的多维度特点，导致区域研究本质上必然是一种关于关联和互动的研究……就必然关注所有个体和群体的人，关注与他们的生存密切相关的一切事物，这就导致研究的对象变得包罗万象，从而使关注关联和互动变得不可或缺。"⑤ 与王家范先生的说法可谓异曲同工。无不强调徽学等区域史的研究必须着眼于区域以外，着力于构建本区域同其他区域以及整个中国之间的联系。

需要提出的是，美国学者史景迁曾说："从1600年以后，中国作为一个国家的命运，就和其他国家交织在一起了，不得不和其他国家一道去搜

---

① 赵华富：《徽州宗族研究》，安徽大学出版社，2004，第2页。
② 辞海编辑委员会编《辞海》（缩印本），上海辞书出版社，1980，第291页。
③ 梁仁志：《关于中国区域史研究的几点反思——以安徽的区域史研究实践为例》，《南京社会科学》2017年第3期。
④ 王家范：《寄语"江南史"后生》，《文汇报》2013年7月7日。
⑤ 赵世瑜：《在中国研究：全球史、江南区域史与历史人类学》，《探索与争鸣》2016年第4期。

寻稀有资源，交换货物，扩大知识。"① 熊万胜先生也认为："学术的开放性是社会系统开放性的反映，中国不仅深度卷入全球化，实际上也正在成为全球化的主要推手。学者仅仅局限于关注中国本土发生的问题，已经不符合当代中国的国际角色。"② 所以，作为区域史的徽学研究，其关注对象不仅不能局限于徽州，也不能局限于中国，而是要具有世界眼光、全球视野。赵世瑜先生曾说过："我们可以把区域社会史研究理解为一种方法论，因为它的目的并不在于区域或者地方，而在于通史——它体现了一种重写通史的努力。"③ 事实上，徽学研究在某种程度上也体现了重写全球史的努力。通过徽州去重新发现中国、发现世界，进而重写中国史和全球史，可以说，这正是徽学研究的归处。

众所周知，去评价一个学者真正的学术贡献时，我们通常更在意他提出了多少富有洞见的学术观点，而不只是看他出版了多少部学术著作、发表了多少篇学术论文。事实上，一门学科真正意义上的崛起，最重要的标志也不是出版著作或发表论文的数量和级别，而是它所提供的学术观点和理论范式在多大程度上为我们更加深刻地认识中国、认识世界乃至认识人类社会提供了帮助或启示。陈春声先生曾指出："进入21世纪之后，占有所谓冷僻资料或发现新资料这类具有'学术积累'意义的工作，已经越来越成为普通史学工作者日常研究过程的一部分，毫无惊喜可言。……'数字人文'时代历史学者的功力，可能更多地表现在眼界和通识方面。新一代历史学者的工作，若要引起国内外同行的重视，更重要的是要有深厚学术史背景的思想建构，也就是说，'出思想'与否，可能会成为新的学术时代衡量史学研究成果优劣高低更重要的尺度。"④ 这也在提醒我们的徽学研究者，建立在"数以万计的文书、数以千计的家谱和数以百计的方志"这种史料优势之上的徽学研究，其传统优势正在不断减弱。徽学研究的新的出路，当是建立在思想创新、理论创新和范式创新之上。如果能够在此基础之上，不断推进徽学研究共同的学术旨趣、理论范式的建构，进而形成

---

① Jonathan D. Spence, *The Search for Modern China*, W. W. Norton & Company, 1991, Second Edition, p. 2.
② 熊万胜：《归向何处：对本土知识传统的审思》，《探索与争鸣》2018年第5期。
③ 赵世瑜：《小历史与大历史：区域社会史的理念、方法与实践》，三联书店，2006，第4页。
④ 陈春声：《新一代史学家应更关注"出思想"》，《史学月刊》2016年第6期。

一个真正意义上的徽学研究的学术共同体——"徽州学派",对徽学发展而言,无疑是一件极为有意义的事情,更是一件非常令人期待的事情。

四 余论

美国历史学家帕特里克·格里在《历史学家的道义责任》一文中说:"历史学——被正确地研究、正确地使用的历史学——是一个批判性的学科。批判性不是指说坏话,而是独立地思考过去及其与当前的关系,且不惮于加以区分;即使社会大众中间流行的是另一种主张,他们热烈地想要把过去与当今联系起来,为正当化当今而想象过去。"① 中国的区域史研究已经走过了较为漫长的发展道路,如果从清光绪三十四年(1908)黄质发表在《国粹学报》上的《滨虹羼抹》② 一文算起,徽学也已经走过了一百多年的历史。可以说,今天中国的区域史和徽学发展均处在承前启后的关键阶段,在这样重要的时间节点上,对其发展现状进行初步反思甚至提出一定的"批评",对其今后的健康发展当是有所裨益的。尽管当前的中国区域史研究风头正盛,背后却潜藏着不少的困惑和问题,这既是中国乃至世界史学发展大风气的影响所致,如史料主义之风、碎片化研究之风盛行等。《历史学宣言》开篇就说:"一个幽灵,短期主义的幽灵,正困扰着我们这个时代。"③ 当然这也与史学研究者的个人修养有关,李剑鸣先生就说:"在学术过度专业化的背景下,学者的专业路径变得相当狭窄,往往不具备驾驭综合性的宏观课题的能力。"④ 然而这些都不能也不应成为中国区域史研究地方史色彩较为浓厚、碎片化倾向较为明显、宏观研究视野和问题意识较为缺乏的理由。

长时期从事华南研究的科大卫先生指出:"我们的目标远远不止撰写一村一地的历史,我们的目标更为远大,但要达致这些远大的目标,我们每个人的历史人类学研究也不应是孤立的个案,而是整合研究的一部分。"⑤

---

① 〔美〕帕特里克·格里:《历史、记忆与书写》,胡鸿、赵刚等译,北京大学出版社,2018,第3页。
② 黄质:《滨虹羼抹》,《国粹学报》1908年第44期。
③ 〔美〕乔·古尔迪、〔英〕大卫·阿米蒂奇:《历史学宣言》,孙岳译,上海人民出版社,2017,第1页。
④ 李剑鸣:《历史学家的修养和技艺》,上海三联书店,2007,第229页。
⑤ 科大卫:《历史学者走向田野要做什么》,《东方早报》2015年10月11日"上海书评"。

美国学者格尔兹也曾指出:"研究的地点并不是研究的对象。人类学家并非研究村落(部落、小镇、邻里……);他们只是在村落里研究。"[1] 作为徽学研究者,我们必须明白,在徽州发现中国发现世界,才是徽学研究的真正归处;在地方发现中国发现世界,才是中国区域史研究的真正归处。当然,诚如法国学者古斯塔夫·勒庞所言:"支配着人们的是传统。当他们形成群体时,就更是如此。……脱离了传统,不管民族气质还是文明,都不可能存在。"[2] 在透过徽州发现中国发现世界的同时,我们还应关注到徽州的传统何在、其对徽州文化的影响何在、徽州传统与中国传统之间是何关系、如何互动等诸多问题。其他区域史研究亦当如此。唯如此,区域与中国乃至世界之间的联结才能真正被揭示,它们之间的互动才能真正"展开",徽学以及中国区域史研究的目的和价值也才能真正得以实现。

(梁仁志,安徽师范大学历史与社会学院副教授)

---

[1] 〔美〕格尔兹:《文化的解释》,韩莉译,译林出版社,2008,第25页。
[2] 〔法〕古斯塔夫·勒庞:《乌合之众:大众心理研究》,冯克利译,中央编译出版社,2015,第52页。

专题研究

区域政治文化与秦汉之际的国家治理
——以"六国后"为例

卜宪群

摘　要：区域政治文化是区域史研究中的一个重要问题。秦统一后,"六国后"在秦汉之际相当长的时间里存在,他们是战国列国政治势力的遗存,是区域政治文化的代表,其主要政治动向是恢复列国分立的局面。尽管他们拥有较广泛的社会基础与政治力量,但秦汉之际的国家或政权,对他们总体上采取的是抑制措施。正是这些措施,逐步将其由独立于国家秩序之外的社会势力,转化为对大一统政治文化的认同者,其重要标志就是他们的官僚化。

关键词："六国后"　中央集权　官僚化

政治文化是政治学研究领域聚讼纷纭的话题,尚未有完全一致的认识。一般是指"政治社会成员对政治的取向因素,包括政治认识、政治情感和政治价值观等"。政治文化既是"一个社会长期政治历史经验积淀的结果",又是"一个个人的或长或短的既有政治生活经验积淀的结果"。"政治文化在政治生活中起着非常重要的作用,它是社会政治秩序得以连续和持久的基础。"① 以此为理论视角验诸具体政治历史过程,我们可以发现,政治文化虽在政治生活中起着重要作用,但又是一个非常复杂的问题。不仅不同

---

① 参见毛寿龙《政治社会学》(中国社会科学出版社,2001)第四章"政治文化"中关于"政治文化"概念的归纳总结,本文关于政治文化的理解,即以本书相关的理论为基础。

时期的政治文化有异，同一时期不同区域的政治文化也有重大差别。政治文化与政治过程既可以趋于同一、相互支撑，也可能相互对立。而共同政治文化认同的形成，则是一个比较漫长的历史过程。以秦汉为例。统一的中央集权建立后，统治者倡导"皆为郡县"的大一统政治文化，但实际上战国以来列国分立的区域政治文化影响却十分深厚。由于统一的中央集权是在周制瓦解后，历经春秋战国的基础上形成的，战国列国区域政治文化并没有随着秦的统一立即消失，它与统一的中央集权政治文化之间的对立经历了很长的时期。这是因为，统一虽是当时历史的趋势，但并不符合战国以来所有社会阶层的利益。昔日的社会阶层在新秩序下既可能与统治者合作，也可能不合作，甚至演变为独立于新秩序之外的社会势力。这样一种历史背景，决定了他们对新的中央集权的大一统政治文化认同需要一个相当长的时期。我在相关论文中，曾经探讨过游侠、游士、宾客、商人等社会势力与国家秩序的关系，就是试图说明这个问题。① 本文再以秦汉之际的"六国后"为例探讨这一问题。

一

"六国后"一词见于史籍。《史记·留侯世家》载郦食其曰："今秦失德弃义，侵伐诸侯社稷，灭六国之后，使无立锥之地。陛下诚能复立六国后世，毕已受印，此其君臣百姓必皆戴陛下之德，莫不向风慕义，愿为臣妾。德义已行，陛下南向称霸，楚必敛衽而朝。"《史记·张耳陈余列传》载张耳陈余曰："愿将军毋王，急引兵而西，遣人立六国后，自为树党，为秦益敌也。"《汉书·张良传》载张良曰："且夫天下游士，离亲戚，弃坟墓，去故旧，从陛下者，但日夜望咫尺之地。今乃立六国后，唯无复立者，游士各归事其主，从亲戚，反故旧，陛下谁与取天下乎？"从上可知，所谓"六国后"，主要是指秦灭六国之后的六国王公贵族，也包括官僚、士人、豪杰富商等社会阶层。秦灭六国，建立了统一的君主专制中央集权国家，否定了六国贵族阶层官僚士人原先具有的政治身份，否定了区域政治势力及其

---

① 参见卜宪群《秦汉社会势力及其官僚化问题研究之一：以游侠为中心的探讨》（《高敏先生八十华诞纪念文集》，线装书局，2006）、《秦汉社会势力及其官僚化问题研究：以商人为中心的探讨》（《江苏行政学院学报》2006年第5期）、《秦汉社会势力及其官僚化问题研究之三——以游士宾客为中心的探讨》（《秦汉研究》第二辑，三秦出版社，2007）。

政治文化的合法性,①"六国后"相当一部分人也因此演化为与秦相抗衡的社会势力。作为社会势力的"六国后",其思想表现在固守昔日六国政治文化认同,其行为表现在力图推翻秦的统治、恢复六国分立的政治局面。这种思想与行为在秦汉之际表现尤为明显。

在楚地,楚旧贵族项氏的后裔项梁"常为主办,阴以兵法部勒宾客及子弟",秦始皇游会稽,渡浙江,项籍云:"彼可取而代也。"楚地还流传着楚南公"楚虽三户,亡秦必楚"的谶语。②陈涉起兵至陈,陈地"三老、豪杰皆曰:'将军身被坚执锐,伐无道,诛暴秦,复立楚国之社稷,功宜为王'。"③陈涉非楚旧贵族,是因"功"而被楚地之人认为可以称王的。除陈涉外,被秦嘉立为楚王的景驹、被葛婴立为楚王的襄强及流落民间而后被项氏立为楚怀王的孙心皆为楚贵族。④且立楚之后,建制也一如楚之旧。⑤ 这些都说明,秦灭楚后,在昔日的楚地⑥,楚人的政治情感、文化认同与复国意识不仅顽强地存在于贵族之中,也存在于社会基层领袖如"三老""豪杰"的心目中,他们为复兴楚国进行着艰苦的准备工作。

秦灭赵,赵王迁及赵贵族被迁往汉中房陵、葭萌。⑦但赵人对秦的统一并不认同。陈涉起义后,"令陈人武臣、张耳、陈余徇赵地"⑧,后武臣"自立为赵王,陈余为大将军,张耳、召骚为左右丞相"。⑨武臣死后,"赵人多为张耳、陈余耳目者",又云:"客有说张耳曰:'两君羁旅,而欲附赵,

---

① 《史记·秦始皇本纪》中有诸多关于统一政治文化的宣扬,如"六合之内,皇帝之土……人迹所至,无不臣者","海内为郡县,法令由一统","初并天下,罔不宾服","六合之内,皇帝之土","皇帝并宇,兼听万事,远近毕清","禽灭六王,阐并天下,灾害绝息,永偃戎兵","殄息暴悖,乱贼灭亡"等,都是秦对高度集权统治体制政治文化的自我描述。
② 《史记·项羽本纪》。
③ 《史记·陈涉世家》。
④ 分别见《汉书·项籍传》《史记·陈涉世家》。
⑤ 《史记·高祖本纪》《正义》引臣瓒曰:"时立楚之后,故置官司皆如楚旧也。"另参见卜宪群《秦制、楚制与汉制》,载《中国史研究》1995年第1期。
⑥ 关于楚地的范围《史记·货殖列传》云:"夫自淮北沛、陈、汝南、南郡,此西楚也。……彭城以东,东海、吴、广陵,此东楚也。……衡山、九江、江南、豫章、长沙,是南楚也。"
⑦ 参见《淮南子·泰族训》《史记·货殖列传》。
⑧ 《史记·陈涉世家》。
⑨ 《史记·陈涉世家》。

难;独立赵后,扶以义,可就功。'乃求得赵歇,立为赵王。"注引张晏曰:"赵之苗裔。"① 亦可见赵地之人在恢复昔日赵国统治的问题上仍有强大的社会势力存在。

旧贵族、豪杰构成燕地反秦的主要社会势力。《史记·陈涉世家》云故上谷卒史韩广将兵"北徇燕地","燕故贵人豪杰谓韩广曰:'楚已立王,赵又已立王。燕虽小,亦万乘之国也,愿将军立为燕王'。"在燕人的劝说下,韩广"乃自立为燕王"。《史记·张耳陈余列传》云:"韩广至燕,燕人因立广为燕王。"韩广在燕地之所以能够自立为王,是与燕地旧势力复国意识的存在分不开的,而"燕虽小,亦万乘之国也",足以反映燕地之人对昔日燕国政治文化的情感认同。

秦灭魏,"灌大梁,虏王假,遂灭魏以为郡县"②,但魏地由魏王族、名士构成的社会势力犹存。《史记·魏豹彭越列传》云:"魏豹者,故魏诸公子也。其兄魏咎,故魏时封为宁陵君。秦灭魏,迁咎为家人。"陈涉起兵称王后,魏咎往从之。时陈涉遣魏人周市"徇魏地","魏地已下,欲相与立周市为魏王",齐、赵亦"使车各五十乘,立周市为魏王"。而周市不肯,云:"今天下共畔(叛)秦,其义必立魏王后乃可。"于是周市"迎魏咎于陈。五反,陈王乃遣立咎为魏王"。立周市为魏王是陈涉之意还是魏人之意史载不甚明了,但魏咎投奔陈涉是为借陈涉之力复国,意图甚明。而周市的使者"五反"才获得陈涉的同意,似乎立魏咎又非陈涉的本意。后魏咎降章邯自焚,魏豹亡走楚,借楚之力复徇魏地,再被楚立为魏王。魏的复国虽然曲折,但魏人区域政治文化认同之强烈可见一斑。又《史记·张耳陈余列传》云:"秦灭魏数岁,已闻此两人魏之名士也,购求有得张耳千金;陈余五百金。张耳、陈余乃变名姓,俱之陈,为里监门以自食。"同传云:"里吏尝有过笞陈余,陈余欲起,张耳蹑之,使受笞。吏去,张耳乃引陈余之桑下而数之曰:'始吾与公言何如?今见小辱而欲死一吏乎?'陈余然之。"此二人,特别是张耳忍辱负重为小吏,心中必怀抱复兴魏国之宏志,亦是魏之名士不忘复国之明证。

韩地的社会势力由昔日韩国贵族构成。《史记·留侯世家》载张良云:"家世相韩,及韩灭,不爱万金之资,为韩报仇强秦,天下振动。"《史记·

---

① 《史记·张耳陈余列传》。
② 《史记·魏世家》。关于魏王假的下落,《集解》引《列女传》曰:"秦杀假。"可备一说。

韩信卢绾列传》云:"韩王信者,故韩襄王孽孙也,长八尺五寸。及项梁之立楚后怀王也,燕、齐、赵、魏皆已前王,唯韩无有后,故立韩诸公子横阳君成为韩王,欲以抚定韩故地。"张良"不爱万金之资"报仇强秦,说明秦统一韩地后贵族旧的政治文化情感与政治取向没有变化。而项梁立韩成为韩王,正是企图利用这种政治情感安抚昔日韩国故地。

齐地的社会势力由齐大族及王族构成。《史记·田儋列传》云:"田儋者,狄人也,故齐王田氏族也。"同传载儋击杀狄令后云:"诸侯皆反秦自立。齐,古之建国,儋,田氏,当王。"但田儋非旧王族。临济之战中,田儋战死。齐人闻田儋死,"乃立故齐王建之弟田假为齐王,田角为相,田间为将,以拒诸侯。"学者认为田儋以"古之建国"为号召复兴齐国,其原因在他"与齐王血统恐已疏远","主要是凭借其豪强身份",[①] 因此不能直接以血统继位。不过尽管田儋血统疏远,但儋自立为王及儋死后齐人立田假为王,都反映了齐地贵族固守齐"古之建国"的政治文化情感,以及反秦势力始终存在于齐国社会的历史真实。

二

上述"六国后"所代表的战国区域政治势力在秦汉之际的活跃史籍记载昭然。但应当看到的是,"六国后"及其所代表的区域政治势力在秦汉之际的复活有着深刻的历史背景,那就是战国区域政治文化传统的形成与影响十分深厚。可以说,自周平王东迁后,作为天下共主的周天子及其所代表的政治权威已经丧失,区域性的政治国家与政治文化已经开始产生,至战国,各国独立的国家政治认同、情感认同、价值认同则已经完全脱离了周制。[②] 如果从春秋算起,这种区域政治文化的产生已经经历了500多年的历史,如果从战国算起,也已经历了250多年的历史。它的巨大历史惯性影

[①] 参见陈苏镇《汉代政治与〈春秋〉学》(中国广播电视出版社,2001,第17页)。同页陈先生还云:"齐之反秦乃齐国旧贵族和齐地豪强乘乱复国的结果。……我们的印象是,齐人赞成反秦,但无意于亡秦,目的只是复国。"

[②] 程远在《国家意识与秦的统一和速亡》(《人文杂志》1996年第4期)一文中,初步分析了春秋战国时期国家意识的变迁,并指出正是六国的狭隘国家意识,是秦统一的重要原因;而又因为六国国家意识的顽强存在,又是秦速亡的重要因素。

响一直延续到西汉。① 区域政治文化的客观存在必然成为大一统政治秩序、政治文化形成的障碍，也必然对秦汉之际的国家治理产生重大影响。我们以下就该时期的国家或政权，对以"六国后"为代表的区域政治势力、社会文化的治理措施略做探析。

（一） 秦的治理

秦统一后的主要防范者是"六国后"，故对"六国后"的治理成为秦国家治理的重要内容。关于秦对"六国后"的治理学者们已有不少专论，② 综合各家的看法，其主要措施有杀戮、追捕、迁徙、降其身份、转化利用等，这里不再重复。我认为这些看法是符合历史事实的。因此，虽然秦统一后"六国后"沦为具有共同命运的社会群体，但正是秦的这种高压政策，使其没有形成反秦的合力，更没有能够成为反秦的首创者。由于秦政的短暂，秦对"六国后"的治理显然很不到位。文献记载秦修津关、据险塞而防备山东，汉初人提醒刘邦关注东方，说明更多的六国贵族、大族可能仍留在故地，并未被大规模迁徙。如贾谊《新书·过秦下》云："秦兼诸侯山东三十余郡，修津关，据险塞，善甲兵而守之。"又《史记·刘敬列传》云："今陛下虽都关中，实少人。北近胡寇，东有六国之族，宗强，一日有变，陛下亦未得高枕而卧也。"这些未被迁徙的"六国后"以各种方式生存于秦，如楚怀王孙心"为人牧羊"，③ 魏之名士张耳、陈余为逃避秦的追捕，

---

① 关于战国文化的历史影响史家多有论述。如胡宝国说："我们注意到，虽然政治上结束战国是在秦代，但在文化上，战国传统仍然顽强地存在。一直到西汉，社会上仍然洋溢着战国精神。"（《汉唐间史学的发展》，商务印书馆，2003，第1页。）作者所说的"战国传统"与"战国精神"，自然也包括政治文化传统和精神。又陈苏镇说："由文化差异与冲突引起的楚人对秦政的反感，及齐、赵等地人民对楚人反秦战争的同情，是导致秦朝灭亡的重要原因。"《〈春秋〉与"汉道"——两汉政治与政治文化研究》（中华书局，2011，第37页）。
② 如郭人民《陈涉起义和六国的复国斗争》[《河南师范大学学报》（社会科学版）1982年第3期]、秦进才《秦汉时代六国后裔的转化》（《晋阳学刊》1989年第2期）、田静《秦统一后的六国贵族》（《历史教学》1994年第3期）、仝晰纲《秦代徙民述论》[《山东师范大学学报》（哲学社会科学报）1985年第2期]、仝晰纲《秦统一后的六国遗族》（《社会科学家》1996年第3期）、唐国军《"封建"亡魂：秦楚汉之间的"六国"体制复辟问题新探》（《广西民族大学学报》2010年第3期）、贾俊侠《秦汉时期齐鲁贵族迁徙关中考述》（《陕西师范大学学报》2012年第1期）等。
③ 《史记·项羽本纪》。

"乃变名姓，俱之陈，为里监门以自食"，① 被视为"王孙"的韩信流落在民间。② 这些没有被迁徙的六国贵族、大族、强宗、名士，无论他们变为秦的编户齐民还是散落隐藏于民间，都不会完全甘心臣属于秦，不会认同秦宣扬的统一政治文化。

（二）"张楚"政权的治理

陈涉起义后称"大楚"以及后又号的"张楚"只是一个政权，不是国家。陈涉起义虽打着楚的旗号，沿袭楚制，但他自立为王而未立楚后，表明他与"六国后"的关系十分复杂。首先，陈涉起义后，不少"六国后人"投奔而来，张楚政权与"六国后"是利用与被利用的关系。陈涉除利用原楚国后人外，也广泛利用其他"六国后人"扩充自己的势力范围。如魏宗室魏咎投奔陈涉，陈涉又令魏人周市"徇魏地"，③ 遣曾被秦追捕的魏之名士张耳、陈余辅助武臣"徇赵地"。④ 张楚政权中还有来自齐鲁的孔鲋"为陈王涉博士"。⑤ 而燕、齐的复国也正是借用了陈涉的力量。⑥ 其次，陈涉并不认可"六国后"的合法地位。张耳、陈余在陈涉立为王之前力劝陈涉"遣人立六国后"，并"据咸阳以令诸侯。诸侯亡而得立，以德服之，如此则帝业成矣"⑦，均遭陈涉拒绝，可见成就秦式的"帝业"和恢复昔日"六国后"的权益，似皆非陈涉的理想。事实上从陈涉不立楚后而自立，不愿遣魏咎之魏地为魏王，不愿贺武臣称赵王，以及他对葛婴立襄强为楚王不满而杀葛婴等迹象，均可看出陈涉不认同、不情愿在六国故地上重新建立起战国时代的故国。总体上看，张楚政权在"六国后"的治理问题上缺乏清晰的政策，这与陈涉本人的政治见识和张楚政权的短暂或许有关。

---

① 《史记·张耳陈余列传》。
② 《史记·淮阴侯列传》载："信钓于城下，诸母漂，有一母见信饥，饭信，竟漂数十日。信喜，谓漂母曰：'吾必有以重报母。'母怒曰：'大丈夫不能自食，吾哀王孙而进食，岂望报乎！'"《索隐》引刘德曰："秦末多失国，言王孙、公子，尊之也。"按：韩信是否"王孙"无考，暂且不论，但漂母以"王孙"视之，亦足见当时社会上流落的六国遗民必不在少数。
③ 《史记·魏豹彭越列传》。
④ 《史记·陈涉世家》。
⑤ 《史记·孔子世家》。
⑥ 燕的复国，是武臣的部将韩广与燕地旧势力结合的结果。齐的复国，也是齐地旧势力在陈涉大军逼近齐地时发生的。
⑦ 《史记·张耳陈余列传》。

（三）西楚政权的治理

西楚政权虽然严格说还不是国家，但其组织程度远较张楚完备。① 西楚政权建立前后对"六国后"的态度有一个历史演变过程。史籍记载，项梁项羽起兵后，以灭秦为宗旨，尊奉陈涉政权。当秦嘉立景驹为楚王，军彭城东以拒项梁时，项梁谓军吏曰："陈王先首事，战不利，未闻所在。今秦嘉倍陈王而立景驹，逆无道。"景驹为楚旧贵族，项梁尊陈涉首事而反对立景驹，说明此时项梁心中并不以"六国后"为重。直至薛地后，项梁才先后接受范增、张良的劝说，立楚怀王后以及韩王成。而项梁此举，一是为了吸取陈涉失败的教训，二是为了"西略韩地"。② 灭秦后，项羽以怀王的名义主持了分封，这次分封再次体现了西楚政权对待"六国后"的态度。《史记·项羽本纪》载：

> 项王使人致命怀王。怀王曰："如约。"乃尊怀王为义帝。项王欲自王，先王诸将相。谓曰："天下初发难时，假立诸侯后以伐秦。然身被坚执锐首事，暴露于野三年，灭秦定天下者，皆将相诸君与籍之力也。义帝虽无功，故当分其地而王之。"诸将皆曰："善。"乃分天下，立诸将为侯王。

这是一段非常重要的文字。首先，项羽明确指出了反秦以来所立"六国后"是权宜之计，是"假立"，从而否定了"六国后"复国的合法性。其次，明确了这次分封是以灭秦功劳大小而非以"六国后"血缘关系，即"计功割地，分土而王之"③，即便义帝也不例外，而其中又包含着以与西楚政权关系的远近为原则，"六国后"在这次分封中被边缘化了。在随后的楚汉战争中，项羽同样没有给予"六国后"特殊待遇，而是采取以打击镇压

---

① 笔者将其归纳为"霸天下而臣诸侯"式的国家结构。参见卜宪群《秦汉之际国家结构的演变》（《秦文化论丛》第十二辑，三秦出版社，2005）。
② 参见《史记·项羽本纪》《史记·留侯世家》。
③ 《史记·淮阴侯列传》。"计功割地，分土而王之"是总的原则，但实际上项羽的分封也有按照政治距离的远近来实施的。参见卜宪群《秦汉之际国家结构的演变》（《秦文化论丛》第十二辑，三秦出版社，2005）。

为主的方针。① 因此，取代陈涉的项氏及其所建立的西楚政权，虽然其本身也是"六国后"，但其政治态度显然并不完全赞同恢复昔日六国分立的局面。在某种意义上看，这是秦汉之际处置"六国后"的一种过渡形态。尽管由于西楚政权结构的松散性和存在时间的短暂性，没有能够做到像秦和汉初那样集中迁徙处置六国后，但仍有其积极意义。

（四）汉初的治理

楚汉战争中取得胜利的汉王朝，自汉中开始，其政权就是按照中央集权模式设计的。② 利用与打击，是刘邦建国道路上处理"六国后"的基本方针。刘邦在极为困难时期也曾想立"六国后"以自救，但最终听从张良分析，否定了郦食其的计策。因此，"六国后"在汉初政权中没有自己的政治基础，"六国后"复又转化成国家政权所控制、打击的社会势力。史书较秦代更为明确地记载了汉初统治者继续迁徙六国贵族的政策：

> 《汉书·高帝纪》："（九年）十一月，徙齐楚大族昭氏、屈氏、景氏、怀氏、田氏五姓关中，与利田宅。"
>
> 《张家山汉墓竹简【二四七号墓】》载汉高祖十年《奏谳书》："今阑曰：南齐国族田氏，徙处长安，阑送行，取（娶）为妻，与偕归临菑（淄），未出关得，它如刻（劾）。"③
>
> 《汉书·地理志下》："汉兴，立都长安，徙齐诸田，楚昭、屈、景及诸功臣家于长陵。……盖亦以强干弱支，非独为奉山园。"
>
> 《史记·刘敬列传》载刘敬云："臣愿陛下徙齐诸田，楚昭、屈、景，燕、赵、韩、魏后，及豪杰名家居关中。无事，可以备胡；诸侯有变，亦足率以东伐。此强本弱末之术也。"上曰："善。"乃使刘敬徙所言关中十余万口。

---

① 前揭秦进才文中指出："项羽分土而王的原则，是以军事实力及与项羽关系的远近来划分的。""六国后裔由反秦的组织者，变成为项羽手中任意措置的筹码。""项羽在楚汉战争中，对六国后裔采取了以镇压为主，援助为辅的策略。"这些分析是完全正确的。前揭唐国军文指出："在项羽的政治意识中，真正拥护自己的诸将才是其政权的可靠力量。项羽的政治安排，其目标指向，显然仍然是天下的统一。"我同意他的这个意见。但是唐先生认为秦楚汉之间六国封建体制复辟的问题"并不真正实存在"的观点，笔者并不同意。

② 参见卜宪群《秦汉之际国家结构的演变》。

③ 此简确证高祖九年的迁徙政策得到全面实施。

> 《后汉书·第五伦传》："其先齐诸田，诸田徙园陵者多，故以次第为氏。"
>
> 《续汉书·五行三》引《东观书》杜林上疏云："及汉初兴，上稽旧章，合符重规，徙齐诸田，楚昭、屈、景、燕、赵、韩、魏之后，以削弱六国强宗。邑里无营利之家，野泽无兼并之民，万里之统，海内赖安。……强干弱枝，本支百世之要也。"

汉初采取政治上强硬、经济上照顾的迁徙政策，其目的是加强对"六国后"政治上的控制，从地域的空间转换上削弱其政治和社会基础。

汉初对"六国后"的治理不仅表现在强硬的迁徙上，还反映在汉对六国区域的"因俗"治理上。众所周知，汉初，六国地区的社会文化还远未统一，这在《史记·货殖列传》《汉书·地理志》中都有典型的描述。因此，汉初治理"六国后"的第二个重要措施是在保证中央权威的前提下，因循六国地区的旧有社会风俗进行统治。

例如关于齐地的统治，《汉书·高帝纪》云："齐，古之建国也，今为郡县，其复以为诸侯。"《汉书·高五王传》云：刘肥被立为齐王后，"食七十余城。诸民能齐言者皆与齐"。甚至有学者认为"刘邦在改封韩信为楚王后，曾招降率众逃入海岛的田横，打算恢复他的齐王地位"[①]。恢复田横的齐王地位尽管有很大的推测性，但亦非不可能。其原因和目的就在于因循齐地的历史传统，承认地域性差异的客观存在。这种因循作风，在齐地行政统治中也被长久贯彻实施。《史记·曹相国世家》载：

> 高帝以长子肥为齐王，而以参为齐相国。……孝惠帝元年，除诸侯相国法，更以参为齐丞相。参之相齐，齐七十城。天下初定，悼惠王富于春秋，参尽召长老诸生，问所以安集百姓，如齐故（俗）诸儒以百数，言人人殊，参未知所定。闻胶西有盖公，善治黄老言，使人厚币请之。既见盖公，盖公为言治道贵清静而民自定，推此类具言之。参于是避正堂，舍盖公焉。其治要用黄老术，故相齐九年，齐国安集，大称贤相。

[①] 参见陈苏镇《汉代政治与〈春秋〉学》，中国广播电视出版社，2001，第78页。

曹参出身狱吏，以战功显赫，并无深刻的社会治理思想。他治齐之成功在于他吸取了齐地之人的建议，因循了齐地之"故俗"。同样的政策亦推行于楚、魏、吴等地：

《史记·高祖本纪》五年云："皇帝曰义帝无后。齐王韩信习楚风俗，徙为楚王，都下邳。"

《汉书·高帝纪》云："楚地已定，义帝亡后，欲存恤楚众，以定其主。齐王信习楚风俗，更立为楚王，王淮北，都下邳。"

《汉书·高帝纪》云："魏相国建城侯彭越勤劳魏民，卑下士卒，常以少击众，数破楚军，其以魏故地王之，号曰梁王，都定陶。"注引师古曰："言安辑魏地，保其人众也。"

《史记·吴王濞列传》云："上患吴、会稽轻悍，无壮王以填之，诸子少，乃立濞于沛为吴王。"

吴风轻悍，但"吴太子师傅皆楚人，轻悍"，刘濞以楚人为太子师，足见刘濞在吴地亦无改变吴风之初衷。"习楚风俗""存恤楚众""安辑魏地"，采取的都是在因循旧俗的基础上实施统治。学者推论，长沙马王堆汉墓中所记载的"轪侯"利苍系楚旧贵族后裔，"原是项羽的将领，在楚汉战争中转而投向刘邦。此后，由中央派遣出任长沙丞相，名为辅佐长沙王'统众官'，实是朝廷的代理人、长沙国的直接统治者"①。利苍是不是长沙国的"直接统治者"姑且不论，但汉初在楚地用楚人实施统治于此可见一斑。《史记·吴王濞列传》还云："会孝惠、高后时，天下初定，郡国诸侯各务自拊循其民"，②"郡国诸侯"并立，可见因六国旧地之风俗统治，不仅包括了诸侯国，也包括了被设为郡县的地区。这与《汉书·循吏列传》所云："汉兴之初，反秦之蔽，与民休息，凡事简易，禁网疏阔，而相国萧、曹以宽厚清静为天下帅"的治国方针是一致的。

综上所述，我们可以看到，尽管"六国后"在秦汉之际颇有风起云涌之势，但他们在实际政治中的主导作用是有限的，终究还是一个依附阶层。从秦到张楚、西楚及汉初，他们总体上都是被打击、怀疑、排斥的对象。即便

---

① 何介钧、张维明编《马王堆汉墓》，文物出版社，1982，第19页。
② 关于汉初郡国"自拊循其民"可参见前揭陈苏镇《汉代政治与〈春秋〉学》，"第一章 西汉再建帝业的道路"。

其本身为六国后者,如项羽,一旦手握重权,也并不以恢复昔日六国为己任。

三

秦汉之际战国区域政治文化的延续是客观存在的历史现象,也有其必然性。如果我们仔细分析,当时区域政治文化认同又是一个十分复杂的问题。首先,认同区域政治文化者不仅是"六国后",也包括六国一般基层组织成员。如劝说陈涉立为王的只是一些基层社会组织成员,力主立魏后的周市虽为魏人,但其在昔日魏国的政治地位可能也不高,劝说张耳立赵后的"客",史书上竟未留下姓名。而对区域政治文化的认同又不仅仅是对"六国后"的认同,也包括对六国国家的认同。如非"六国后"的陈涉被立为楚王、韩广被立为燕王、武臣被立为赵王、田儋被立为齐王、魏人欲立周市为王等,说明国家认同同样是当时区域政治文化认同的一个方面。① 其次,在秦汉之际的历史变化中,"六国后"本身对区域政治文化的认同观也在发生着变化。例如张良,他在薛劝说项梁立韩诸公子横阳君成为韩王,理由是"益树党"。但在汉三年反对郦食其劝说刘邦封"六国后"时,张良又提出了"其不可八矣"的道理。② 张良为韩之后,却竭力辅佐楚人刘邦夺得了皇位,说明时势的变化也在改变着"六国后"的区域政治文化认同。

区域政治文化认同最终向大一统政治文化认同的转变,不仅仅是秦汉之际的国家或政权对"六国后"采取各种政策的结果,也是历史发展的内在必然逻辑。秦汉之际赞同立"六国后"或恢复六国分立者,无论是"六国后"本身或其他阶层,其原因主要有二。一是社会舆论对秦道义上的谴责和对"六国后"道义上的同情。如秦为无道——"破人国家,灭人社稷,绝人后世,疲百姓之力,尽百姓之财。"③ "夫秦灭六国,楚最无罪。"④ "今天下共畔(叛)秦,其义必立魏王后乃可。"⑤ "立赵后,扶以义,可就功。"⑥ 这

---

① 前揭程远文云:"陈胜至陈而王,在许多人眼里,是对楚国的恢复。……这是只重国土、国号,不计谁来掌权层次上的国家意识的表现。这种层次上的国家意识,在当时具有普遍性。"这一分析符合历史事实。
② 《史记·留侯世家》。
③ 《史记·张耳陈余列传》。
④ 《史记·项羽本纪》。
⑤ 《史记·魏豹彭越列传》。
⑥ 《史记·张耳陈余列传》。

种"义"的观念是"六国复自立"的重要基础。二是出于某种政治需要。如范增认为陈涉"不立楚后而自立，其势不长"①，是为项梁总结历史经验。张良在项梁立楚怀王孙心后，力劝其立韩之后，"益树党"，显然是有自己的政治目的。陈婴劝部下"我倚名族，亡秦必矣"②，实是为了发展自己的势力需要。项羽"天下初发难时，假立诸侯后以伐秦"的话语，更是道出了他对"六国后"的真实态度。刘敬在刘邦统一天下后也说："夫诸侯初起时，非齐诸田，楚昭、屈、景莫与"③，同样是把"六国后"视为政治工具。但是，无论是道德谴责、"义"的观念还是政治需要，都不可能给战国区域政治文化的延续留下很多空间。这是因为秦汉之际的政治格局与战国时代已经不同了。首先，秦亡之后复国的六国与战国时期的六国只是形似，而实质内涵根本不同。秦亡后，以楚为主导的军事力量在支配着政治格局的走向，"六国后"只是配角，根本没有实际力量。当秦亡后，他们连道德上的制高点也失去了，只能沦为政治工具。取代楚而建立的汉王朝，其建制是延续秦的中央集权模式，虽然汉初实行郡国并行制，但也没有给六国后留下政治空间。其次，战国以降以秦国为代表的军功爵制发挥出巨大的历史作用，深入人心，成为新的社会阶级阶层崛起的重要工具。项羽、刘邦都十分重视军功的运用。他们自然不会也不可能把早在战国时代就已经被抛弃的、按照宗法血缘分配政治权力的制度重新恢复。

没有政治实体依托的区域政治文化不可长久。至西汉，"六国后"逐渐融入了社会，或成为富商大贾，或成为经学宗师。④ 他们放弃了区域政治文化认同，从秦汉之际的社会势力转化为对大一统政治文化的认同，这一特征的典型表现就是官僚化。"六国后"的官僚化说明他们开始对新的政治秩序不再抵抗，也说明他们作为社会势力已经不复存在。史书记载了若干"六国后"官僚化的实例：

《汉书·冯唐传》云唐："祖父赵人也，父徙代。汉兴徙安陵，唐以孝著，为郎中署长，事文帝。"

《汉书·冯奉世传》云："冯奉世字子明，上党潞人也，徙杜陵。其先冯亭，为韩上党守。秦攻上党，绝太行道，韩不能守，冯亭乃入上党城守

---

① 《史记·项羽本纪》。
② 《史记·项羽本纪》。
③ 《汉书·刘敬传》。
④ 参见前揭秦进才文。

于赵。赵封冯亭为华阳君,与赵将括距秦,战死于长平。宗族繇是分散,或留潞,或在赵。在赵者为官帅将,官帅将子为代相。及秦灭六国,而冯亭之后冯毋择、冯去疾、冯劫皆为秦将相焉。汉兴,文帝时冯唐显名,即代相子也。至武帝末,奉世以良家子选为郎。"

《汉书·车千秋传》云千秋:"本姓田氏,其先齐诸田徙长陵。千秋为高寝郎。"注引师古曰:"刘敬所言徙关东大族者。"

《汉书·田延年传》云延年:"先齐诸田也,徙阳陵。延年以材略给事大将军莫府,霍光重之,迁为长史。"

《汉书·魏相传》云相:"济阴定陶人也,徙平陵。少学《易》,为郡卒史,举贤良,以对策高第,为茂陵令。"传说魏相为魏无知之后,则相亦有六国后之嫌疑。

《后汉书·廉范传》云范:"赵将廉颇之后也。汉兴,以廉氏豪宗,自苦陉徙焉。世为边郡守,或葬陇西襄武,故因仕焉。"

"六国后"的官僚化实际自秦代已经开始,如冯亭之后冯毋择、冯去疾、冯劫在秦为将相。但从总体上看,秦代"六国后"的官僚化途径并不畅通。汉代,不晚于文帝时,[①] 被迁徙至关中的"六国后"已经开始步入官僚队伍,其途径形式多样。如冯唐以"孝"入仕,冯奉世"以良家子"为郎,田延年"以材略"给事莫府,魏相以习经入仕。"六国后"入仕途径的广泛性反映了汉政府除了采取以地域迁徙加强行政控制、因循风俗稳定当地社会等方式以加强对六国地区的管理之外,还采取多种方式吸收其后人加入官僚队伍,解决战国区域政治文化遗存的问题。这对其后大一统政治文化的确立,中央集权的加强,均具有深远的意义。

(卜宪群,中国社会科学院古代史研究所研究员、所长)

---

① 也有学者将高祖时"为汉中守十余年"(《史记·田叔列传》)的田叔视为"六国后"。田叔虽为齐田氏苗裔,但可能较早离开了齐地,他的入仕应与"六国后"无关。

西土意识与周人的克商战略

钟春晖

摘　要：周人克商大业是历经几代人蓄谋已久的结果，仅凭周人蕞尔小邦的军事力量要翦灭"大邑商"，未免蚍蜉撼树，于是借地利之便，团结邻近邦国，建立西土联盟，是势所必然。因此，西土之人的地域意识之兴起，便在于强化联盟内部的一体感。而此意识当产生于周人有效统御关中大部分地区之时，约值文王时期。除了最初的地域观念外，此意识之得以发展，尚仰仗西土之人的天命信仰为关键。易言之，联盟内部一体化意识的来源，应即本于西土之人的地域观与天命观两因素的交织，其历史的契合点则在"文王西土受命"说的提出，它强化了领袖的权威和由上而下的贯彻意志。文王筑灵台以宣扬天命转移西土，建辟雍以行飨射礼，强化西土联盟的凝聚力和一体感，收效宏大。

关键词：殷周之际　西土意识　克商战略

有学者研究指出，周人以蕞尔小邦而克伐"大邑商"，既不能以经济实力强弱作理由，又不能由军事力量的优劣来分高低，周之胜利当只能由战略的运用以寻求解释了。[①] 笔者以为，西土意识是配合周人战略运用的重要意识形态。

---

① 许倬云：《西周史》，三联书店，2001，第88页。

一 何为"西土意识"

"西土"一词,常见于周初的命诰,显为当时的惯语,也是事实与意识的反映。本文所说的西土意识,概言之是指"西土之人"的群体意识。"西土"一词始见于殷墟卜辞,与卜辞中的"东土""南土"一样属于地域方向的概念词,唐儒孔颖达对《尚书》中的"西土"也是如此理解。① 目前西周彝铭未见"西土"一称,传世文献关涉殷末周初历史者,则屡见"西土",集中出现在《尚书》《逸周书》中,如:

> 惟乃丕显考文王,克明德慎罚……用肇造我区夏,越我一二邦以修,我西土惟时怙冒,闻于上帝,帝休。(《尚书·康诰》)
> 乃穆考文王,肇国在西土。(《尚书·酒诰》)
> 我西土棐徂邦君、御事、小子,尚克用文王教,不腆于酒。(《尚书·酒诰》)
> 文王若日若月,乍照光于四方,于西土。(《墨子·兼爱下》引《尚书·泰誓》逸文)
> 逖矣西土之人!……弗迓克奔,以役西土。(《尚书·牧誓》)
> 我有大艰于西土,西土人亦不静,越兹蠢。(《尚书·大诰》)
> 肆商先誓,王维厥故,斯用显我西土。……西土疾勤,其斯有何重?天维用重勤,兴起我罪,勤我无克,乃一心尔多子,其人自敬助天,永休于我西土。(《逸周书·商誓解》)
> 日夜劳来,定我于西土。(《逸周书·度邑解》)

综观以上八例可知,"西土"一称皆是周初的领导者誓师或诰命之用词。② 它不仅是方位之称,似乎还带有某种地域的群体意识。譬如《逸周书·商誓》记周武王向殷商大族的训话,语气激昂:"予来致上帝之威命明罚"。上帝是当时殷、周的普遍信仰,武王以之作为理据,言周代殷是奉帝命,以说服商人,同时也劝慰说:"肆商先誓,王维厥故,斯用显我西土。今在

---

① 《尚书正义·泰誓中》"西土"孔疏云:"武王国在西偏,此师皆从西而来,故称西土"。
② 周成王以后已鲜见"西土"之称,康王世虽尚有一例,唯见于《伪古文尚书·康王之诰》:"惟周文武诞受羑若,克恤西土。"因是伪书,颇有争议,志于此聊备参考。

商纣，昏忧天下，弗显上帝，昏虐百姓，奉天之命，上帝弗显，乃命朕文考，曰殪商之多罪。"这里的"百姓"是指商王朝的贵族而言。意谓周人远来不是争共主之位，而为解救商众百姓于水火，亦唯有这样才能"永休于我西土"。在《商誓》中，西土之人和商百姓被区别开来，但两者并无任何尊卑差别，都只是渴求过上"安处"的日子，这样的训诰俨然是后代兴师讨伐的檄文之鼻祖。

与《商誓》中低姿态的西土之人相比，《尚书·牧誓》则不仅是"惟恭行天之罚"而已，其为武王向西土之人的誓师檄文，意在激励士气，鼓舞军心，并用以申述征殷缘由及其正当性。武王在誓师时开口即呼"逖矣西土之人！"告诫他们要"如虎如貔，如熊如罴"，英勇奋战；对于降敌，应予接纳，"以役西土"。与"永休于我西土"相比，"以役西土"则在显示"西土意识"是对殷发动战争之蓝本。面对不同的听众，周武王使用"西土"一称时，格外用心，其间微妙的差别，颇堪玩味。

这些周初文诰又显示周人在灭商前后，无论身处东方或西方，也都自称"西土之人"。管蔡作乱，周公准备东征，占问文王留下的大宝龟曰："我有大艰于西土，西土人亦不静，越兹蠢。"（《大诰》）西土人即指管叔鲜、蔡叔度，不因他们驻监东方而易称。再如上引《酒诰》篇的例子，是面向"西土之人"的"内部文宣"：劝诫西土各阶层的领导者要牢记文王遗教，"不腆于酒"，否则"予其杀"；至于殷遗民诸臣等，若果沉湎于酒，则"勿庸杀之，姑惟教之有斯明享"。说明到了周成王初年①，诰命里仍明白区分出"西土"和"殷遗"两大族群，二者有不同的管理政策，起码在禁酒令的执行上有别。

此外，周人在西土时，曾以"有夏"自居，这对于考察"西土意识"极为重要。在《尚书》的周诰诸篇中，"夏"有两义：一指夏王朝，如《召诰》"有夏服天命，惟有历年"、《多士》"惟殷先民有册有典，殷革夏命"；一指文王为政时期的"西土"，如《君奭》"惟文王尚克修和我有夏"、《立政》"乃伻我有夏，式商受命"。为什么周人自称作夏呢？夏曾是天下的共主，又代表着古代一个极高的文化。国小民寡的"小邦周"一旦取有天下，

---

① 据《史记·卫康叔世家》，言周公申告康叔"告以纣所亡者，以淫于酒"推知《酒诰》当作于成王初年，周公平定三监之乱后。（屈万里：《尚书集释》，台北，联经出版公司，1983，第157页）

在力有未逮的情况下，周人以夏自居，不失为拉拢各国支持的办法。① 而且，"夏"这个字的出现，又与文王在西土受命有关，它是周人受天命的一个表征。② 上引《康诰》之例，孔传释云："（文王）用此明德慎罚之道，始为政于我区域诸夏，故于我一二邦皆以修治。我西土岐周，惟是怙恃文王之道，故其政教冒被四表，上闻于天，天美其治。"说明"区夏"是由文王所创，即周人自称为"夏"是始于文王。文王行明德慎罚之道，使"我一二邦皆以修治"，又使"其政教冒被四表"，这透露出文王曾组织过西土诸国，其过程并且受到上帝的嘉许，也就是受天命。

总言之，钩沉传世典籍中的遗闻旧事，以今时简化的概括命义，可以确信殷周之际的政治理念中，存在着一种"西土意识"。顾名思义，"西土"一称，显然带有类似今天所谓的地方主义、乡土主义的意涵，可以说是周人与其同盟的地域群体意识。其具体内容和细节虽因文献不足而难详知，但它之所以能成为一种"意识"，当与周人天命信仰密切相关，此信仰的具体落实则是"文王西土受命"说，其形成亦在文王世。所以上引的周初的诰誓中，文王与西土屡屡并见，绝非偶然，文王在西土之人心目中地位之崇隆，说是西土之人的"精神领袖"也不为过。

二 "文王西土受命说"

"西土"作为一种意识形态得以建立，并于短时间内引起广泛影响，使之成为联盟内的精神信仰与行动纲领，若仅仅高举伐商旗帜，何能吸纳如此广土众民？因此，若要强化西土联盟的凝聚性和行动力，务必培养联盟内部诸方国一种自觉精神，视彼此休戚与共。在当时的历史情境下，这种自觉精神的建立，必须披上宗教的外衣才能得到贯彻，考诸传世文献，此一崭新的宗教论述便是"文王西土受命说"的提出，《史记·周本纪》云：

> 西伯阴行善，诸侯皆来决平。于是虞、芮之人有狱不能决，乃如

---

① 邢义田：《天下一家——中国人的天下观》，《中国文化新论·根源编·永恒的巨流》，三联书店，1992，第448页。
② 颜世安：《周初"夏"观念与王族文化圈意识》，《北京师范大学学报》（社会科学版）2007年第4期。

周。入界，耕者皆让畔，民俗皆让长。虞、芮之人，未见西伯，皆惭，相谓曰："吾所争，周人所耻，何往为？只取辱耳。"遂还，俱让而去。诸侯闻之曰："西伯盖受命之君也。"……诗人道西伯盖受命之年称王，而断虞、芮之讼。

《史记》正义云："二国相让后，诸侯归西伯者四十余国，咸尊西伯为王。盖此受命之年称王也。"西伯受命后是否称王，非关本文宏旨，兹略不论。西伯在当时尚是商王朝西土诸侯，因能"阴行善"，为四方景仰，乃至有称西伯是"受命之君"者，对已立国数百年的商王朝言，不啻惊天动地。于焉可知周人称述文王为"受命之君"，不是克殷以后，在文王世已为西土联盟诸方国所咸信。关于文王受命之说在《尚书》《诗经》及出土金文中常见，例如：《尚书·康诰》："天乃大命文王，殪戎殷，诞受厥命。越厥邦厥民，惟时叙。"《诗经·大雅·大明》："有命自天，命此文王，于周于京。"大盂鼎："王若曰：盂，不（丕）显文王受天有大命。"（《集成》2837）诸例显示文王受命之说为西周一种普遍说法。①

要讨论"文王西土受天命"这一主题，首先要对周人"天"的信仰做一番考察。周人的宗教系统中，既有对"天"的崇拜，也有对"上帝"的信仰，二者同中有异。这方面的研究，朱凤瀚曾立文深辨，指出殷、周虽同有"上帝"崇拜，但周人自有其悠久的传统，并非在殷周之际才转承自商人；此外，周人的"天"与"上帝"有其同一性，但二者始终未能达到完全融合，周人虽视"上帝"为正义维护者而赋予一定的道德标准，但这主要是出于从思想上进一步瓦解商人，为周代商制造舆论。西周王朝建立后，上帝既被奉为王朝的保护神，其惩罚邪恶的威力不能再制约周人自身。而无形的"天"带有命运之神的色彩，特别适应克商之后的政治需要，于是天命与道德观结合便适应周人巩固统治的需要而得到发挥与强调。这点尤其对本论文有重要的启示。该文还指出，周人最初可能只尊上帝，对天的崇拜可能是迁岐之后才开始的，这或许同其与甘、青地区的古代民族的交融有关：

---

① 相关的史料尚有很多，详见王晖《周文王受命称王考》，《陕西师范大学学报》2002年第4期。

从世界各民族宗教发展的历史来看，一个民族在自己传统宗教信仰基础上，又接受新的神灵，并渐与传统的神灵混同，往往是与其他民族相互融合的结果。从周人早期历史看，他们在殷代中晚期选定了岐周一带为政治统治中心，并与当时西北甘青地区处于青铜文化阶段的诸民族发生密切关系，在血缘上、文化上相互融会，终于形成更广大的周民族共同体。周人在迁岐后始尊奉天，或许同其与甘青地区的古代民族的交融有关。唯限于资料，这些古代民族的种族情况不甚清楚。①

合而观之，可以做出一个合理的推测，即周人在迁岐后至克殷前七十余年间，上帝与天的信仰并存，二者在神性与本质上应是相通的，在当时的周人宗教系统中，两者所言实是一事，但从言异路，有层次之不同而已，若把当时的"天命"理解作"帝命"亦无不可。若按后世文献反复强调"文王受命"的说法蠡测，这种"天"与"上帝"信仰的混同状况宜当出现于文王之世。例如周原甲骨 H11：96 及 H11：122 分别见有"告于天"及"上帝"（合文）的刻辞，虽然这两片甲骨断代未明，其上、下限在文王至周初则可肯定；《诗经·大雅·文王》是歌颂周文王在西土创业的诗篇，其云：

> 文王在上，于昭于天。周虽旧邦，其命维新。
> 有周不显，帝命不时，文王陟降，在帝左右。……
> 穆穆文王，于缉熙敬止。假哉天命！有商孙子。
> 商之孙子，其丽不亿。上帝既命，侯于周服。侯服于周，天命靡常。……
> 上天之载，无声无臭。仪刑文王，万邦作孚。

显然，诗中的"天"与"帝"、"上天"与"上帝"、"天命"与"帝命"都可以互训，也暗示文王之世，天、帝信仰的混同整合的趋势。此状况不应简单理解为一过渡现象，它是为顺应克商前的政治形势需要而发生的。殷商盛行的上帝和祖先崇拜，专属于商人崇拜、敬祀的对象，始终不脱宗

---

① 详见朱凤瀚《商周时期的天神崇拜》，陈苏镇、张帆编《中国古代史读本》上册，北京大学出版社，2008，第81~106页，引文见第100页。这方面最近的研究，可参郭晨晖《论商周时期的上帝与天》，博士学位论文，北京大学历史系2017，第109~121页。

族、部落神的性格。而文王时期将"天""帝"信仰混同整合，体现了周人文化整合的企图心，欲建立一个对所有族群一视同仁的万民之神——由氏族部落的专属神变为天下所有部族的神。① 《诗经·大雅·皇矣》很可说明这个问题，《皇矣》是一首周人叙述自己祖先开国历史的史诗，先写太王开辟岐山，击退昆夷，次言王季赓续祖业，最后写文王伐密、崇的故事。周人将历代先公创业功成都托福于上帝的庇佑，而诗中上帝的形象却是无私无偏的，类乎一种四方万方之神：

皇皇上帝，临下有赫，监临四方，求民之莫。
维此二国，其政不获。……乃眷西顾，此维与宅。

二国之"二"为"上"之误，上国指殷。② 诗言上帝憎恶殷纣之暴政，"乃眷西顾"，原因在于周之先公太王、王季、文王皆有"明德"。结合前文的讨论，"天命"意味着政权的合法性，周初的为政者屡言"天命靡常"则说明天命并非一成不变的，而天命能够转移至文王身上，在于文王有"明德"，能够实行有效的"德政"，这种"天命系于有德者"的政治理念宜当在文王混同天、帝信仰的文化整合过程中提出的。

概括言之，西土联盟的成员异地而殊俗，各自有氏族专属的部落神信仰与祖先崇拜。在这样的情况下，西伯文王乃有整合宗教信仰的必要，其表现为"天""帝"信仰的混同，此时的天帝无私无偏，成为所有部族的神。而天帝授命于周人历代先公及文王，在于他们有"明德"，能够实行"德政"。这种崭新的天命信仰，突破了族属的狭隘性，乃能整合不同的族群，弥合其间的疏离，凝聚整个联盟成为新共同体。可以说，此天命信仰与西土联盟的形成是息息相关的。其信仰的核心信念就是"文王西土受命"，在此信念下，西伯文王乃担当一种类似"精神领袖"的角色。质言之，文王在西土联盟里，既是盟主，也是宗教领袖。

三 西土意识与周人克商之战略部署

本节拟具体考察先周至周人克殷的历史，并顺其发展的历程加以叙述，

---

① 郑开：《德礼之间：前诸子时期的思想史》，三联书店，2009，第248页。
② （清）马瑞辰：《毛诗传笺通释》，陈金生点校，中华书局，1989，第838页。

以阐明"西土意识"发展的线索，及其与周人克殷战略部署的关系。学界关于周人的克殷战略，已讨论甚多而具体，倘无新材料的补充，实在很难再获深入的认识，故本文对此不再作重点叙述。不过，以天命信仰这个与西土意识紧密相关的宗教观念为角度，来探讨文王时代的克商战略部署，其实仍有许多可资发掘分析之处。所以本节特以西土意识中的"天命观"作为理解文王克商战略的思考点，探寻其所起到的历史作用。

1. 克殷前的殷周形势

周人先公事迹散见于《诗经·大雅》、《生民》、《公刘》、《绵》、《皇矣》、《大明》、《文王有声》及《鲁颂·閟宫》诸篇。《史记·周本纪》在叙述周人这段筚路蓝缕的历程中，突出周人历史中的"天命"与"尚德"两大主题，也与《诗经》要旨若合符节①。《周本纪》载后稷屡弃不死的经历，强调上天对其庇佑有加，要其后代兴旺发达拥有天下。这固然是上古传说的遗绪，但亦揭示周人天命信仰的源远流长。不窋领导下的周人一度放弃了原有的农业，改采戎狄的生活方式，及至公刘，"复修后稷之业，务耕种，行地宜。……周道之兴自此始"。考古资料亦显示，农业在中原早在七八千年前即已发端，周人若在后稷时代始有农业，在中国的新石器文化中，宜为后起。不窋时代"去稷不务"，也说明周人的农业文化还不够稳定。不窋所"奔"的戎狄，已在农业文化圈外，其时周人大约只能是徘徊于农业文化圈边缘的一个集团。②公刘在豳重振祖业，形成一发达的农耕区，并使其族因善于农耕而著称于世。

到古公亶父时期，为逃避獯鬻戎狄的侵扰，周人迁岐。《周本纪》详载了古公关于不愿驱民与戎狄作战的大段独白，以及他率领私属迁居、豳人举国扶老携幼复归之、其他旁国闻风归附的情形等，显示当时周人势力尚弱，时为强敌侵袭，除了想方设法满足他们的苛索外，自然也有必要与邻族结盟共同抵御。邻族中与姬姓周人休戚与共者要数姜姓族，《诗经·大雅·生民》上载有姜嫄生弃的传说，反映姬姓周人与姜人很早就有婚姻关系。古公亶父率周人迁岐，渐使周人转弱为强，这在周人的发展史上具有战略转移性质。③《诗经·大雅·皇矣》说："帝迁明德，串夷载路"，言上帝保佑太王，打败犬戎。

---

① 陈桐生：《史记与诗经》，人民文学出版社，2000，第213页。
② 许倬云：《西周史》，三联书店，2001，第33~34页。
③ 详见尹盛平《周原文化与西周文明》，江苏教育出版社，2005，第2章第3节。

逮及太王孙文王时，霸业根基已固，周人创业之举一触即发。考诸传世文献的记载，殷末二帝即帝乙、帝辛时期，似为殷王朝力挽余势的时期。从考古资料上来看，殷王朝末期在西土的势力益渐颓弱，这一点可以西安老牛坡遗址为例说明①，此遗址堪称商文化在西土地区聚落典型，位于渭河支流灞河和沙河的交汇处，其时间跨度历经商代早期到晚期五六百年的历史。老牛坡商文化早期与郑州二里岗商文化相同，可见商文化的影响早在其建政之初已拓展至关中平原。但是，由老牛坡商文化晚期的陶器与殷墟出土的陶器相比可知，前者的器型地域特征明显，显示其文化晚期已具较强烈的地方性因素，从而构成自己的风格。这可能反映在晚商时期，老牛坡这一地方政权势力已相当强盛，逐渐摆脱商王朝的控制而使自身文化特征增强，标志着商政权在西北统治势力的衰弱。类似的发展轨迹，为从早商时期物质文化对都城地区的强烈依附一变而为晚商时期日益强化的本地文化特征，这一点还可以在陕西中部耀州（原耀县）北村聚落遗址中观察到②，这意味着晚商时代陕西东部地区聚落文化的自主性在不断增加。而这恰与商代中晚期商王朝与西北地区战事频繁、诸侯时叛时服的历史记载相符。③

虽然商末殷人在西方的势力渐有日暮途穷之势，但周人自身的实力似乎还未足以与殷人分庭抗礼。④ 对周人而言，结合邻近的氏族、方国，组成联盟以抗衡殷人，显为必然之策略。而若求联盟之壮大发展，则尤其要在思想和行动意识上取得突破，这一突破的契机点，便是文王时代西土意识的兴起。前文已探讨了西土意识中的地域观念，阐明西土意识兴起之初，应是出自某种原初的地域身份认同。就当时双方的经济和军事实力而言，周人其实并无克商的把握。质言之，周之胜商当只能由战略部署和运用上寻求解释。而这些战略运用的核心正是本章所论的地域观与天命观相结合的西土意识，此意识落实在具体的克商政策上，就是所谓的"文王德政"，它们大抵是周人根据殷末具体形势而采取的政治原则。其中最重要者，莫

---

① 遗址的田野发掘报告详见刘士莪编《老牛坡》，陕西人民出版社，2002。
② 北京大学考古系商周组等：《陕西耀县北村遗址1984年发掘报告》，《考古学研究》第2辑，北京大学出版社，1994。
③ 陈朝云：《商代聚落体系及其社会功能研究》，科学出版社，2006，第112~114页。
④ 许倬云就文献和考古资料结合考察指出："周人的国势不足与商抗衡，周人的生产能力，至多站在商人的同一水平上。"就军事力量言，"周人的兵种及武器与商人所具也无十分显著的差别"。见许倬云《西周史》，三联书店，2001，第77~88页，引文见第82、88页。

过于如何将整合后的天命信仰传播于西土联盟内。

2. 灵台、辟雍与天命信仰

周人崇敬上帝的观念悠久,"帝"为周人的保护神,逮及文王之世,渐出现天、帝的信仰并存汇合的现象,这透露出一个重要的历史动态:"天"的信仰是从其他西土民族的宗教信仰转化而来,周人之"天"已不是任何血缘组织一宗一氏的保护神。文王之敬天,欲使天成为西土各氏族、方国共同尊奉崇信的最高权威,从而透过天命强化自身的领导地位的合法性根源。然则文王是如何落实此一天命信仰,而得以在短期内发挥效能,达致凝聚西土意识的作用呢?除了前文所言的宣扬"有德者受天命"的宗教理念外,更为具体的措施和手段是什么呢?史迹阙如,难究其详,然从文王酆都筑灵台、辟雍一事延伸探索,多少还可究一点端倪。"灵台"始见《诗经·大雅·灵台》:

经始灵台,经之营之。庶民攻之,不日成之。
经始勿亟,庶民子来。王在灵囿,麀鹿攸伏。
麀鹿濯濯,白鸟翯翯。王在灵沼,于牣鱼跃。
虡业维枞,贲鼓维镛。于论鼓钟,于乐辟雍。
于论鼓钟,于乐辟雍。鼍鼓逢逢,蒙瞍奏公。

此诗说的是庶民乐于为周王兴建灵台和周王游观灵囿、灵沼,在辟雍奏乐的生动情景。《孟子·梁惠王上》言灵台建于周文王,当为可信。史载文王伐崇后都酆(今西安市长安区西南),则诗中的建筑物灵台、辟雍,以及园景灵囿、灵沼等,似皆筑酆不久征调民力兴建而成。兹分别就灵台与辟雍的用途进行考察。

就《孟子》的原文来看,他提到灵台作游乐的用途,是缘于梁惠王在沼上观赏鸿雁麋鹿,而问"贤者亦乐此乎?"孟子乃因之引《灵台》诗说出一番道理来。故不能就此便断定灵台仅有游赏一途,况且这样的说法有两个令人困惑之处,一是"灵台"的得名;二是伐崇都酆,时在创业维艰之际,何来闲情逸致筑台游乐?

那么,灵台的真正功能是什么呢?《诗经·大雅·灵台》序:"灵台,民始附也。文王受命,而民乐其有灵德,以及鸟兽昆虫焉。"这里以文王受命而有灵德来解释"灵台"的得名。《郑笺》进言之:"天子有灵台,所以观祲象，察气之妖祥也。文王受命而邑于丰，立灵台。"在"经始灵台"一条下《郑笺》又云："观台而曰灵者，文王化行有似神之精明，故以名焉。"这样的讲法，不免有汉人的政治观念色彩，但至少透示出灵台与天命信仰的关联性。古代的灵台是"专职的王家巫觋作法通天的坛场"。① 巫觋在古代被视为有"绝地通天"② 的本领，张光直认为古代政制、宗教、礼法、思想、天文、历算无不出于巫，甚至商王也是巫，商王本身就被视为具有"通天"的本领。③ 上文提到文王在西土联盟中具有宗教领袖的身份，这对了解文王筑灵台的用意或许有启示的意义。文王都鄷后即赶建灵台，与其说是供作赏乐游玩，毋宁是借此彰显自己掌握通天的奥秘，使自己成为天帝在人间的代理者，借以昭告天命转移。

这里接着讨论辟雍的问题。后世学者一般据《礼记·王制》的解释，把辟雍视为西周的贵族学校④，这自有其依据。但如果从西周早期的麦方尊⑤这件目前唯一记有辟雍的彝铭来看，也不宜忽略辟雍最初还有作为举行宗教仪式场所的功能。该铭文较长，这里只引有关辟雍行礼的部分：

……王令辟井（邢）侯出坏（坯），侯于井（邢），雩若二月，侯见于宗周，亡遂（尤），迨（会）王客（格）荠京酌祀。雩若翌日，才（在）辟雍、王乘于舟，为大豊（礼），王射大龚禽，侯乘于赤旂舟从死，咸。之日王以侯内于寝，侯易玄周戈……（《集成》6015）

荠京大约就是鄷都⑥，荠京的辟雍有一大池，周王在此泛舟行射礼，而其附近有庙寝。邢侯朝见周王后，参加了周王的祭祖之礼，同时也进行了射礼的活动。"辟雍"原来疑是澧水水系流经平地而产生的湖泊，这个湖泊

---

① 江晓原：《从文王赶建灵台谈起》，《中国典籍与文化》1993 年第 2 期。
② 《国语·楚语下》。
③ 张光直：《美术、神话与祭祀》，辽宁教育出版社，2002，第 3 章。
④ 杨宽：《西周史》，上海人民出版社，1999，第 6 编第 2 章。
⑤ 麦方尊已佚，《西清古鉴》卷八中收有影印和拓本的模刻，名邢侯尊。郭沫若断代于康王，唐兰定在昭王。（引自白川静《金文通释》卷 1 下，日本神户：白鹤美术馆，1962，第 628 页）
⑥ 荠京地望一直存有争议，此据杨树达的意见（《静簋跋》，《积微居金文说》，上海古籍出版社，2007，第 296 页）。按，荠京宜在宗周大区域内，靠近镐京，周王乘舟所游之湖，似即后来西汉昆明湖之前身，汉武帝时引水扩大之，成昆明湖。

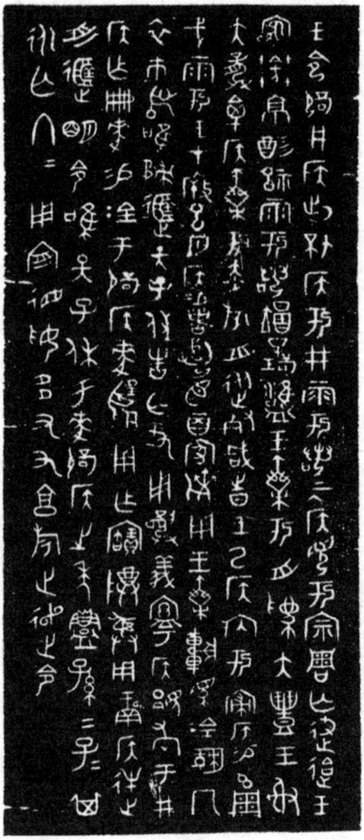

图 1 麦方尊

应即是静簋、遹簋中所称的"大池",亦即《灵台》诗中的"灵沼"①,文王在其附近所筑的祭祀场所疑因此亦称作"辟雍"。"王乘于舟,为大礼",意谓王泛舟举行射礼,既射即以所获的鱼禽或纳于寝庙,或赏赐于其从御之人。② 这在周穆王时期的遹簋也有记载:

> 隹六月既生霸,穆王才葊京,呼渔于大池,王飨酉(酒),遹御,亡遣,穆王亲易(赐)遹凫,遹拜首稽首,……(《集成》4207)

---

① 郭沫若:《两周金文辞大系考释》上册,科学出版社,1956,第55页。
② 陈梦家:《西周铜器断代》上册,中华书局,2002,第144页。

图2 遹簋

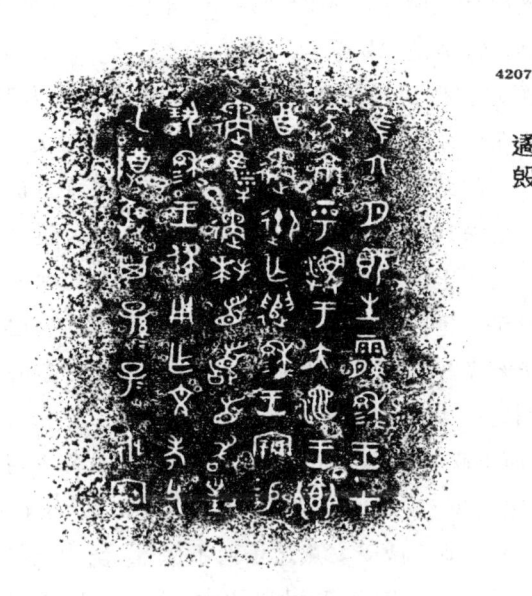

铭文谓穆王在莽京,指派遹在大池捕鱼,可能是举行射礼,而所捕之鱼大概献于飨酒礼。这可与文献相互参照,《说文》在"雍"字下说:"天子飨饮辟雍",在"泮"下又说:"诸侯飨射泮宫。"《韩诗说》云:"辟雍者,天子之学……所以教天下,春射秋飨,尊事三老五更。"①《续汉书·礼仪志》:"明帝率群臣躬养三老五更于辟雍,行大射之礼。"可知辟雍确是周天子行飨、射礼的场所。②

然则行此二礼之目的与意义为何呢?这两方面杨宽先生皆已有专文探讨③,据其研究,飨礼源于乡饮酒礼,只是层次更为高级罢了。乡、飨本一字,此字有相亲、共食之义,其来源很古老,大概周族处于氏族制时期已经用此字来指共同饮食的氏族聚落,乡饮酒礼便是源于这种氏族聚落会食的礼仪。既为氏族聚落会食,乃特重于尊长与养老,这种以"尊让"为旨

---

① 《诗经·大雅·灵台》正义引《五经异义》。
② 辟雍举行飨射之礼与否的争论不少,相关的讨论请参杨宽《西周史》,上海人民出版社,1999,第747页,注1。
③ 分别为《"乡饮酒礼"与"飨礼"新探》《"射礼"新探》。(杨宽:《古史新探》,中华书局,1965)

的礼仪,还有防止内讧,团结氏族的功能。① 此外,它更具有议会的性质,借以商定国家大事,特别是"定兵谋"。②

至于射礼的源起和作用,杨宽先生亦论述甚详,认为射礼源于狩猎,在辟雍行射礼目的在训练和选拔军事人才。③ 综合上述对灵台和辟雍最初功能的分析,可有以下的结论,即文王都酆后不久,便着手征调民力兴建的灵台与辟雍,其实是深具宗教意义和现实政治意义的。筑灵台以象征天命的转移,这对于加盟西土的各氏族方国而言,无疑象征着一个崭新的强大政治权威在西土崛起。建辟雍的目的,则在于此举行飨、射之礼。周人举行的飨礼,特重养老尊贤之道,《周本纪》载:"伯夷、叔齐在孤竹,闻西伯善养老,盖往归之。太颠、闳夭、散宜生、鬻子、辛甲大夫之徒皆往归之。"如前所说,西土联盟内的各氏族、方国,强弱悬殊、习俗各异。要召集各方来议政、"定兵谋",如何论资排辈,颇费思量。飨礼以"尚齿"定尊卑隆杀,又能少长无遗,咸受安燕之乐而不乱④,确为上策。而射礼则是培养和选拔军事人才。二者对于巩固和壮大西土联盟,实有莫大的裨益,可惜文献阙如,以上仅借有限的史料做粗略的勾勒而已。

回视《灵台》诗中所出现的动物,肯定不是作观赏之用,而是用于祭祀的牺牲、行射礼的目标及飨礼的肴馔,故而给时人留下深刻之印象而出现于诗句中。

3. 殷周天命观念的消长

文王筑灵台,意在树立天命转移的标志;建辟雍,则是借助飨射之礼

---

① 《礼记·乡饮酒义》云:"尊让、絜、敬也者,君子之所以相接也。君子尊让则不争,絜、敬则不慢,不慢不争,则远于斗辨矣,不斗辨,则无暴乱之祸矣,斯君子之所以免于人祸也。"
② 《礼记·王制》说:"天子将出征……受命于祖,受成于学。"郑注:"定兵谋也。"《鲁颂·泮水》:"鲁侯戾止,在泮饮酒。既饮旨酒,永锡难老。顺彼长道,屈此群丑。"郑笺:"在泮饮酒者,征先生君子,与之行饮酒之礼,而因以谋事也。"另外,据《仪礼·乡饮酒礼》载,行酒礼时要奏《诗经·小雅》的《鹿鸣》《四牡》《皇皇者华》,唱《鹿鸣》示迎宾,歌《四牡》示慰宾,《皇皇者华》则是为表示要"咨諏""咨谋""咨度""咨询"。说明乡饮酒礼原初的意义不仅是尊敬长者、团结族人,更是一能商定国家大事的咨询机关。
③ 详见杨宽《古史新探》,第310~337页。
④ 《礼记·乡饮礼义》中记有传为孔子的一段话,推行此礼的作用有五点:"贵贱明,隆杀辨,和乐而不流,弟长而无遗,安燕而不乱,此五行者,足以正身安国矣。彼国安而天下安,故曰:'吾观于乡而知王道之易易也'。"这虽是后世礼家的推想,但飨礼推行之始,有别贵贱长幼之目的,亦是不辩自明的。

团结西土之人。这里再进而探讨文王宣扬天命信仰的历史背景，尤其是当周人递渐强化天命信仰时，殷王朝内部天命观念却在逐步削弱，此正是周人观衅的良机。殷王朝内部此一信仰的危机在武乙末年可能已经出现，《史记·殷本纪》载：

> 帝武乙无道，为偶人，谓之天神。与之博，令人为行。天神不胜，乃僇辱之。为革囊盛血，卬射之，命曰射天。武乙猎于河渭之间，暴雷，武乙震死。

这段记载的资料来源，不知何据。关于这类传说，引用上宜加审慎，以避免过度诠释，但这传说的大旨无疑表现了殷王对天神信仰的亵渎。白川静解释说：

> 对天的信仰为周人所固有……武乙的传说是对这个信仰的挑战，侮辱天神的行为，同时就是作为神圣帝王而拒绝了周人的信仰，其结果，武乙震死于河渭之间。渭滨为周之根据地，侮辱周人信仰之武乙遭到了天的谴罚。……武乙僇辱天神的传说，可视为其宗教纠纷的表现。①

这个说法尚有探讨余地，盖殷人本身亦有敬天的传统。② 武乙遭雷殛致死，或是实情，周人追述这段旧闻时，有意以武乙辱天而受惩来解释其死因，以摇撼商人固有信仰的根基，达到天命归诸周人的政治宣传目的。商人天帝信仰受到质疑，此正是周人观衅的时机，盖殷商为一神权社会，天命信仰正是其立国之本。③ 至于殷末天命信仰动摇之因，目前尚难究知，但殷王朝内部显现天命信仰的危机，殷王"昏弃厥肆祀，弗答"，殷民甚至盗窃祭

---

① 〔日〕白川静：《西周史略》，袁林译，三秦出版社，1992，第16页。
② 甲骨文中亦有"天"字，虽不多，但仍可反映商人对天的尊崇。详见朱凤瀚《商周时期的天神崇拜》，陈苏镇、张帆编《中国古代史读本》上册，第104~105页，注解33。
③ 诚如白川静先生所说的："殷王朝建立在极为宽驰的秩序之上……殷之直接统治大约限于王畿周围，与王室有分枝亲关系的诸族作其藩屏，其外则是称为多方的独立的各邦族，其中强大的称为侯伯。殷王朝对此诸侯，依仗其所保持的神权优越地位来行使王权。对这样的国家型态来说，王权的神圣性几乎是国家存在的唯一理由。因此，如果其宗教基础动摇了，王朝马上就会陷入危机状态。"参见〔日〕白川静《西周史略》，袁林译，第16~17页。

神的贡物①，则有史迹可寻。《尚书·西伯戡黎》记文王胜黎后，祖伊戒纣，纣答以天命在己，祖伊乃慨叹道："呜呼！乃罪多参在上，乃能责命于天！"并预言殷之不能免于祸。此文盖战国时期述古之作。文中祖伊据白川静的考证，可能是属于伊尹后代的神职人员。这个西伯戡黎传说，从周人的立场宣扬了革命的合理性。②

四　结语

周人克商大业是历经几代人蓄谋已久的结果，始于古公亶父迁岐以后，历经王季、文王，至武王克商七十余年。单凭周人蕞尔小邦的军事力量要翦灭"大邑商"，未免蚍蜉撼树，于是借地利之便，团结邻近邦国，建立西土联盟，是势所必然。西土联盟时代的政治形势显示：一个政治、军事力量成功与否，端赖它对地域本土主义情绪的利用到不到家。因此，西土之人的地域意识之兴起，便在于强化联盟内部的一体感。而此意识当产生于周人有效统御关中大部分地区之时，约值文王时期，《诗经·大雅·绵》篇歌颂上帝"乃眷西顾，此维与宅"，也在这时候。除了最初的地域观念外，此意识之得以发展，尚仰仗西土之人的天命信仰为关键。易言之，西土联盟集团性、一体化意识的来源，应系于西土之人的地域观与天命观两因素的交织，其历史的契合点则在"文王西土受命"说的提出，它强化了领袖的权威和由上而下的贯彻意志。天命观念在克殷历程上所起到的历史作用，尤为本文特加重视。文王筑灵台以宣扬天命转移西土，建辟雍以行飨射礼，强化西土联盟的凝聚力和一体感，收效宏大。盖殷周革命固然是政治和军事的事实，但它不是从殷王朝内部发生的革命，亦不是遭遇外部蛮族的征服。殷作为以神权立国的王朝，其在宗教的绝对支配权为王朝秩序的根基，此根基一旦动摇，王权的正统性也就岌岌可危。

（钟春晖，澳门培正中华文化馆馆长）

---

① 见《尚书》之《微子》《牧誓》二篇。
② "祖伊以这种天命运旋的宣告者姿态出现，表示了在保持伊尹以来古老传统的神职人员中，已经出现了信仰动摇这一事实。……《西伯戡黎》这篇文章，虽是战国时期的拟古文字，但又具有难以否认的古老传说的内容。"见〔日〕白川静《西周史略》，袁林译，第16~18页。

东汉洛阳的"胡客"*

王子今

摘　要：自汉武帝时代"张骞凿空"之后，"商胡贩客"纷纷入塞，介入了汉地经济生活。"胡客"们活跃的商业行为，成为改变东方经济生活面貌的重要历史现象。东汉都城洛阳作为王朝的政治、经济、文化中心，具有世界性都市的地位，也为数量可观的"西域贾胡"提供了经济表演的舞台。在中西文化交流史的记录中，来自"海西"的"幻人"的活动也值得注意。考察东汉洛阳"胡客"及其社会活动，有助于推进丝绸之路史的研究，对于东汉历史文化的认识和理解，也可以更为深入。

关键词：丝绸之路　东汉　洛阳　胡客　胡商　贾胡

汉武帝时代汉地与西域道路开通之后，来自西北的胡族商人前往中原经营商业活动，成为改变东方经济生活面貌的重要历史现象。洛阳作为东汉王朝的政治、经济、文化中心，具有世界性都市的地位，也为数量可观的"胡客"提供了进行表演的舞台。在中西文化交流史的记录中，来自更遥远地方的"幻人"的活动也值得注意。考察相关问题，有助于推进丝绸之路史的研究，对于东汉历史文化的认识和理解，也可以更为深入。

---

*　本文为国家社科基金项目（项目编号：10XNL001）阶段性研究成果。

一 商胡贩客，日款于塞下

西汉中期，汉武帝努力经营西北，打通了联系西域的道路。司马迁《史记》称"张骞凿空"①。随即可以看到西域商人活跃于北边的史实记录。如陈连庆所说："在中西交通开通之后，西域贾胡迅即登场。"②

敦煌汉简可见表现国籍身份的文字，有"乌孙人"（88，90，1906），"车师人"（88），"☐知何国胡"（698）③ 等，悬泉置出土汉简可见"大月氏客"（V92DXT1311③：140），"大月氏诸国客"（V92DXT1311③：129，V92DXT1411②：35），"康居诸国客"（V90DXT0114④：277，V90DXT0214③：109）④ 等。这些外国"人"、外国"客"，似未可排除来自西域的商人的可能。《盐铁论·力耕》载录"大夫"肯定对外贸易开发的言辞：

> 汝、汉之金，纤微之贡，所以诱外国而钓胡、羌之宝也。夫中国一端之缦，得匈奴累金之物，而损敌国之用。是以骡驴馲驼，衔尾入塞，驒騱騵马，尽为我畜，鼲貂狐貉，采旄文罽，充于内府，而璧玉珊瑚琉璃，咸为国之宝。是则外国之物内流，而利不外泄也。异物内流则国用饶，利不外泄则民用给矣。《诗》曰："百室盈止，妇子宁止。"⑤

《太平御览》卷九〇一引《盐铁论》曰："齐、陶之缣，南汉之布，中国以一端之缦，得匈奴累金之物，骡驴馲驼，可使衔尾入塞。"⑥ 无"汝、汉之金"语，而言"齐、陶之缣"。所谓"外国之物内流""异物内流"体现的贸易入超情形的发生，当有"外国"商人的作用。

---

① 《史记》卷一二三《大宛列传》（中华书局，1959，第3169页）："乌孙使既见汉人众富厚，归报其国，其国乃益重汉。其后岁余，骞所遣使通大夏之属者皆颇与其人俱来，于是西北国始通于汉矣。然张骞凿空，其后使往者皆称博望侯，以为质于外国，外国由此信之。"裴骃《集解》："苏林曰：'凿，开；空，通也。骞开通西域道。'"司马贞《索隐》："案：谓西域险厄，本无道路，今凿空而通之也。"
② 陈连庆：《汉唐之际的西域贾胡》，载《中国古代史研究：陈连庆教授学术论文集》，吉林文史出版社，1991。
③ 吴礽骧等释校《敦煌汉简释文》，甘肃人民出版社，1991，第9、202、71页。
④ 郝树声、张德芳著《悬泉汉简研究》，甘肃文艺出版社，2009，第206、202、205、196页。
⑤ 王利器校注《盐铁论校注》（定本），中华书局，1992，第28页。
⑥ 《太平御览》卷九〇一，中华书局，1960，第4000页。

据《汉书》卷九六上《西域传上》记载，汉成帝时，罽宾"复遣使献谢罪，汉欲遣使报送其使"，杜钦发表反对意见，特别强调罽宾使团中杂有商人：

> 奉献者皆行贾贱人，欲通货市买，以献为名，故烦使者送至县度，恐失实见欺。①

所谓"奉献者皆行贾贱人"，指出其商贾身份。所谓"欲通货市买，以献为名"，指出西域贾人在与汉王朝交往中的经济谋求。

《后汉书》卷八八《西域传》篇末有以"论曰"形式发表的对于西北方向边疆与民族问题的历史评论，其中特别说到"商胡贩客"的活跃：

> 论曰：西域风土之载，前古未闻也。汉世张骞怀致远之略，班超奋封侯之志，终能立功西遐，羁服外域。自兵威之所肃服，财赂之所怀诱，莫不献方奇，纳爱质，露顶肘行，东向而朝天子。故设戊己之官，分任其事；建都护之帅，总领其权。先驯则赏籝金而赐龟绶，后服则系头颡而衅北阙。立屯田于膏腴之野，列邮置于要害之路。驰命走驿，不绝于时月；商胡贩客，日款于塞下。②

《后汉书》卷三一《孔奋传》表扬光武初年"守姑臧长"者孔奋能够"身处脂膏"而"力行清洁"：

> 遭王莽乱，奋与老母幼弟避兵河西。建武五年，河西大将军窦融请奋署议曹掾，守姑臧长。八年，赐爵关内侯。时天下扰乱，唯河西独安，而姑臧称为富邑，通货羌胡，市日四合，每居县者，不盈数月辄致丰积。奋在职四年，财产无所增。

李贤解释"市日四合"："古者为市，一日三合。《周礼》曰：'大市日侧而市，百族为主。朝市朝时而市，商贾为主。夕市夕时而市，贩夫贩妇为

---

① 《汉书》卷九六上《西域传上》，中华书局，1962，第3886页。
② 《后汉书》卷八八《西域传》，中华书局，1965，第2931页。

主。'今既人货殷繁，故一日四合也。"① 姑臧"市日四合"，"人货殷繁"的商业繁荣，自然得益于"通货羌胡"的经济形势。来自"羌胡"的"商贾"和"贩夫贩妇"们活跃了当地的"市"。看来，"商胡贩客"的活动绝不止限于"塞下"，如果并非遭遇"天下扰乱"，在自然情形下，自然会继续向东发展，介入中原重地的社会经济生活。

二 长安"胡客"与洛阳"贾胡"

西汉长安有"胡客"活动的历史迹象。《汉书》卷一〇《成帝纪》记载："（元延二年）冬，行幸长杨宫，从胡客大校猎。"②《汉书》卷八七下《扬雄传下》保留扬雄的"笔墨"，又有更为详尽的记载：

> 明年，上将大夸胡人以多禽兽，秋，命右扶风发民入南山，西自褒斜，东至弘农，南驱汉中，张罗网置罘，捕熊罴豪猪虎豹狖玃狐兔麋鹿，载以槛车，输长杨射熊馆。以网为周阹，纵禽兽其中，令胡人手搏之，自取其获，上亲临观焉。是时，农民不得收敛。雄从至射熊馆，还，上《长杨赋》，聊因笔墨之成文章，故藉翰林以为主人，子墨为客卿以风。

《成帝纪》"胡客"，此作"胡人"。扬雄的"风"表述了对"大夸胡人以多禽兽"正面的批评意见，我们看到，《长杨赋》中又有这样的说法：

> 客徒爱胡人之获我禽兽，曾不知我亦已获其王侯。③

汉成帝在长杨宫精心组织的围猎，"从胡客大校猎"，"大夸胡人以多禽兽"，是典型的外交虚荣的表现。《文选》卷九扬雄《长杨赋》"上将大夸胡人以多禽兽"，李善注："吕忱曰：'夸，大言也。'《说文》曰：'夸，诞也。'"④

---

① 《后汉书》卷三一《孔奋传》，第1098页。
② 《汉书》卷一〇《成帝纪》，第327页。
③ 《汉书》卷八七下《扬雄传下》，第3564页。
④ （南朝梁）萧统编，（唐）李善、吕延济、刘良、张铣、吕向、李周翰注《六臣注文选》卷九，商务印书馆影印涵芬楼藏宋刊本，中华书局，1987，第173页。

汉成帝在长杨宫接待的"胡客""胡人",当与服务于汉王朝的"胡巫"[①] "胡骑"[②] 有别。"胡客""胡人"可能包括居住于"蛮夷邸"[③] 的外交人员,很可能也包括胡族商人。

东汉长安仍有数量可观的"西域贾胡"。《太平御览》卷二六四引《东观汉记》记述京兆功曹杨正的故事,涉及汉光武帝刘秀去世后长安"西域贾胡"的活动:

> 杨正为京兆功曹,光武崩,京兆尹出,西域贾胡共起帷帐设祭。尹车过帐,胡牵车令拜,尹疑,止车。正在前导,曰:"礼:天子不食支庶,况夷狄乎!"敕坏祭,遂去。[④]

吴树平校注《东观汉记》据《太平御览》卷二六四引文,断句作:

> 杨正为京兆功曹,光武崩,京兆尹出西域,贾胡共起帷帐设祭。尹车过帐,胡牵车令拜,尹疑止车。正在前导曰:"礼,天子不食支庶,况夷狄乎!"敕坏祭遂去。[⑤]

以为"京兆尹出西域",分断"西域贾胡",则故事发生地点在"西域",不在"京兆尹"。这显然是不合理的。"京兆尹出西域"事甚可疑,而"京兆功曹"一同"出西域"益为可疑。即使"贾胡"可能在"西域"为"光武"

---

① 参看王子今《西汉长安的"胡巫"》,《民族研究》1997年第5期。
② 参看王子今《两汉军队中的"胡骑"》,《中国史研究》2007年第3期。
③ 《汉书》卷九《元帝纪》(第295页):"(建昭三年)秋,使护西域骑都尉甘延寿、副校尉陈汤拂发戊己校尉屯田吏士及西域胡兵攻郅支单于。冬,斩其首,传诣京师,县蛮夷邸门。"颜师古注:"蛮夷邸,若今鸿胪客馆。"《汉书》卷七〇《陈汤传》(第3015页):"……于是延寿、汤上疏曰:'臣闻天下之大义,当混为一,昔有唐虞,今有强汉。匈奴呼韩邪单于已称北藩,唯郅支单于叛逆,未伏其辜,大夏之西,以为强汉不能臣也。郅支单于惨毒行于民,大恶通于天。臣延寿、臣汤将义兵,行天诛,赖陛下神灵,阴阳并应,天气精明,陷陈克敌,斩郅支首及名王以下。宜县头槀街蛮夷邸间,以示万里,明犯强汉者,虽远必诛。'"关于"槀街蛮夷邸间",颜师古注:"晋灼曰:'《黄图》在长安城门内。'师古曰:'槀街,街名,蛮夷邸在此街也。邸,若今鸿胪客馆也。崔浩以为槀当为橐,橐街即铜驼街也。此说失之。铜驼街在洛阳,西京无也。'"
④ (宋)李昉等撰《太平御览》卷二六四,第1234页。
⑤ (东汉)刘珍等撰,吴树平校注《东观汉记校注》,中州古籍出版社,1987,第379页;《文渊阁四库全书》之《东观汉记》卷一六"况夷狄乎"作"况夷乎"。

"共起帷帐设祭",“京兆尹"及"京兆功曹""敕坏祭遂去"也是不可能的。

　　杨正据"礼"支持京兆尹"敕坏祭"的故事,反映长安地方东汉初年"西域贾胡"数量相当集中,所谓"西域贾胡共起帷帐设祭",形成事实上的群体性活动。甚至在"尹车过帐"时,"牵车令拜",表现出强霸特征。这种活动的规模和性质,竟然使得地方高级行政长官心中生"疑",一时难以决断。"西域贾胡"竟然敢于蔑视国家行政的代表,"牵车令拜"的强势特征,体现出这一特殊社会群体已经在长安积聚了相当强悍的力量。

三　北匈奴使团求率西域诸国胡客与俱献见

　　《后汉书》卷八九《南匈奴传》记载北匈奴使团"诣阙"贡献,"更乞和亲"时提出的一项特殊请求:

> 　　(建武)二十八年,北匈奴复遣使诣阙,贡马及裘,更乞和亲,并请音乐,又求率西域诸国胡客与俱献见。①

　　北匈奴使团来到洛阳,"诣阙,贡马及裘",其实是特殊形式的贸易行为。而"并请音乐",则体现文化交往的内容。特别是"求率西域诸国胡客与俱献见",尤其值得我们注意。这一情形,说明拓展至"西域诸国"的丝绸之路文化交流,吸引诸多"胡客"前来洛阳从事以"献见"为形式的活动。

　　于是,"帝下三府议酬答之宜",时任司徒掾的班彪上奏,主张"今既未获助南,则亦不宜绝北,羁縻之义,礼无不答。谓可颇加赏赐,略与所献相当,明加晓告以前世呼韩邪、郅支行事"。班彪说:"报答之辞,令必有适。"并为皇帝草拟了回复文字,其中就北匈奴使臣的请求,作了如下回答:

> 　　……今单于欲修和亲,款诚已达,何嫌而欲率西域诸国俱来献见?西域国属匈奴,与属汉何异?单于数连兵乱,国内虚耗,贡物裁以通礼,何必献马裘?今赍杂缯五百匹,弓鞬韣丸一,矢四发,遗遗单于。又赐献马左骨都侯、右谷蠡王杂缯各四百匹,斩马剑各一。单于前言先帝时所赐呼韩邪竽、瑟、箜篌皆败,愿复裁赐。念单于国尚未安,

---

① 《后汉书》卷八九《南匈奴传》,第2946页。

方厉武节，以战攻为务，竽瑟之用不如良弓利剑，故未以赉。朕不爱小物，于单于便宜所欲，遣驿以闻。

关于"请音乐"，即所谓"前言先帝时所赐呼韩邪竽、瑟、箜篌皆败，愿复裁赐"的要求，予以拒绝。而所谓"求率西域诸国胡客与俱献见"，班彪所拟回复文字言："今单于欲修和亲，款诚已达，何嫌而欲率西域诸国俱来献见？西域国属匈奴，与属汉何异？"似乎理解"西域诸国胡客"是"西域诸国"使节。

《资治通鉴》卷四四"汉光武帝建武二十八年"采用《后汉书》的处理方式，北匈奴遣使"求率西域诸国胡客与俱献见"与班彪草拟刘秀回复"何嫌而欲率西域诸国俱来献见"并见。多种文献均据《后汉书》，作"求率西域诸国胡客与俱献见"，只有《历代名臣奏议》卷三四〇《四裔》写作："二十八年，北单于复遣使诣阙，贡马及裘，更乞和亲，并请音乐，又求率西域诸国使客与俱献见。"① 引录《后汉书》"西域诸国胡客"，写作"西域诸国使客"。前引悬泉置汉简所见"大月氏客""大月氏诸国客""康居诸国客"等身份与其他简例比较，"客"与官职明确者显然不同。

当然，我们还不能确定"求率西域诸国胡客与俱献见"之"胡客"绝对不是"使客"。但是通过前引杜钦语"奉献者皆行贾贱人，欲通货市买，以献为名"可知，即使"求率西域诸国胡客与俱献见"之"胡客"就是"使客"，也会多有所谓"行贾贱人"混杂其中。

四 "类西域贾胡"：对马援的批评

东汉名将马援远征"武陵五溪蛮夷"，因地理条件和气候因素导致的困难，战事进展缓慢，属下中郎将耿舒在私信中有所批评：

> 初，军次下隽，有两道可入，从壶头则路近而水崄，从充则涂夷而运远，帝初以为疑。及军至，耿舒欲从充道，援以为弃日费粮，不如进壶头，搤其喉咽，充贼自破。以事上之，帝从援策。三月，进营壶头。贼乘高守隘，水疾，船不得上。会暑甚。士卒多疫死，援亦中

---

① （明）杨士奇等撰《历代名臣奏议》卷三四〇，《文渊阁四库全书》。

病,遂困,乃穿岸为室,以避炎气。贼每升险鼓噪,援辄曳足以观之,左右哀其壮意,莫不为之流涕。耿舒《与兄好畤侯弇书》曰:"前舒上书当先击充,粮虽难运而兵马得用,军人数万争欲先奋。今壶头竟不得进,大众怫郁行死,诚可痛惜。前到临乡,贼无故自致,若夜击之,即可殄灭。伏波类西域贾胡,到一处辄止,以是失利。今果疾疫,皆如舒言。"弇得书,奏之。帝乃使虎贲中郎将梁松乘驿责问援,因代监军。会援病卒,松宿怀不平①,遂因事陷之。帝大怒,追收援新息侯印绶。

关于所谓"伏波类西域贾胡,到一处辄止",李贤解释说:"言似商胡,所至之处辄停留。"②

耿舒对马援的意见,在《与兄好畤侯弇书》中有所表露。值得我们特别注意的,是"帝大怒,追收援新息侯印绶",导致君臣关系恶化。马援人生悲剧的最后乐章,因耿舒致耿弇书所谓"伏波类西域贾胡,到一处辄止,以是失利"而奏响。耿舒和耿弇对"伏波类西域贾胡,到一处辄止,以是失利"这样的判断都是认可的。而"帝大怒"以致采取了"追收援新息侯印绶"的严厉惩处方式,体现出他作为身居洛阳的最高执政集团的领袖,对于"西域贾胡"的生活习性与经营方式,也是熟悉的。

"西域贾胡"所谓"到一处辄止","所至之处辄停留",是正常的营业形式。相关历史记忆的长期存留,导致形成了某种类似文化符号的使用。宋人诗句屡见"宁作贾胡留""甘作贾胡留""肯作贾胡留"等③,"贾胡留"表现了对经济史、交通史现象的理解,有时也借用以说明一种人生态度。

---

① 据《后汉书》卷二四《马援传》(第842页):"援尝有疾,梁松来候之,独拜床下,援不答。松去后,诸子问曰:'梁伯孙帝壻,贵重朝廷,公卿已下莫不惮之,大人奈何独不为礼?'援曰:'我乃松父友也。虽贵,何得失其序乎?'松由是恨之。"
② 《后汉书》卷二四《马援传》,第844页。
③ 如宋庠《晚清》:"休歌陌妇怨,宁作贾胡留。"《元宪集》卷三。苏轼《郁孤台》:"不随猿鹤化,甘作贾胡留。"《东坡全集》卷二五。唐庚《舟中》:"既非就国者,判作贾胡留。"《眉山诗集》卷四。汪藻《阻风雨辟邪渡寄王仲成》:"拟将身作贾胡留,无奈事如空鸟灭。"《浮溪文粹》卷一五。程俱《同叶翰林游虎丘分韵得丘字》:"矧伊桑下宿,肯作贾胡留。"《北山集》卷三。李流谦《元质苦留过重阳且约泛舟观泉二首》之二:"深惭楚醴设,更作贾胡留。"《澹斋集》卷五。曾协《送赵德庄右司赴江东漕八首》之七:"依然寸心违,勿为贾胡留。"《云庄集》卷一。张孝祥《再和》:"吾行聊复尔,处处贾胡留。"《于湖集》卷八。陆游《湖山杂赋》:"一生到处贾胡留,身属官仓不自由。"《剑南诗稿》卷三七。杨冠卿《泊舟富池乞灵祠下》:"羞作贾胡留,愿借一帆风。"《客亭类稿》卷一二,《文渊阁四库全书》。

五 梁冀兔苑故事

"西域贾胡"在洛阳地方的活跃,又见于《后汉书》卷三四《梁冀传》关于"兔苑"的记载:

> ……又起兔苑于河南城西,经亘数十里,发属县卒徒,缮修楼观,数年乃成。移檄所在,调发生兔,刻其毛以为识,人有犯者,罪至刑死。尝有西域贾胡,不知禁忌,误杀一兔,转相告言,坐死者十余人。①

《艺文类聚》卷九五引张璠《汉记》曰:"梁冀起兔苑于河南,移檄在所,调发生兔,刻其毛以为识。"②

西域许多部族善于商业经营,其贸易经验成熟,形成了鲜明的区域特色和民族特色。如《史记》《汉书》所见"自宛以西至安息,其人……善贾市,争分铢"③,安息"有市,民商贾用车及船,行旁国或数千里"④,大夏"善贾市",都城"有市贩贾诸物"⑤等,都是引人瞩目的历史记录。

余太山写道,"《史记·大宛列传》载自大宛以西至安息,其人皆'善市贾,争分铢'。《汉书·西域传》所载同。这是说早在张骞首次西使之时,葱岭以西诸国均已是重商之国"。"《汉书·西域传》、《后汉书·西域传》……对天山以北、帕米尔以西、兴都库什山以南诸国的商业续有记载。"又引《汉书》卷九六上《西域传上》言"康居骄黠,……其欲贾市为好"语。⑥余太山说,"康居,在《汉书·西域传》描述的年代依旧是一个行国。这则记载的意义在于有助于了解行国之间存在经商的情况。特别是康居与匈奴、乌孙三国'内相输遣'。也说明,就康居而言,贡献和遣子入侍,不过是贾市的一种手段"。而"大月氏国'钱货,与安息同'"。"罽宾有'市列,以金银为钱,……奉献者皆行贾贱人,欲通货市买,以献

---

① 《后汉书》卷三四《梁冀传》,第 1182 页。
② (唐)欧阳修撰,汪绍楹校《艺文类聚》卷九五,上海古籍出版社,1965,第 1650 页。
③ 《史记》卷一二三《大宛列传》,第 3174 页;《汉书》卷九六上《西域传上》,第 3896 页。
④ 《史记》卷一二三《大宛列传》,第 3162 页。
⑤ 《史记》卷一二三《大宛列传》,第 3164 页。
⑥ 《汉书》卷九六上《西域传上》,第 3893 页。

为名'云云,说明不仅康居,罽宾奉献的目的也是'通货市买'。"又乌弋山离国"市列、钱货、兵器、金珠之属皆与罽宾同"。此外,"《后汉书·西域传》载高附国'善贾贩,内富于财'"。论者于是写道,"以上表明,自西汉以降,天山以北、帕米尔以西、兴都库什山以南诸国大多从事经商活动"。"与此相对,有关塔里木盆地诸国商贸活动的报导特别稀少"。《汉书》卷九六上《西域传上》三次出现"市列"字样:"罽宾……有金银铜锡,以为器。市列。"① "乌弋……其草木、畜产、五谷、果菜、食饮、宫室、市列、钱货、兵器、金珠之属皆与罽宾同。""疏勒国,……有市列,西当大月氏、大宛、康居道也。"② 其中也涉及塔里木盆地诸国。

在汉文化的影响至西域之前,匈奴曾经控制这一地区,"赋税诸国,取富给焉"③。匈奴对西域诸国的经济控制,应当包括对当地商业经营利润的超经济强制方式的掠夺。马长寿写道:"天山南北麓和昆仑山北麓,自古是中亚、南亚和东亚间商业交通要道,匈奴在其间设关卡,收商税,护送旅客,担保过山,都可以收到不少的报酬……。"④ 对于这一时期丝路商道的形势,有的学者做过这样的分析,"匈奴人……企图控制西域商道,独占贸易权益"。"越来越强的贪欲,使他们亟欲控制商道,垄断东西贸易,以取得暴利"。⑤ 亦有学者说,匈奴面对西域繁盛的商业,有"抢劫商旅"的行为。⑥ 这样的情形,当然是十分可能的。对于控制"商业"取得"报酬",包括"设关卡,收商税"等利益追求,可能会促使匈奴在西域的军事行政势力对商贸采取支持和鼓励的政策。⑦ 有学者以"游牧民族商业化的倾向,也就愈益显著"的说法概括匈奴对"贸易权益"的追求。⑧ 其实西域诸国可能更突出地体现出"商业化的倾向"。西域商人曾经有非常活跃的历史表演。《后汉书》卷四七《班超传》记载:"超遂发龟兹、鄯善等八国兵合七万人,及吏士贾客千四百人讨焉耆。"可知西域商人可以直接以"贾客"身

---

① 颜师古注:"市有列肆,亦如中国也。"《汉书》卷九六上《西域传上》,第3885页。
② 《汉书》卷九六上《西域传上》,第3885、3889、3898页。
③ 《汉书》卷九六上《西域传上》,第3872页。
④ 马长寿还说:"(匈奴)有时还掠夺行商和马队的货物。"他还指出,"这些事实都说明西域的物产和交通在匈奴经济中占相当重要的位置"。见其《北狄与匈奴》,广西师范大学出版社,2006,第31页。
⑤ 殷晴:《丝绸之路与西域经济——十二世纪前新疆开发史稿》,中华书局,2007,第111页。
⑥ 齐涛:《丝绸之路探源》,齐鲁书社,1992,第52页。
⑦ 王子今:《匈奴控制背景下的西域贸易》,《社会科学》2013年第2期。
⑧ 殷晴:《丝绸之路与西域经济——十二世纪前新疆开发史稿》,第111页。

份参与战争。

梁冀兔苑故事中"尝有西域贾胡,不知禁忌,误杀一兔,转相告言,坐死者十余人"的情节,说明"贾胡"作为西域经济生活中的强势者,面对东方政治强权背景下的"禁忌",竟然走向人生悲剧结局的情形。

六 海西"幻人"的宫廷演出

前引《后汉书》卷八九《南匈奴传》"(建武)二十八年,北匈奴复遣使诣阙,贡马及裘,更乞和亲,并请音乐"事,反映中原艺术西传的历史情景。《后汉书》还记载了洛阳接受来自"海西"的艺术家"幻人"特殊的文化传播的史实。

《后汉书》卷五一《陈禅传》中,记载了"幻人"经西南夷地区转入中原,抵达洛阳的史实:

> 永宁元年,西南夷掸国王献乐及幻人,能吐火,自支解,易牛马头。明年元会,作之于庭,安帝与群臣共观,大奇之。禅独离席举手大言曰:"昔齐鲁为夹谷之会,齐作侏儒之乐,仲尼诛之。又曰:'放郑声,远佞人。'帝王之庭,不宜设夷狄之技。"尚书陈忠劾奏禅曰:"古者合欢之乐舞于堂,四夷之乐陈于门,故《诗》云'以《雅》以南,《韎》《任》《朱离》'。今掸国越流沙,逾县度,万里贡献,非郑卫之声,佞人之比。而禅廷讪朝政,请劾禅下狱。"有诏勿收,左转为玄菟候城障尉。①

《后汉书》卷八六《西南夷列传·哀牢》也有记述:

> 永宁元年,掸国王雍由调复遣使者诣阙朝贺,献乐及幻人,能变化吐火,自支解,易牛马头。又善跳丸,数乃至千。自言我海西人。海西即大秦也,掸国西南通大秦。明年元会,安帝作乐于庭,封雍由调为汉大都尉,赐印绶、金银、彩缯各有差也。②

---

① 《后汉书》卷五一《陈禅传》,第1685页。
② 《后汉书》卷八六《西南夷列传》,第2851页。

"元会"时"安帝作乐于庭",应有来自"掸国"的"乐及幻人"的演出。《三国志》卷三〇《魏书·乌丸鲜卑东夷传》裴松之注引《魏略·西戎传》有关于大秦国的记述,其中写道:"俗多奇幻,口中出火,自缚自解,跳十二丸巧妙。"①

司马迁在《史记》卷一二三《大宛列传》中说到"眩者"在接待"外国客"时的表演:

> 是时上方数巡狩海上,乃悉从外国客,大都多人则过之,散财帛以赏赐,厚具以饶给之,以览示汉富厚焉。于是大觳抵,出奇戏诸怪物,多聚观者,行赏赐,酒池肉林,令外国客遍观各仓库府藏之积,见汉之广大,倾骇之。及加其眩者之工,而觳抵奇戏岁增变,甚盛益兴,自此始。②

对于"外国客",给予特殊的厚遇,所谓"以览示汉富厚焉",以及"令外国客遍观各仓库府藏之积,见汉之广大,倾骇之",其实可以看作后来汉成帝长杨宫"从胡客大校猎","大夸胡人以多禽兽"事的历史先声。③ 这里所谓"外国客",其实也可以读作"胡客"。

《后汉书》卷八八《西域传》:"诸国所生奇异玉石诸物,谲怪多不经,故不记云。"关于其地"谲怪",李贤注引鱼豢《魏略》则写作:"大秦国

---

① 《三国志》卷三〇《魏书·乌丸鲜卑东夷传》,第865页。
② 《史记》卷一二三《大宛列传》(第2696页)在记述"条枝"风土民俗时,有"国善眩"语:"条枝在安息西数千里,临西海。暑湿。耕田,田稻。有大鸟,卵如瓮。人众甚多,往往有小君长,而安息役属之,以为外国。国善眩。"关于"善眩",裴骃《集解》:"应劭曰:'眩,相诈惑。'"张守节《正义》:"颜云:'今吞刀、吐火、殖瓜、种树、屠人、截马之术皆是也。'"司马迁还写道:"初,汉使至安息,安息王令将二万骑迎于东界。东界去王都数千里。行比至,过数十城,人民相属甚多。汉使还,而后发使随汉使来观汉广大,以大鸟卵及黎轩眩人献于汉。"司马贞《索隐》:"韦昭云:'变化惑人也。'按:《魏略》云'黎轩多奇幻,口中吹火,自缚自解'。小颜亦以为植瓜等也。"第3173页。《汉书》卷六一《张骞传》中记述同一史实:"大宛诸国发使随汉使来,观汉广大,以大鸟卵及黎轩眩人献于汉,天子大悦。"颜师古注引应劭曰:"眩,相诈惑也。邓太后时,西夷掸国来朝贺,诏令为之。而谏大夫陈禅以为夷狄伪道不可施行。后数日,尚书陈忠案汉旧书,乃知世宗时黎轩献见幻人,天子大悦,与俱巡狩,乃知古有此事。"
③ 更早的类似史例,有《史记》卷五《秦本纪》(第192页):"戎王使由余于秦。由余,其先晋人也,亡入戎,能晋言。闻缪公贤,故使由余观秦。秦缪公示以宫室、积聚。由余曰:'使鬼为之,则劳神矣。使人为之,亦苦民矣。'"

俗多奇幻，口中出火，自缚自解，跳十二丸，巧妙非常。"① 较《三国志》裴松之注引多"非常"二字。当时中原人对于大秦国，已经有较西汉人更为具体的了解。而"奇幻""谲怪"种种，被看作其民俗风格的典型特征。这种对于大秦国的认识的形成，应与来到洛阳的"幻人"的文化表现有关。

《文选》卷二张衡《西京赋》记录了长安群体娱乐活动中"幻人"神秘惊险的表演艺术："奇幻倏忽，易貌分形；吞刀吐火，云雾杳冥；画地成川，流渭通泾。"② 《后汉书》卷五九《张衡传》说张衡著《二京赋》事，"永元中，举孝廉不行，连辟公府不就。时天下承平日久，自王侯以下，莫不逾侈。衡乃拟班固《两都赋》，作《二京赋》，因以讽谏。精思傅会，十年乃成。"③ 如果"十年乃成"自"永元中"计，即使自使用"永元"年号的最后一年永元十六年（104）后推十年，张衡《西京赋》成，当在公元114年。也就是说，其中关于"都卢寻橦""水人弄蛇""易貌分形""吞刀吐火"一类"幻人"之术的记述，在"永宁元年，西南夷掸国王献乐及幻人，能吐火，自支解，易牛马头"史事之前。张衡有关"幻人"的经验，或许形成更早。这样说来，"幻人"在洛阳地方，其实有年代颇为长久的活动。④

七 "商贾胡貊，天下四会"与所谓"奸之所生"

东汉晚期京师地方"贾胡"聚居的情形，还可以通过《三国志》卷二一《魏书·傅嘏传》裴松之注引《傅子》的记述得以说明：

> 河南尹内掌帝都，外统京畿，兼主六乡六遂之士。其民异方杂居，多豪门大族，商贾胡貊，天下四会，利之所聚，而奸之所生。⑤

---

① 《后汉书》卷八八《西域传》，第2929页。
② 吕延济注："'奇幻'，谓幻人能分一身作数人，或吞刀，或吐火，或起云雾，或画地成川河。"（南朝梁）萧统编，（唐）李善、吕延济、刘良、张铣、吕向、李周翰注《六臣注文选》，第59页。
③ 《后汉书》卷五九《张衡传》，第1897页。
④ 王子今：《海西幻人来路考》，《秦汉史论丛》第8辑，云南大学出版社，2001；《中西初识二编》，大象出版社，2002。
⑤ 《三国志》卷二一《魏书·傅嘏传》（第1188页），第624页。《太平御览》卷二五二引《魏志》曰："傅嘏，字兰石，为河南尹，内掌帝都，外统京畿，兼主六乡六遂之士。其民异方杂居，多豪门大族，商贾胡貊，天下四会，利之所聚，而奸之所生也。"

笔者曾经著文指出，所谓"商贾胡貊，天下四会"，体现了当时洛阳作为世界都市的文化气象。① 其实，以经商逐利为生业的"胡客"，由洛阳向天下四方辐射式扩张其经营空间的活跃表现，可能已经形成了经济生活的新的风景。其活动方式，或即如所谓"到一处辄止"，"所至之处辄停留"描述的情形。

河南南阳地方出土的汉画像石和汉画像砖，画面多见胡人面貌。在南阳活动的胡商，或许从长安沿武关道而来，但是也不能排除自洛阳南下的可能。

《后汉书》卷五一《李恂传》写道："复征拜谒者，使持节领西域副校尉。西域殷富，多珍宝，诸国侍子及督使贾胡数遗恂奴婢、宛马、金银、香、罽之属，一无所受。"② 所谓"贾胡数遗""奴婢、宛马、金银、香、罽之属"，应是一种违法的贿赂行为。也许这种行为曲折体现了匈奴占领时期特殊经济形式的历史惯性。所谓"诸国侍子及督使贾胡数遗恂奴婢、宛马、金银、香、罽之属"，体现"贾胡"介入政治生活的情形，也体现"贾胡"行为方式的特征。《傅子》所谓"商贾胡貊"居于洛阳即"奸之所生"，应当是有一定道理的。

前引梁冀兔苑故事"尝有西域贾胡，不知禁忌，误杀一兔，转相告言，坐死者十余人"情节固然反映梁冀的横暴，但是或许也可以从侧面说明"西域贾胡"的言行方式或许与汉地农耕人有所不同。他们在有的情况下有并非"不知禁忌"而有意冲越"禁忌"的可能。

司马迁《史记》卷一二九《货殖列传》分析富贵追求对有些社会层次的强烈影响，有"不避法禁，走死地如鹜者，其实皆为财用耳"的心理分析与行为分析。③"西域贾胡"的进取意识和勇敢精神，也许可以看作"不避法禁，走死地如鹜者"的典型。

八 "胡客"政治身份推想

前引《历代名臣奏议》卷三四〇《四裔》引录《后汉书》"西域诸

---

① 王子今：《汉代的"商胡""贾胡""酒家胡"》，《晋阳学刊》2011年第1期。
② 《后汉书》卷五一《李恂传》，第1683页。
③ 《史记》卷一二九《货殖列传》，第3271页。

国胡客",写作"西域诸国使客"。"使客"称谓,似强调其使团成员身份。东汉洛阳曾经接待的"胡客"中,可能有并不从事商业活动的胡族人物。

外族领袖"诣阙贡献"有时率领人数相当多的属下。《后汉书》卷四《和帝纪》:"(永元十年)十二月,烧当羌豪迷唐等率种人诣阙贡献。"①又《后汉书》卷九〇《鲜卑传》:"三十年,鲜卑大人于仇贲、满头等率种人诣阙朝贺,慕义内属。"② 这两则史料都没有说明"率种人"之人数。而《后汉书》卷九〇《乌桓传》记载乌桓大人"诣阙",则有明确的人数信息:

> (建武)二十五年,辽西乌桓大人郝旦等九百二十二人率众向化,诣阙朝贡,献奴婢牛马及弓虎豹貂皮。③

所谓"乌桓大人郝旦等九百二十二人率众向化,诣阙朝贡","九百二十二人",人数已经相当可观。

同一史事,《三国志》卷三〇《魏书·乌丸传》裴松之注引《魏书》的记载有所不同:

> 建武二十五年,乌丸大人郝旦等九千余人率众诣阙,封其渠帅为侯王者八十余人,使居塞内,布列辽东属国、辽西、右北平、渔阳、广阳、上谷、代郡、雁门、太原、朔方诸郡界,招来种人,给其衣食,置校尉以领护之,遂为汉侦备,击匈奴、鲜卑。④

《后汉书》"郝旦",《魏书》作"郝且",《后汉书》中华书局标点本校勘记以为"旦且形近,未知孰是"⑤。而"诣阙"的人数差别尤大,《后汉书》"九百二十二人率众向化,诣阙朝贡",《魏书》则为"九千余人率众诣阙"。人数记录如此悬殊,值得我们特别注意。"诣阙"者"九百二十二人"

---

① 《后汉书》卷四《和帝纪》,第185页。
② 《后汉书》卷九〇《鲜卑传》,第2985页。
③ 《后汉书》卷九〇《乌桓传》,第2982页。
④ 《三国志》卷三〇《魏书·乌丸传》,第834页。
⑤ 《后汉书》,第2995页。

已经相当可观,"九千余人"则颇为惊人。"九百二十二人率众向化,诣阙朝贡"与"九千余人率众诣阙",都表明直接"诣阙"。数量如此之多的"乌桓"首领来到洛阳,这一情形,应当作为我们讨论洛阳"胡客"时的考察对象。

(王子今,中国人民大学国学院、出土文献与中国
古代文明研究协同创新中心教授)

"山泽之利"和"林泉之乐"

——中古地主庄园问题再探讨

王利华

摘　要：中古时期的世家大族在促进劳动力与土地结合方面曾发挥过重要的历史作用，这不仅是当时特殊的政治、经济和社会情势所致，亦由于南方独特的自然生态环境。与经济方面的发展变化相比，魏晋之后地主发展庄园愈来愈具有休闲娱乐和自然审美追求。文化精英分子在魏晋以后日益崇尚自然之美、追逐山水之乐的时代风气影响之下，开始将山泽田园的经营目标朝着另外一个方向推转。由于名人效应和文学魅力的影响，此类好尚和行止被唐代文人士子阶层所仿效、光大和弘扬，从而开辟了中国古代人与自然关系演变的另一个通道。他们所创造、阐发和营造的不少自然审美观念、生态意象和环境景观，具有非常值得重视的生态文化价值。刘宋放弃"壬辰之科"而颁布"大明占山格"，是古代国家山林川泽自然资源管理政策的一个重大变化，酿成了一系列严重的环境生态问题。

关键词：山泽之利　林泉之乐　中古　地主庄园

庄园经济发达是中古社会经济的一个重要特征，世族权贵通过封锢山泽和庇荫人口，扩建庄园产业，侵渔小民，倾轧小农经济，同时颉颃朝廷，与国家利益相博弈，历来为史家所诟病。对此前人研究甚多，这里不想过多重复，只试图探讨在中古环境—经济—社会协同演变的历史进程中，地主庄园发展具有哪些特殊的历史条件和动力，在资源开发和产业经营等方面具有哪些新特点，与自然环境之间的关系如何。不当之处敬请批评指正。

一　庇荫人口与封锢山泽：中古地主庄园发展的新形势

　　许多研究者早就观察到，地主庄园经济在西汉后期已经肇始，东汉时期已然兴盛，其经济生产和社会生活面貌，在东汉人崔寔的《四民月令》中已有相当完整地呈现。《后汉书·樊宏传》记载西汉末期樊重的家族庄园，已经具备了后来地主庄园经济产业的基本形貌，称：樊重"世善农稼，好货殖。重性温厚，有法度，三世共财，子孙朝夕礼敬，常若公家。其营理产业，物无所弃，课役僮隶，各得其宜，故能上下勠力，财利岁倍。至乃开广田土三百余顷，其所起庐舍，皆有重堂高阁，陂渠灌注，又池鱼牧畜，有求必给……赀至巨万"①。《水经注》亦载：樊氏"爰自宅阳徙居湖阳，能治田殖，至三百顷。"其田庄之内"广起庐舍，高楼连阁，波陂灌注，竹木成林，六畜放牧，鱼蠃梨果，檀棘桑麻，闭门成市，兵弩器械，赀至百万，其兴工造作，为无穷之功"②。根据这些记载可知：樊氏庄园重楼高阁，田土广阔，陂渠灌注，其中役使大批僮隶经营着众多生产项目，除粮食、桑麻外，还有畜禽牧养、水产养殖和林果栽培，甚至有兵器制作，集农、牧、林、渔、工于一体，形成一个建立在丰富自然资源基础上的完整产业经济系统，规模之大，可"闭门成市"。以往学人多以地主庄园为一自给自足经济单位，生产和生活资料都不需外求，没有必要开展商贸活动。事实上，不论从《四民月令》的记载还是从樊重"好货殖"来看，汉代地主庄园与商品市场之间都存在相当密切的联系。樊重之辈"好货殖"，是以广占田土陂池、坐拥山泽资源作为基础的。

　　随着东汉帝国分崩离析，天下群雄蜂起，大小军事集团有许多即是庄园地主和地方豪族势力，他们拥有自己的经济基础，控制着众多部曲、僮客、徒附之类依附人口，有能力纠集自己的军事武装力量。中原板荡之际，不少地方强宗大族集结成"坞壁""坞堡"，据守一方，例如陈延在河间、杜恕在宜阳都有坞壁，曹操集团中的李典、许褚都曾是坞壁主。随着政治局势稍转安定，这些势力相继被整合到了南北不同的割据政权之中，但各个地方宗族利益共同体并未解散。持续的社会动荡固然对庄园经济造成了

---

①　《后汉书》卷32《樊宏传》；（汉）刘珍《东观汉记》卷11《樊重传》与之略同。
②　（北魏）郦道元：《水经注》卷29，"沘水注"。

很大冲击，但也为其发展和膨胀提供了新的机遇，甚至使之具有某种"正当性"的历史理由。

三国以降，由东汉强宗豪族势力逐渐发展演变而来的庄园地主，继续大量庇荫人户，扩大庄园规模，其中的军事、政治权贵还不断获得国家赐予的土地和人口。史称"魏氏给公卿以下租牛客户数各有差。自后小人惮役，多乐为之，贵势之门动有百数。又太原诸部亦以匈奴胡人为田客，多者数千"①。江南土地开发较晚，两汉时期依然地广人稀，然而晋代葛洪指斥孙吴之失，其中一点即是江东士族"势利倾于邦君，储积富乎公室"，在他们的庄园中，"僮仆成军，闭门为市，牛羊掩原隰，田池布千里……金玉满堂，妓妾溢房，商贩千艘，腐谷万庾，园圃拟上林，馆第僭太极，梁肉余于犬马，积珍隐于帑藏"。②

西晋统一时期，国家仍不能不承认世家大族既得的利益，继续通过赏赐等方式授予他们大量占有土地、庇荫人口的特权。西晋颁布"占田课田制"，原有抑制世族大肆占夺土地的企图，然而短短数十年中，许多良田美地不断被世家大族所霸占，庄园经济继续扩张。例如王戎"广收八方园田水碓，周遍天下"；③巨富石崇被籍没时，有司簿阅其家，有"水碓三十余区，苍头八百余人，珍宝货贿田宅称是"④。其在河南县金谷涧的庄园中有"清泉茂林，众果、竹柏、草药之属"；又有"田十顷，羊二百口，鸡、猪、鹅、鸭之类，莫不毕备"；还有"水碓、鱼池、土窟"，"其为娱目欢心之物备矣"⑤。潘岳亦称自家庄园"池沼足以渔钓，春税足以代耕。灌园鬻蔬，供朝夕之膳；牧羊酤酪，俟伏腊之费"⑥。官僚士族役使大量衣食客、佃客等依附性劳动人口，开展庄园农业生产并经营其他产业，增殖财货，牟取厚利。这些情形比之西汉末期至东汉时期，显然是在进一步发展。

"八王之乱"特别是"永嘉之乱"以后，黄河中下游地区陷入了更加

---

① 《晋书》卷93，《外戚·王恂传》。
② （晋）葛洪：《吴失篇》，《抱朴子外篇》卷34，中华书局，2013，第673~675页。
③ 《晋书》卷43《王戎传》。
④ 《晋书》卷33《石苞附子崇传》。
⑤ （清）严可均辑《全上古三代秦汉三国六朝文》，《全晋文》卷33，石崇《金谷诗序》。按：该文是严氏辑录《世说新语·品藻》注、《水经注》"穀水注"、《文选·别赋》注、潘岳《金谷集诗注》、《艺文类聚》卷9、《太平御览》卷919和卷964，以及《弇州四部正稿》卷158引《修文殿御览》所引文句合并而成。
⑥ 《晋书》卷55《潘岳传》引潘岳《闲居赋》序。

持久的战争动荡之中。为了逃避战祸，中原人口或举族迁徙，或聚族而保，以大土地占有和人口荫附作为基础的庄园地主经济非但没有萎缩，反而以更加强固的地方与家族组织形式继续发展。不过，由于自然环境差异和社会经济基础不同，兼以政权分立，南北庄园地主经济分途发展，由世家大族所控制的土地垦殖和农业经营，在南北区域经济发展之中具有不同的历史意义：在北方，主要在于延续和恢复；在南方，则主要是拓殖和进取。但两者之间有一个共同的历史特征，这就是世家大族都大量役使部曲、徒附、僮奴、佃客之类劳动人口开展大规模土地垦殖和混合性生产经营。

先看北方。晋室南渡后，留居黄河中下游的世家大族和普通民众不得不抱团自保，以"坞壁"或"坞堡"为典型形式的宗族组织得到强化，弱小民众"多依豪室"，充当他们的附属和田客，以求得一线生机；拥有较高声望和实力的武装豪帅、宗族领袖则乘机壮大力量，以故十六国时期，北方社会"或百室合户，或千丁共籍"①，"一宗近将万室，烟火连接，比屋而居"②。由于他们拥有经济实力和军事武装，包括北魏在内的少数民族政权虽取得了政治上的统治地位，但亦不得不与之妥协，承认其既得的经济利益和政治特权。故在北魏实行"三长制"和"均田制"之前的情形是"旧无三长，惟立宗主督护，所以民多隐冒，五十、三十家方为一户"③，"富强者并兼山泽，贫弱者望绝一廛"④。随着"三长制"和"均田制"的实施，北魏政权得以稳定，强宗大族势力受到了一定抑制，但胡、汉地主亦逐渐合流，大地主经济以新的方式继续存在和发展。

文献记载反映：北朝士族地主庄园相当普遍并且规模可观。例如，赵郡李显甫在殷州西山"开李鱼川方五六十里居之"；⑤ 北齐高洋赏赐给陆法和"田一百顷、奴婢二百人，生资什物称是"；⑥ 北周明帝赐裴侠"良田十顷，奴隶、耕牛、粮粟，莫不备足"⑦。东魏祖鸿勋在范阳的雕山庄，"其处

---

① 《晋书》卷127《慕容德载记》。
② (唐)杜佑撰，王文锦等点校《通典》卷3《食货三》"乡党"，中华书局，1988，第62页。
③ 《魏书》卷53《李冲传》。
④ 《魏书》卷7上《高祖纪上》。
⑤ 《北史》卷33《李灵传》。
⑥ 《北齐书》卷32《陆法和传》。
⑦ 《周书》卷35《裴侠传》。

闲远，水石清丽，高岩四匝，良田数顷"，又"即石成基，凭林起栋。萝生映宇，泉流绕阶"①。至于庄园景观和生产经营的具体情形，则可从北周人萧大圜的描述窥其大略，他自称其家田庄：

> 面修原而带流水，倚郊甸而枕平皋。筑蜗舍于丛林，构环堵于幽薄。近瞻烟雾，远睇风云。藉纤草以荫长松，结幽兰而援芳桂。仰翔禽于百仞，俯泳鳞于千浔。果园在后，开窗以临花卉。蔬圃居前，坐檐而看灌畎。二顷以供饘粥，十亩以给丝麻。侍儿三五，可充纴织；家僮数四，足代耕耘。酤酪牧羊，协潘生之志；畜鸡种黍，应庄叟之言。获菽寻氾氏之书，露葵征尹君之录。烹羔豚而介春酒，迎伏腊而俟岁时。披良书，探至赜。歌纂纂，唱乌乌。可以娱神，可以散虑。有朋自远，扬榷古今；田畯相过，剧谈稼穑。斯亦足矣，乐不可支！②

他的田庄规模在当时算是相当狭小的，然而其中粮果、菜蔬、桑麻俱全，还有花木栽培，兼以家畜饲养、食品酿造和麻丝绩织，自成一个自给自足、自娱自乐的自然经济单位。虽然他的描述文学色彩比较浓重，但必有现实根据，多少反映出北朝地主庄园的一般状况。

世族地主广占土地山泽，大量庇荫人口，奴役贫穷民众，经济自成一统，政治上亦俨然独立王国，自然对国家政权构成了一种抗衡力量，而史家一向多有贬抑之词。然而，在十六国北朝时期动荡离乱的社会政治局势下，不论是在最初据险自保的"坞壁"，还是在后来胡汉妥协形成的"宗主督护"制度之下，强宗世族庄园毕竟给那些遭罹战祸、穷无所依的流散民众提供了暂时托命之所，充当庄园地主的奴婢、田客即使并非出于自愿，但全无资产、无法自行组织生产的贫民终究可以在强制组织之下挣得一口之食。更重要的是，黄河中下游固有的农业生产方式、技术知识等依赖于庄园经济生产，在一定程度上得以保存下来，这对后来当地农业生产恢复和发展具有非常重要的意义。否则，北魏贾思勰撰写出《齐民要术》这部关于北方旱地农业生产和农家生活的百科全书式的经典著作，乃是不可想象的。

---

① 《北齐书》卷45《祖鸿勋传》。
② 《周书》卷42《萧大圜传》。

再看南方。如果说战乱时代汉族社会苟求自存的现实需要，是北方坞壁等形式的庄园地主经济得以发展的重要缘由，那么，逃离故土的中原士庶在异乡南国寻求生机的迫切需求，则是南方庄园地主经济勃兴的主要动因。虽然南方世族庄园经济发展是以贪婪地封山占水作为先导和表征，无疑会侵夺小民之利，但在当时特殊社会政治和经济情势之下，世族作为一种社会经济组织力量、地主庄园经营作为一种特殊的经济生产方式，不仅具有一定的必要性（必然性），而且对于适应南方新的自然环境，开发几近原始状态的自然资源，重建移民社会秩序，乃至维系华夏文明的经脉，也都具有一定的合理性和积极意义，不能与汉代地主庄园经济完全等量齐观。

在我看来，作为与个体小农经济显然不同的"集体大生产"，中古地主庄园经济有三个方面的客观效果是值得给予一些肯定的：其一，在整个社会处于动荡离乱的阶段，对劳动人口的保存和组织发挥了一定积极作用；其二，虽然它与国家所组织实施的屯田，一公一私性质不同，客观效果却有相似性——阶段性地促进了劳动力与土地互相结合；其三，在区域土地复垦特别是南方区域新土地开垦以及与之相配套的农田水利建设中，发挥了一定的组织领导角色。

我们知道，在传统农业时代，劳动力与土地有效结合是经济发展的基本条件。自汉末大乱，国家迭经分崩离析，杀伐战争不断，血亲纽带和宗族组织成为民众苟求生存的主要依托。留居北方的汉族"聚族结垒而自保"，逃离中原的士庶亦"举宗流徙而避难"，众所皆知的鲁肃就是一个典型。①贫弱细民依附豪帅"举宗避难"，自然要唯其马首是瞻，听其驱使。他们两手空空来到南方，求一口之食已不可得，更无法在一个自然条件迥异于故土的地区自行垦荒种地，开展农业生产，而只能继续依附于宗族首领艰难求生。另一方面，南逃士族也是故园尽失、家赀殆尽，虽可凭借政治特权"求田问舍"，但恢复经济产业却需要大量的劳动力，宗族、乡里、宾客、奴婢、部曲等等各类依附性人口因而成为士族组织土地垦辟和开展庄园经营的主要人力资本。为了培植政权统治的社会基础，偏安政权通过土地封占的地域分割，在土著世族与侨居世族之间担当居中协调角色，缓

---

① 《三国志》卷54《鲁肃传》注引《吴书》曰："后雄杰并起，中州扰乱，肃乃命其属曰：'中国失纲，寇贼横暴，淮、泗间非遗种之地，吾闻江东沃野万里，民富兵强，可以避害，宁肯相随俱至乐土，以观时变乎？'其属皆从命。乃使细弱在前，强壮在后，男女三百余人行。"

和南北两个地主利益集团之间的矛盾和冲突,对他们大量封占山泽予以纵容和默许,而且通过给客、赐田等制度和政策,承认他们庇荫人口、占领土地的特权,为世族地主发展庄园经济提供了政治上的保障。正是由于这些特殊的社会和政治原因,在六朝时期特别是中原士庶大举南渡初期的南方土地开发和农业生产中,世家大族担当了推动者、组织者和领导者的角色,在他们经营的众多大大小小的庄园中,由不同身份依附人口所组成的劳动者队伍,则是被役使和剥削的对象。

  历史文献反映:先后南渡的中原士族,与土著世族和偏安政权之间进行过长期激烈的利益博弈。由于汉代和孙吴时期发展起来的朱、张、顾、陆等江东土著世族在太湖周围已经占据优势,永嘉以后陆续南渡的中原士族,除盘踞于金陵附近宁镇丘陵一带外,不断向浙东、皖南甚至江西、福建等地扩展。例如,王、谢、孔等家族在浙东会稽一带广占山泽,经营田庄;孔氏在皖南立墅治田,林、黄、陈、郑、詹、丘、何、胡等族则流寓到更远的福建地区。[①] 这些逐渐播散到南方各地的世家大族,在不同地区封锢山泽,凿山浚湖,设置屯、邸、园、墅,利用各种不同的自然条件发展庄园经济。经过若干世纪经营,许多原本人烟稀少地区近乎原始的生态环境面貌逐渐得到改变,农业经济逐渐发展起来。

  六朝时期,世家大族在促进劳动力与土地结合方面曾经发挥过重要历史作用,不仅是当时特殊的政治、经济和社会情势所致,亦由于南方独特的自然生态环境。众所周知,南方自然环境面貌远比黄河中下游复杂,平原地区是河网纵横交错、湖沼广大的"水乡泽国",丘陵山地则是森林密布、古木幽深,早期农业开发难度也更大。平原垦殖必须解决大量排涝、筑堤、围湖造田,山区丘陵开发则需大举凿山、伐木、通路、陂障,这些都非一家一户的小农所能为之,而必须通过较大社会组织、集中众多劳动力进行。在当时的历史条件下,除国家直接组织屯垦之外,唯世家豪族才能具备这样的能力。因而,史书关于世家大族山居、别业和庄园的记载,土地和劳动力都是两个最基本的要素。例如,在会稽经营大规模山居庄园的谢灵运,"因父祖之资,生业甚厚,奴僮既众,义故门生数百,凿山浚湖,功役无已。寻山陟岭,必造幽峻,岩嶂千重,莫不备尽。……尝自始

---

① (明)陈道:《(弘治)八闽通志》(明弘治刻本)卷86《拾遗》引《闽中记》云:"(晋)永嘉二年,中州板荡,衣冠始入闽者八族,所谓林、黄、陈、郑、詹、丘、何、胡是也。既以中原多事,畏难怀居,无复北向者,故六朝间仕宦名迹鲜有闻也。"

宁南山伐木开径，直至临海，从者数百人"①；渤海刁逵"以货殖为务，有田万顷，奴婢数千人，余资称是"；②陈郡谢氏有"田业十余处，僮仆千人"；③孔灵符在永兴（今浙江萧山区）的别墅"周回三十三里，水陆地二百六十五顷，含带二山，又有果园九处"；④王穆之、王敬弘、沈庆之、王骞等亦经营了规模很大的庄园。产业较小的士族亦往往拥有良田十顷、奴婢数十人。如曾经在南北两地生活过的颜之推告诫子孙"止足"，标准乃是"常以二十口家，奴婢盛多，不可出二十人，良田十顷，堂室才蔽风雨，车马仅代杖策，蓄财数万，以拟吉凶急速"⑤。这应属当时小规模的庄园经济了。

事实上，中原士族在南渡之初，因自身生存的需要，不仅在重建政治、社会秩序上做出了积极努力，在开发自然资源、垦辟土地和发展经济生产方面亦表现出相当进取的姿态。他们到处求田问舍、修治桑果，谋取资生之业，像谢灵运那样"寻山陟岭，必造幽峻，岩障千重，莫不备尽"，亲自指画甚至直接参与垦殖、生产活动的人物当不在少数。只是在经历数世之后，随着家业渐丰，后代士族日益腐朽，逐渐成为社会的寄食者。颜之推曾经感慨地说：

> 古人欲知稼穑之艰难，斯盖贵谷务本之道也。夫食为民天，民非食不生矣，三日不粒，父子不能相存。耕种之，茠鉏之，刈获之，载积之，打拂之，簸扬之，凡几涉手而入仓廪，安可轻农事而贵末业哉？江南朝士因晋中兴南渡江，卒为羁旅，至今八九世，未有力田，悉资俸禄而食耳。假令有者，皆信僮仆为之，未尝目观起一墢土、耘一株苗，不知几月当下，几月当收，安识世间余务乎？！⑥

因此，南朝以后，虽然南方庄园经济不断发展，但士族子弟亲力亲为者越来越少，农业以及其他产业经营全然仰仗僮仆、奴婢，故社会上流传有"耕当问奴，织当访婢"⑦的俗语。另外，世家大族依仗其雄厚的庄园经

---

① 《宋书》卷76《谢灵运传》。
② 《晋书》卷69《刁协附孙逵传》。
③ 《宋书》卷58《谢弘微传》。
④ 《宋书》卷54《孔季恭附弟灵符传》。
⑤ （北齐）颜之推：《止足篇十三》，《颜氏家训》卷5，中华书局，2007，第194~195页。
⑥ （北齐）颜之推：《涉务篇十一》，《颜氏家训》卷4，第177页。
⑦ 《宋书》卷77《沈庆之传》。

济实力,不仅侵夺鱼肉小民,对国家经济乃至政治利益亦造成损害和威胁,因而发生尖锐的矛盾和冲突,导致中国古代国家山泽资源管理控制政策发生显著改变(详后)。

二 "山泽之利"和"林泉之乐":经济追求与文化意趣

与汉代相比,魏晋南北朝的地主庄园经济发生了一些颇值得重视的新变化。从经济角度而言,自给自足色彩有所增强。两汉时期,庄园地主大抵是具有雄厚经济实力甚至拥有私人武装的地方土豪,他们经营庄园以农桑、货殖为目的,与商品市场的关系比较密切。魏晋以后,由于特殊社会政治局势的影响,南北庄园地主经济的自给自足性质都一度有所加强,故颜之推说:"生民之本,要当稼穑而食,桑麻以衣。蔬果之蓄,园场之所产;鸡豚之善,埘圈之所生,爰及栋宇器械,樵苏脂烛,莫非种植之物也。至能守其业者,闭门而为生之具以足,但家无盐井耳。"① 这大体反映了当时大小庄园地主治家营生的原则。当然,历史文献也反映:南朝商品经济(包括农业商品生产)表现出了比北方地区更加活跃的发展态势。

笔者认为,与经济方面的发展变化相比,魏晋之后地主庄园发展越来越具有休闲娱乐和自然审美追求,更值得研究者注意,而以往研究者很少论及。② 对于环境史研究者来说,这倒是一个值得探讨的新话题。

固然,许多地主庄园是通过大量封山锢泽而建立,占地面积广大,自然资源丰富,水陆动植兼备,由于这些条件,庄园地主建立了一个个大小不同、经济结构完整的混合型产业生态系统,主要目标和功能毫无疑问是为了获取经济利益。但是应该看到:魏晋以后,世家大族乃是文化精英的渊薮,其中人物往往具有独特的情趣与好尚,他们既追逐经济利益,亦追

---

① (北齐)颜之推:《治家篇五》,《颜氏家训》卷1,第34页。
② 已有研究者注意到东晋南朝世家大族经营庄园具有娱乐休闲目的和精神追求。如侯旭东指出:"士人追逐山水美,定居山泽,主要出于他们的精神追求,而封山占水,则是他们物欲的产物。东晋南朝士人在聚敛逐利上丝毫不比他们的那些嗜利如命的前辈们逊色,只不过表现形式有别罢了。就士人而言,趋走山泽,文化心态因素的作用可能大于经济目的,而封占山泽的出现与盛行,则主要出自经济上对物质的贪婪。这两者作为心态的两个不同侧面统一,在士人群体上,同时在定居山泽、封山占水中得到满足。"侯旭东:《东晋南朝江南地区封山占水再研究》,《北京师范大学学报》1993年第3期。文字稍显回转、曲折,观点则颇有见地。今从环境史角度,稍加详细讨论。

求山水之美、林泉之乐。在魏晋以降士人阶层普遍崇尚自然的时代风气下,一些人热衷于利用不同地区的自然条件,按照自己的审美趣味营造人文与自然相互结合的环境景观,这对后世环境审美观念意识和园林艺术发展都具有相当重要的影响。因而,比较两汉和魏晋以后相关文献记述,可以明显感到:自然与人造景观之美和山水林泉之乐,耳目之娱,在地主庄园之中逐渐显现出来,这在石崇《金谷诗序》和潘岳《闲居赋序》已见端倪。石崇称他在河南县界金谷涧的别庐,"有清泉茂林,众果、竹、柏、药草之属,莫不毕备。又有水碓、鱼池、土窟,其为娱目欢心之物备矣"①。他在金谷园中与姬妾、僚属昼夜游宴,或登高临下,或列坐水滨,鼓吹递奏,赋诗抒怀,感慨人生。潘岳则称其庄园有"池沼足以渔钓,春税足以代耕。灌园鬻蔬,以供朝夕之膳;牧羊酤酪,俟伏腊之费。"庄园之中的自然资源丰富,动物和植物种类众多,他在《序》中罗列说:"爰定我居,筑室穿池,长杨映沼,芳枳树樆,游鳞瀺灂,菡萏敷披,竹木蓊蔼,灵果参差。张公大谷之梨,溧侯乌椑之柿,周文弱枝之枣,房陵朱仲之李,靡不毕植。三桃表樱胡之别,二柰耀丹白之色,石榴蒲陶之珍,磊落蔓衍乎其侧。梅杏郁棣之属,繁荣藻丽之饰,华实照烂,言所不能极也。菜则葱韭蒜芋,青笋紫姜,堇荠甘旨,蓼荽芬芳,蘘荷依阴,时藿向阳,绿葵含露,白薤负霜。"物产这样丰厚,风景如此宜人,生活自然优裕而闲适,极尽耳目之娱、人生之乐,所以他在园中"筑室种树,逍遥自得"。②

北朝庄园地主同样有着此类追求。东魏人祖鸿勋在范阳有雕山庄,"其处闲远,水石清丽,高岩四匝,良田数顷",又"即石成基,凭林起栋。萝生映宇,泉流绕阶"③。前引北周人萧大圜关于其所营庄园物产、风景和闲适生活的描述,同样反映了此类情形。但北朝士族地主庄园,不仅在总体规模上较之东晋南朝明显逊色,在文化情韵上更是远不能及。这既与南北自然环境的差异有关,亦与南北士人的不同生活风尚和品位有关。

东晋以后,大批中原士族南渡到自然风景更加秀丽旖旎的江南,不断求田问舍、封山占水。这固然是为了霸占山林川泽资源,重振家族经济,然而自然之美、林泉之乐日益成为他们经营山居别墅的重要追求。其中最

---

① (南朝) 刘义庆撰,刘孝标注《世说新语》卷之下《品藻第九》注引《金谷诗序》。
② (西晋) 潘岳:《闲居赋》,(南朝梁) 萧统编《文选》卷16,上海古籍出版社,1986,第700、704~705页。
③ (唐) 李百药:《北齐书》卷45《祖鸿勋传》。

具代表性的,当然是谢氏在会稽始宁县(今浙江上虞区西南)所经营的大型山庄,其经济形态和自然景物在谢灵运《山居赋》中有详细描绘。

谢灵运《山居赋》是中国古代最杰出的山水文学名篇之一,自古论者众多,而历史学者亦往往视之为重要社会经济史资料。从环境史角度来看,它也具有特殊重要的史料价值,学人已经有所论说。[①] 由该《赋》的描述可知:谢氏山居庄园连山带水,规模巨大,田畴广阔,自然资源极其丰富,其中包含着农、林、牧、副、渔、工、商诸多项目经营,是一种典型的综合经济体。种植业自然是最重要的产业,既包括稻、麻、麦、粟、菽等多种粮食作物,所谓"阡陌纵横,塍埒交经。导渠引流,脉散沟并。蔚蔚丰秔,苾苾香秜。送夏蚕秀,迎秋晚成。兼有陵陆,麻麦粟菽。候时觇节,递艺递熟。供粒食与浆饮,谢工商与衡牧。生何待于多资,理取足于满腹。"乃是水陆兼种。也包括种类众多的蔬菜、果树栽培,其中"北山二园,南山三苑。百果备列,乍近乍远。罗行布株,迎早候晚。猗蔚溪涧,森疏崖巘。杏坛、柰园,橘林、栗圃。桃李多品,梨枣殊所。枇杷林檎,带谷映渚。椹梅流芬于回峦,榌柿被实于长浦"。"畦町所艺,含蕊藉芳,蓼蕺蔆荠,葑菲苏姜。绿葵眷节以怀露,白薤感时而负霜。寒葱摽倩以陵阴,春藿吐苕以近阳。"此外"山作水役,不以一牧。资待各徒,随节竞逐",药材、薪炭、蜂蜜、酿酒、造纸……

项目众多的综合经济产业,当然是以当地丰富的动、植物资源作为基础。除以上所引的众多水陆栽培作物之外,还有许多非人工栽培和饲养的野生动植物,它们不仅是重要经济资源,亦是整个"山居"生态系统中最具灵动性而充满生命活力的组成部分。由于当地属于亚热带气候,湿热多雨的自然生态环境本就有利于生物滋生繁衍,而其地貌既多崇山峻岭,亦多溪河、湖沼、渚洲,更使这个地区成为众多水陆生物的渊薮,动植物种异常丰富,见于其《赋》的植物,"其竹则二箭殊叶,四苦齐味。水石别谷,巨细各汇。既修竦而便娟,亦萧森而蓊蔚;露夕沾而凄阴,风朝振而清气。捎玄云以拂杪";"其木则松柏檀栎,楩楠桐榆。檿柘谷栋,楸梓檉

---

① 该文在《宋书》卷67《谢灵运传》中详细引述,本节所引材料未予特别注明者,皆出此《赋》。对于这篇作品,英国环境史家伊懋可(Mark Elvin)早年即曾撰文专论,文章题为"Nature as revelation: a reading of Xie Lingyun's *Living in the Hills* as the first Chinese poem on the environment"(《大自然的启示:解读中国最早的一篇环境诗文——谢灵运〈山居赋〉》),主要内容收入氏著《大象的退却》第10章。中国台湾和大陆也有两位青年学人分别做过专门讨论。

樗。刚柔性异,贞脆质殊。卑高沃瘠,各随所如。干合抱以隐岑,杪千仞而排虚。凌冈上而乔竦,荫涧下而扶疏。沿长谷以倾柯,攒积石以插衢。华映水而增光,气结风而回敷";还有众多湿生和水生植物种类,其"水草则萍藻蕰薆,蘁蒲芹荪,蒹菰苹蘩,菡苕菱莲。虽备物之偕美,独扶渠之华鲜。播绿叶之郁茂,含红敷之缤翻"。丰富的植物资源,滋养着大量水陆野生动物,故其文曰:"植物既载,动类亦繁。飞泳骋透,胡可根源,观貌相音,备列山川。寒燠顺节,随宜匪敦。"作者还自注解释说:"兽有数种,有腾者、有走者,走者骋,腾者透。谓种类既繁,不可根源,但观其貌状,相其音声,则知山川之好!兴节随宜,自然之数,非可敦戒也。"出现于该赋的正文之中,"鱼则鲛鳢鲋鳡,鳟鲩鲢鳊,鲂鲔鲨鳜,鳘鲤鲻鳝。辑采杂色,锦烂云鲜,唼藻戏浪,泛苻流渊。或鼓鳃而湍跃,或掉尾而波旋,鲈鮆乘时以入浦,鳡鳋沿濑以出泉";"鸟则鹍鸿鷞鹄,鸳鹭鸧鹖。鸡鹊绣质,鹔鹔绶章。晨凫朝集,时鹣山梁。海鸟违风,朔禽避凉。萤生归北,霜降客南。接响云汉,侣宿江潭,聆清哇以下听,载王子而上参,薄回涉以弁翰,映明掣而自耽。"至于兽类,"山上则猨狖狸獾,犴獌猕狲,山下则熊罴豺虎,羱鹿麝麇。掷飞枝于穷崖,踔空绝于深硎。蹲谷底而长啸,攀木杪而哀鸣。"此乃一个多么生机勃勃的生命世界!

《山居赋》的环境史意义,不仅在于它呈现了一个充满生机的生命世界,还在于它将当地复杂多样的地形、地貌尽入笔端,危峰、远麓、原阜、池沼、水泉、潭涧、洲渚……,既是各种生命的栖息、繁衍场所,也是凿山通路、涉水架桥、开通阡陌、垦辟农田、营建屋宇楼阁,开展各种生产经营活动的环境条件。为了营造符合自己生活理想与审美趣味的美丽山居,谢灵运不仅驱使众多僮奴、佃客,其本人亦是费尽心机,所以他在《山居赋》中说自己:

  爰初经略,杖策孤征。入涧水涉,登岭山行。陵顶不息,穷泉不停。栉风沐雨,犯露乘星。研其浅思,罄其短规。非龟非筮,择良选奇。翦榛开径,寻石觅崖。四山周回,双流逶迤。面南岭,建经台;倚北阜,筑讲堂。傍危峰,立禅室;临浚流,列僧房。对百年之乔木,纳万代之芬芳,抱终古之泉源,美膏液之清长。谢丽塔于郊郭,殊世间于城傍。欣见素以抱朴,果甘露于道场。

整个营造活动可以用"因地制宜"来概括。在营造各种生产、生活设施和栖居环境过程中，地形、水文、气候、植被、风向、光照……众多自然环境因素，似乎都在他的考虑之列。看来，他的山居不仅体现了那个时代士人阶层崇尚自然的生命意识，还包含着最初的环境经济观念和人居环境理念。作为一篇文学作品，《山居赋》无疑继续了汉赋极其铺陈的文学风格和特征，其中或恐有所夸饰和想象，然而总体上是比较纪实的，其中所描绘的自然景观和生态面貌，令一千数百载之后的我们产生无尽怀想！

　　由于这样的怀想，我们突然发现：若将《山居赋》放置于一个更大的历史脉络之中进行前后比较，也许更能够发现它的环境史意义。我们知道：两汉至魏晋时代所盛行的赋中，多有关于自然物产和环境景观的描绘，如西汉司马相如《上林赋》、扬雄《蜀都赋》，东汉张衡《南都赋》，西晋左思《吴都赋》，等等，都是极尽铺陈之能事，描述了大量山水景致、动物和植物。《山居赋》不仅继承了这个传统，而且更加具体和生动，体现了更加强烈的生命意识，带有更加丰富的关于自然大美的心灵感悟。英国学者伊懋可称之为中国第一篇环境作品并非没有道理。其中所反映出来的生命意识、自然观念和美学意蕴，对后世文学、绘画和园林艺术都产生了非常重要而深远的影响。

　　继谢灵运之后，沈约曾作有《郊居赋》，虽不及谢文著名，但生产与休闲并举的庄园经营目的大体相同。值得注意的是，沈文的描述少了"山"的色彩而多了"水"的情韵。这从其关于"郊居"自然景物的描述可以看出，不妨抄录下来供读者品味。沈约自称"不慕权于城市，岂邀名于屠肆，咏希微以考室，幸风霜之可庇"，因而他如此择地营建"郊居"：

　　　　尔乃傍穷野，抵荒郊，编霜荻，葺寒茅。构栖噪之所集，筑町疃之所交。因犯檐而刊树，由妨基而剪巢。决渟洿之汀濙，塞井甃之沧坳。艺芳枳于北渠，树修杨于南浦。迁瓮牖于兰室，同肩墙于华堵。织宿楚以成门，籍外扉而为户。既取阴于庭槐，又因篱于芳杜。开阁室以远临，辟高轩而旁睹。渐沼沚于雷垂，周塍陌于堂下。

　　以上大抵是"郊居"中人工营构的部分。这些种类丰富的野生植物和动物，及其所呈现的生机勃勃环境面貌，给予郊居主人以更多自然乐趣：

其水草则苹萍芰菱，菁藻兼菽，石衣海发，黄荇绿蒲。动红荷于轻浪，覆碧叶于澄湖。飡嘉实而却老，振羽服于清都。其陆卉则紫鳖绿菰，天蓍山韭，雁齿麋舌，牛唇彘首。布濩南池之阳，烂漫北楼之后。或幂渚而芘地，或萦窗而窥牖。……其林鸟则翻泊颉颃，遗音下上；楚雀多名，流嘤杂响。或班尾而绮翼，或绿衿而绛颡。好叶隐而枝藏，乍间关而来往。其水禽则大鸿小雁，天狗泽虞，秋鹥寒鹢，修鹢短凫。曳参差之弱藻，戏瀺灂之轻躯；翅抨流而起沫，翼鼓浪而成珠。其鱼则赤鲤青鲂，纤儵巨鱨。碧鳞朱尾，修颅偃额。小则戏渚成文，大则喷流扬白。不兴美于江海，聊相忘于余宅。其竹则东南独秀，九府擅奇。不迁植于淇水，岂分根于乐池。秋蜩吟叶，寒雀噪枝。来风南轩之下，负雪北堂之垂。①

这些自然物种，既是经济生产的资源，也是观赏娱乐的对象，士人阶层具有庄园性质的"郊居"经济生产与休闲生活，正是以它们作为自然环境依托。

关于庄园经营的休闲娱乐目的，以及对自然美的追求，萧梁时期徐勉在给儿子徐崧的家书中有一番自白说得相当清晰明了。他自称家世清廉，常居贫素，"至于产业之事，所未尝言"，致身显贵近三十载，"门人故旧，亟荐便宜，或使创辟田园，或劝兴立邸店，又欲舳舻运致，亦令货殖聚敛。若此事众，皆拒而不纳。"中年以后"聊于东田闲营小园"，目的并非"以要利人，正欲穿池种树，少寄情赏。又以郊际闲旷，终可为宅"。而其所经营的田庄，"历年粗已成立，桃李茂密，桐竹成阴，塍陌交通，渠畎相属，华楼回榭，颇有临眺之美，孤峰丛薄，不无纠纷之兴，渎中并饶菰蒋，湖里殊富芰莲……"②看来许多士族庄园，大抵都同时兼具农桑货殖与闲居寄情双重目的，有的甚至是以后者为重。在那个时代，不少士人的作品都明显地反映出了上述生活情趣，其中所表露出来的对山水风物自然之美的追求，作为一种相当普遍的时代风气，很值得环境史研究者给予特别关注。

就中国古代园林艺术的演进历程而言，《山居赋》的作者及其前后时代士人所经营的庄园、别业，或许可以被认为是古代皇家苑囿与私家园林之

---

① 《梁书》卷13《沈约传》。
② 《南史》卷60《徐勉传》。

间的过渡形态。事实上，它不仅使得原先只为皇家（王家）所独占的苑囿逐渐走向"社会化"和"家族化"，更重要的是，由于世族士人热衷寄情于山水风物自然之美，并落实于庄园选地和景观营造之中，大小庄园的园林艺术性和文化品位不断得到增强，经济功能则相对弱化。唐代以后，这种文化追求日益普遍而且强烈，众多文人士子在各自的田庄和别业中，不仅经营多种产业以保证其优裕的物质经济生活，而且极力营造优美、惬意的栖居环境，获取山水林泉之乐。王维在终南山下所建的辋川别业，无疑是唐代士人庄园、别业最突出的代表，其中不仅有着丰厚的经济产业，更有着以"辋川十景"为主体的秀丽风景，人称摩诘居士"诗中有画，画中有诗"，不论是诗是画，都主要源于辋川一带的山水风物自然之美。不仅王维如此，像李德裕这样位高权重之人，亦于执政之暇在洛阳附近营造了"平泉山居"并著有《平泉山居草木记》。① 中唐时期的道士王旻著有《山居要术》② 一书，固属山林隐逸道人的生活经验记录，可能亦是迎合文人寄情山水、经营山居生活的需要。"安史之乱"以后，此种风尚非但没有消歇，还因人口大量脱籍流散而获得了更好的机会，追逐风雅闲适的官僚权贵大量庇荫逃户，四处寻求茂林秀水、圈地占田，营造兼具经济和娱乐功能的庄园别业，掀起了庄园地主经济发展的第二个浪潮。③ 他们的大小庄园，不论叫作"山居""郊居""别墅"还是唤作别的什么，显然都已经具备了私家园林的基本环境要素和环境审美意象，为宋代以后私家园林艺术的发展打下了重要文化基础。

经济和文化从来就不是彼此分割的，两种追求可能通过同一行为表现出来。而历史发展有时竟是这样奇妙：自两汉以降，世家大族不断追逐良田美地，经营大型庄园，最初只是追逐经济利益，然而其中的文化精英分子，在魏晋以后日益崇尚自然之美、追逐山水之乐的时代风气之下，开始将山泽田园的经营目标朝着另外一个方向推转。由于名人效应和文学魅力的影响，此类好尚和行止被唐代文人士子阶层所仿效、光大和弘扬，从而开辟了中国古代人与自然关系演变的另一个通道，着实有些出人意料。他

---

① （唐）李德裕：《李文饶集·别集》卷9；《四部丛刊》收录其影印明刻本。
② 原书早佚，唐末五代韩鄂《四时纂要》曾引其文，元代无名氏所编集的《居家必用事类全集·戊集》中亦有所收录。
③ 关于唐代文士的园林别业，李浩曾有专著述论甚详，可供参阅，这里不作详细展开。参见李浩《唐代园林别业考论》，西北大学出版社，1996。

们利用政治、经济特权，霸占自然资源、独享山水林泉之美，往往不惜阻断小民的樵苏生计，与国家利益亦产生矛盾冲突。在今天看来，已违背了环境伦理的公平、正义原则。然而另一方面，作为社会文化精英，他们所创造、阐发和营造的不少自然审美观念、生态意象和环境景观，则具有非常值得重视的生态文化价值。

三 从"壬辰之科"到"大明占山格"：国家山泽管理政策的转变

历来史家都承认：汉末以降一波接着一波的中原人口南迁，给南方资源开发和经济成长带来了特殊历史契机——不仅带来了大量劳动人口、增强了经济发展动力，而且带来了先进的生产技术和组织方式。① 对于世家大族封锢山泽、扩张庄园经济，则无论当时舆论还是后代史评，都是贬多褒少。其之所以遭到指斥，主要有两个原因：一是大量封山占水，将理论上属于国家的资源变为私有，并且禁止百姓樵采渔猎，既损害国家利益，亦断绝小民生计；二是庇荫和役使众多人口，更与国家对赋役的需求发生了严重冲突。因此，偏安王朝对庄园地主经济膨胀一直非常关切，制定法令予以抑制。以东晋为例，关于前者，曾有严厉的"山湖之禁"（特别是"壬辰之制"）；关于后者，亦有峻法、强吏不断实施打击。例如，王彪之为会稽内史，"居郡八年，豪右敛迹，亡户归者三万余口"，"（山遐）为余姚令，时江左初基，法禁宽弛，豪族多挟藏户口，以为私附。遐绳以峻法，到县八旬，出口万余。"② 东晋政权以吴、会为奥区，然而当地人口仍然相当寡少，位于浙东的会稽在诸郡之中算是户口较多的，所统 10 县也才有 3 万户，③ 而脱籍人口（多为豪右、豪族挟藏）竟多达三四万人，士族豪右势力之强大可以想见。这对于国家力役征发和赋税征取是非常不利的。

世家大族和官僚权贵对山泽之利和林泉之乐的追逐，不仅损害普通百姓的生计，与国家经济、政治利益之间也存在尖锐的矛盾冲突。事实上，自先秦以降，围绕山泽资源占有、开发和利用，国家、权贵地主和普通民众之间

---

① 有关问题，历来论者颇多，有兴趣的读者参阅童超的论述。童超《东晋南朝时期的移民浪潮与土地开发》，《历史研究》1987 年第 4 期。
② 《晋书》卷 76《王廙传附彪之传》；《晋书》卷 43《山涛等传附山遐传》。
③ 《晋书》卷 15《地理志》下记载："会稽统县十，户三万。"

一直就没有停止过利益博弈。正是在不断博弈的过程中，古代自然资源控制和管理制度逐渐发生变化，而历次制度变化反过来又对自然资源和生态环境产生深刻影响。中古时代所发生的一些重大制度变化就非常值得注意，其中最典型的是东晋"壬辰之科"的废止和刘宋"大明占山格"的颁行。

如前所述，秦汉时期，随着统一中央集权国家建立，"商鞅变法"所实施的"壹山泽"法令逐渐被推向全国，改变了以往诸侯国家和地方封君各自为政的状况，山林薮泽被纳入朝廷统一管理，所有山林川泽资源，理论上都属于国有，所在地方平民百姓可在一定条件下被允许进入山泽樵采渔猎，以贴补生计，但私自占有和大规模开发山泽资源则被法令禁止。汉武帝推行盐铁官营政策以后，国家对山林川泽的禁令更趋严峻。从总体上看，两汉时期除了偶尔开放山林川泽土地赐予贫民垦种以缓和过度紧张的人地矛盾或者度过严重灾荒之外，大多数时期是严令禁止私自开发的。

秦汉国家对山林薮泽实施统一管理的法令政策，主要基于三个原因：其一是由于当时国家实施朝廷与皇家财政分立的制度——林木、野兽、水产、矿物等"山泽之利"乃是皇帝和皇室的"私奉养"，即皇室专有的经济财富来源，朝廷（政府）不得干预，而严格控制山林川泽资源就是为了保有山泽之利、征取山泽之税以满足皇室生活需要；其二是驱民归农——通过山林川泽专控，阻止农民脱籍逃亡、游食草莽，以保证国家赋税和力役来源；其三是基于政治上的考虑——实施山林薮泽控制，防止大量流散人口在强宗豪族纠集控制下成为游离于国家控制之外的异己，甚至敌对势力。

然而这些法令制度在魏晋以后的特殊社会经济局势下逐渐松懈，最终遭到破坏。这一过程在东晋南朝表现最为清晰。建武元年（317）七月，司马睿在称帝之后不久即下诏"弛山泽之禁"①，允许民众进入山林川泽樵采渔猎，或者开垦田地。这个政令的颁布，自然是迫于当时的特殊情势：永嘉之乱之后，南逃的大量中原流民生计断绝，不得不通过樵采渔猎暂时维持生活，"弛山泽之禁"是为了安定流民社会秩序，避免造成政治动荡，同时更是为了使南迁的士族得以重建田园、安身立命。东晋政权是在众多士族扶持下建立起来的，其维持和巩固亦必须依靠南下士族与南方土著世族的联合支持和拥护，而取得他们支持和拥护的最有效办法就是授以占有土地和劳动力的特权。但颁布这一政令，直接导致豪强世族掀起了封山锢泽、

---

① 《晋书》卷6《元帝纪》。

将大片山林川泽据为私有的"圈地"狂潮。

随着形势发展，世族豪强占有土地的欲望和要求逐渐超出国家所能容忍的限度，严重影响到国家财政收入。因此，对于世族地主肆意封占山林川泽的行为，政府逐渐采取一些遏制、阻止措施，包括出台私占山泽的禁令，其中最严厉的法令是东晋咸康二年（336）颁布的"壬辰之科"。它规定："占山护泽，强盗律论，赃一丈以上，皆弃市。"① 该项法令严厉禁止侵占山林川泽，直接影响了普通百姓的基本生计。时人称："此间万顷江湖，挠之不浊，澄之不清，而百姓投一纶，下一筌者，皆夺其鱼器，不输十匹，则不得放。"② 但这些禁占山泽的严格法令，对大肆封锢山泽的世族豪强却并无显著约束效力，而普通民众却因此断绝生计。义熙八年（412）孙恩、卢循起义爆发，与此类法令政策过于严苛，百姓无以自存有着密切关系。为了缓和社会矛盾，晋末主政的刘裕不得不下令："州郡县屯田池塞，诸非军国所资，利入守宰者，今一切除之。"在一定程度上承认私占山泽的合法化。然而此时几乎所有山湖川泽"皆为豪强所专"，实在严重损害国家利益，于是义熙九年（413）朝廷不得不再次颁布禁令。③

刘宋政权建立以后，山林川泽政策反复摇摆，时禁时弛，总体趋向是逐渐放弃东晋过于严苛的"壬辰之科"。元嘉九年（432），宋文帝颁布了新禁令，未能扭转世家大族疯狂封、占的局面；至元嘉十七年（440），皇帝又下诏规定："山泽之利，犹或禁断。役召之品，遂及稚弱。诸如此比，伤治害民。自今咸依法令，务尽优允。"④ 至宋孝武帝即位之初，又诏令"其江海田池公家规固者，详所开弛。贵戚竞利，悉皆禁绝"；⑤ 孝建二年（455）复下诏令"诸苑禁制绵远，有妨肄业，可详所开弛，假与贫民"⑥。所有这些诏令，都未能解决围绕山林川泽的"禁"与"放"、自然资源的独占与分享所产生的各种矛盾和冲突。

及至宋孝武帝大明初年，在羊希的主持下，朝廷又针对山林川泽占有问题，颁布了官品"占山格"，第一次对私占山泽问题做出了系统的规定。

---

① 《宋书》卷54《羊玄保附兄子希传》。
② （宋）李昉编《太平御览》卷834《资产部》引王朝之《与庾安笺》（中华书局，1960年影印宋本，第3724页）。
③ 《宋书》卷2《武帝纪中》。
④ 《宋书》卷5《文帝纪》。
⑤ 《宋书》卷6《孝武帝纪》。
⑥ 《宋书》卷6《孝武帝纪》。

其时，扬州刺史西阳王刘子尚上言称："山湖之禁，虽有旧科，人俗相因，替而不奉，燀山封水，保为家利。自顷以来，颓弛日甚。富强者兼岭而占，贫弱者薪苏无托。至渔采之地，亦又如兹。斯实害理之深弊。请损益旧条，更申恒制。"羊希以"壬辰之制，其禁严刻，事既难遵，理与时弛。而占山封水，渐染复滋，更相因仍，便成先业，一朝顿去，易致怨嗟"。故正式予以废除，在对其内容进行刊革后"立制五条"，是为"大明占山格"。新的制度，一方面对世家大族既得利益予以承认并且使之合法化，"凡是山泽，先恒燀种养竹木杂果为林芿，及陂湖江海鱼梁鳌场，恒加工修作者，听不追夺"；另一方面又按照官品高低，对新占的数量做出了限制。"占山格"规定：

>官品第一、第二品，听占山三顷。第三、第四品，二顷五十亩。第五、第六品，二顷。第七、第八品，一顷五十亩。第九品及百姓，一顷。皆依定格，条上赀簿。若先已占山，不得更占。先占阙少，依限占足。若非前条旧业，一不得禁。有犯者，水土一尺以上，并计赃，依常盗律论。①

"大明占山格"是古代国家第一次明确放弃对山林川泽资源的垄断权力，从法律层面承认它们在一定条件和数量限制之下可由私人占有，虽然其中有"若先已占山，不得更占"等规定，对不同品级官员的占有数量加以限制，但同时又规定"凡是山泽，先恒燀种养竹木杂果为林芿，及陂湖江海鱼梁鳌场，恒加工修作者，听不追夺"。② 这些规定，已经不再只是对世族地主原先已经占有的山林川泽给予默认，而是通过法律形式明确地使之合法化。然而这些让利很大的规定，并不能满足世族地主对山泽之利的巨大欲望，他们的侵占也并未实际受限于法令规定的那些数额，相反却是不断变本加厉。"占山格"颁布后仅仅几年，大明七年（463）七月，孝武帝再次下诏称："前诏江海田池与民共利，历岁未久，浸以弛替，名山大川，往往占固。有司严加检纠，申明旧制。"可见这个制度差不多只是一纸空文。此后权势之家"禁断"山泽、侵渔细民之利的行为从未有所收敛，

---

① 《通典》卷1《食货》一《田制》上，第15~16页。事见《宋书》卷54《羊玄保附兄子希传》。
② 《宋书》卷54《羊玄保附兄子希传》。

南齐、萧梁两代都一再严令禁止，如梁武帝曾下诏称："又复公私传、屯、邸、冶，爰至僧尼，当其地界，止应依限守视，乃至广加封固，越界分断水陆采捕及以樵苏，遂致细民措手无所。凡自今有越界禁断者，禁断之身，皆以军法从事。若是公家创内，止不得辄自立屯，与公竞作，以收私利。至百姓樵采以供烟爨者，悉不得禁，及以采捕，亦勿诃问。若不遵承，皆以死罪结正。"① 禁令不可谓不严厉，而事实上情况并无好转。由此可见，在中古特别是东晋南朝特殊历史情势之下，秦汉山林川泽法令制度一经被放弃，即再无恢复之可能，国家所颁布的山林川泽法令，对特权阶层的利益承认被"坐实"了，而其中所规定的限额和禁令却未能产生长期的实际效力，屡禁屡放的结果，如同扬汤止沸，愈变愈乱，愈演愈烈。

刘宋放弃"壬辰之科"而颁布"大明占山格"，是古代国家山林川泽自然资源管理政策的一个重大变化。这一变化是由于东晋南朝特殊的历史情势所驱迫和推至，在当时也许只是临时性政策调整，但其历史影响却非常深远。由于这个重大变化，中古国家在法律制度上部分地承认权势之家的既得利益，实际上等于放弃了以往国家对"山泽之利"的专控权力。此后，山林川泽自然资源名义上仍属国家所有，但实际情况是对自然资源的公共权力管控乏力，机制严重缺失，不但权势之家肆意占有和无序开发情况越来越普遍，同时对普通民众为了谋求生计而过度樵猎特别是盲目焚林开荒和与水争地的滥垦滥围也越来越缺少约束，最终积渐成著，酿成了一系列严重的环境生态问题。

(王利华，南开大学历史学院教授)

---

① （唐）姚思廉：《梁书》卷3《武帝纪下》。

试论徽商的开拓创新精神

栾成显

摘　要：徽商的开拓创新精神表现在诸多领域。徽商在商路开辟、商品经营、商镇建设以及大商业资本积累等诸多领域都有突出表现，贡献卓著。徽商冲破了地域限制，开拓了全国性市场。推出多种经营方式，开创了新的商业模式。突破重农仰商观念，提出商何负于农的新理念。商品经济的发展和发达的商品流通，是明中叶以后整个社会变迁的逻辑起点。这证明了马克思的论断。作为商品经济发展和全国性市场形成的开拓者，以徽商、晋商为代表的商人集团，乃是明中后期社会变迁与社会转型的领军者，明后期启蒙运动的开启者。徽商的创新精神源于徽州文化特质。明清时代徽商所展现的开拓创新精神，是一笔优秀的文化遗产，极具当代价值。

关键词：徽商　开拓创新　全国性市场　逻辑起点　当代价值

在明清社会经济发展的时代潮流中，徽州商人强势崛起，成为当时社会变迁的一支重要力量，并获得了巨大成功。明清时代的徽商，积累了巨额资产，甚或有藏镪百万、千万者。不仅如此，在徽商身上也凝聚了宝贵的精神财富，诸如贾而好儒的士人气质、奋发有为的进取意识、吃苦耐劳的徽骆驼精神等。其中徽商所体现的开拓创新精神尤其值得关注，极具当代价值。徽商的开拓创新精神不只体现在某一方面，而是表现在诸多领域；不只属于某一层面，而是展现了时代风采。

一　冲破地域限制，开拓了全国性市场

　　徽州地处皖南山区，被万山包围，总的看来是比较封闭的。在以农耕为主的时代，即使在平原地区，人们亦多死守乡里，老死不相往来。安土重迁的观念是普遍的、根深蒂固的。但徽州人能够做到"十三四岁，往外一丢"①，大规模地走了出去，外出经商，且形成了风气，是很不简单的。这固然是由于徽州本土人多地少，而不得不外出谋生，但中华大地上像徽州这样封闭的山区为数很多，并不是所有山区的人都能做出这样的选择。应该说，外出经商，更体现了徽州人的开放意识与开拓进取精神。徽州人首先是冲破了狭隘的山区本土限制，走出乡里，到徽州以外的地方去经营创业。

　　明清时代徽商在各地经营、谋生的同时，客观上成就了一番大事业，这就是促进了明清时期全国性市场的形成。具体来说，主要表现在四个方面。

　　（1）商路开辟。如众所知，明代后期出现了一批专门介绍全国各地交通道路的日用类书，其中徽州商人所著《一统路程图记》②《新镌士商要览》③《士商类要》④等最为有名。这些类书虽称"路程图记"，或多冠以"士商"之名，但与以往仅记载水马驿路与驿站的官书有明显不同，也与某些官员所著"奉使行程录"等区别甚大。其在详记道里路程的同时，还对各地土俗之淳漓、山河之险易、货物之特产、盗贼之有无以及行商必备等各项事宜，都特别加以记载。不难看出，这些类书主要为人们外出经商所用之书，各书中所记交通路线，即是当时商人外出经商贸易的商路。

　　以徽商黄汴著《一统路程图记》为例。该书共八卷，其凡例云："一卷、二卷二京至十三省；三卷二京、各省至所属府；四卷各边路，东起开原卫西止嘉峪关；五卷、六卷江北水陆；七卷、八卷江南水陆。"⑤ 其中所记：

　　　　两京至十三省布政司路 17 条；
　　　　两京至所属府路 11 条；

---

①　方静采编《徽州民谣》，合肥工业大学出版社，2007，第 92 页。
②　（明）黄汴：《一统路程图记》，上海图书馆藏隆庆四年刻本，《四库全书存目丛书》第 166 册。
③　（明）憺漪子：《新镌士商要览》，上海图书馆藏天启六年刻本。
④　（明）程春宇：《士商类要》，国家图书馆藏天启六年刻本。
⑤　（明）黄汴：《一统路程图记·凡例》。

山西、江西、湖广、云南、四川、陕西、广东、广西、浙江、福建、贵州、河南、山东十三布政司至所属府路共53条；

北京至各边与东起开原西迄嘉峪关各边路11条；

江北水陆干线47条；

江南水陆干线76条。

书中全部水陆交通干线计215条。① 其中两京至十三省，及两京、各省至所属府道路，多属原来驿路；而各边路及江北、江南水陆，则多为当时就开辟的商路。这类商书所列路程，或以两京为中心，或以徽州为起点，而涵盖华夏，"九州地域在指掌间矣"②。这些商路东西相连，南北贯穿，纵横交错，回环往复，组成了一幅密集交织的全国性商业交通网络。这种全国性商业交通网络的出现，无疑是明中叶以后全国性市场形成的重要基础与标志。其与明中叶以后工商业繁荣发展当然密不可分，但更是众多商人长年累月在频繁经商活动中开辟出来的。徽商以长途贩运著称。明清时代，在全国各地的商路上，到处都可见到徽商的身影。当时徽商经营范围极广，"诡而海岛，罙而沙漠，足迹几半寓（宇）内"③；万历《歙志》载，"山陬海壖，孤村僻壤，亦不无吾邑之人"，"其地无所不至"④。然而，在当时的历史条件下，商路的开辟绝非一帆风顺。请看当时记载的全国各地商旅险阻之实情：

巴蜀山川险峻，更防出没之苗蛮；山东陆路平夷，犹慎凶强之响马；山西、陕西崎岖之路，辽东、口外凶险之方；黄河有溜洪之险，闽广有峻岭之艰；两广有食蛊之毒，又兼瘴气之灾；陆路有吊白之徒，船中多暗谋之故；浙路上江西亦多辛苦，中原到云贵多少颠危；长江有风波盗贼之忧，湖泊有风水渔船之患；川河愁水势涌来，又恐不常之变；闸河怕官军之阻，更兼走溜之忧。矿贼当方有之，盐徒各处难静。荆州到四川，生而拼死；胶州收六套，死里逃生。⑤

---

① 韩大成：《明代徽商在交通与商业史上的重要贡献》，《史学月刊》1988年第4期。
② （明）黄汴：《一统路程图记·序》。
③ （万历）《休宁县志》卷1《舆地志·风俗》。
④ （万历）《歙志》卷10《货殖》。
⑤ （明）余象斗：《新刻天下四民便览三台万用正宗》卷21《商旅门·客途》，日本东京大学东洋文化研究所藏明万历刻本。

高山之扼，险滩之阻，盗棍抢劫，牙侩欺诈，关卡勒索，乃至虎豹之袭、瘟疫之染等，种种艰险，难以尽述，甚者要付出生命的代价。徽州商人则以前所未有的魄力，走向四方，或在外太久，父子相见而不识；或难归故里，客死他乡。在开辟全国性市场的道路上，充满艰辛，付出巨大，展现了可贵的开拓精神。

（2）商品经营。明清时代随着商品经济的发展，许多工农业产品，从以自给自足为主走向以交换为目的的商品生产，商品化种类与程度大为增加。徽商经营范围很广，"其货无所不居"①，涉足众多行业。除了经营官府垄断的食盐而外，还经营茶叶、木材、粮食、棉布、丝绸、瓷器、文房四宝等，其中以盐、典、茶、木最为著名。徽商"因地有无以通贸易，视时丰歉以计屈伸"②，在多种行业里的累世经营，开发和扩大了商业交换的品种，并使其形成规模，大大提高了其商品化程度。与此同时，商人的活动反过来也极大地推动着各行业的商品生产。以木材为例。明中叶以后，随着社会经济的发展，各地木材需求大增，徽商则克服艰难险阻，远赴湖广、贵州、四川等地，将那里蕴藏的丰富的木材资源开发出来，贩运到长江中下游和北方一带。其投入资金巨大，雇用人员众多，贩运规模十分可观。明代中后期木材业生产交换的繁荣发展，徽商功不可没。

（3）商镇建设。明清时期随着商品经济的发展，市镇勃兴，出现了一个发展高潮。据不完全统计，明代嘉庆万历时期，仅苏州、松江、杭州、嘉兴、湖州、江宁、常州、镇江等府，具有一定规模的市镇约300个，至清乾隆时期更达到500个以上。③ 马克思说："商业依赖于城市的发展，而城市的发展也要以商业为条件。"④ 史志云："贸易之所曰市，市之至大者曰镇"⑤，"商贾所集谓之镇"⑥；"商贾贸易之所为市；远商兴贩所集，车舆辐辏，为水陆要冲，或设官将防禁焉，或设关口以征税焉，为镇。"⑦ 即，这些市镇的绝大部分是随商品贸易和商人活动而发展起来的。可以说，江南市镇的大量兴起和迅速发展，根本上是由商业发展和商人活动所促成的。

---

① （万历）《歙志》卷10《货殖》。
② （万历）《休宁县志》卷1《舆地志·风俗》。
③ 范金民：《明清地域商人与江南市镇经济》，《中国社会经济史研究》2003年第4期。
④ 《资本论》第3卷，《马克思恩格斯全集》第46卷，人民出版社，2003，第370页。
⑤ （康熙）《嘉定县志》卷1《疆域·市镇》。
⑥ （正德）《姑苏志》卷18《乡都》。
⑦ （乾隆）《澄海县志》卷2《埠市》。

其中，徽州商人所起的重要作用尤为明显，至有"无徽不成镇"的谚语。在明清江南许多著名的市镇中，如南翔、塘栖、吴淞、周浦、王江泾、濮院、周庄、盛泽、双林等，有关徽商活动的记载，史不绝书。徽商不仅在这些市镇上频繁从事经贸活动，而且投入巨额资金，建楼堂、筑桥梁、修道路、造园林、修会馆、兴书院，进行各种市政建设。明中后期雨后春笋般兴起的商镇，既是各种商品货物的集散地，也是各个行业的商贸中心。商镇实为构成全国性市场网络的各个节点。

（4）大商业资本积累。徽商善于经营，在频繁的贸易中积累了巨额资本。明人谢肇淛说："富室之称雄者，江南则推新安，江北则推山右。新安大贾，鱼盐为业，藏镪有至百万者，其他二三十万则中贾耳。"① 宋应星说："商之有本者，大抵属秦、晋与徽郡三方之人。万历盛时，资本在广陵者不啻三千万两，每年子息可生九百万两。只以百万输帑，而以三百万充无端妄费，公私具足。"② 这虽是就扬州的陕西、山西与徽州盐商资本总体而言，但亦可佐证谢肇淛所言徽商资本雄厚之说。至清代，徽商资本进一步发展，有达千万两白银者。李澄在《淮鹾备要》中说："闻父老言，数十年前淮商资本之充实者，以千万计，其次亦以百万计。"③ 淮盐大贾"向来商力充裕，办运者百数十家，有挟赀至千万者，最少亦一二百万"④。大商业资本是远距离贩运和大规模经营的前提条件，是明清商品经济发展的一个重要标志。大商业资本的兴起，说明了明清市场规模的扩大。

总之，徽商在商路开辟、商品经营、商镇建设以及大商业资本积累等诸多领域中都有突出表现，贡献卓著。如果我们把徽商的非凡业绩放到明清社会经济发展变迁的历史潮流中进行考察，其意义更显重要。

在中国古代，相对而言，商品经济有相当程度的发展，许多商业经营形式已经出现。就商品市场而言，宋元时期已逐渐形成了各级市场：墟集市场、城市市场和区域市场。所谓墟集市场，指的是村镇地方上的小型集贸市场；城市市场，指的是像宋代汴京、临安一类的消费性城市市场；区域市场，是大体在省区范围内形成的市场，如岭南市场、淮北市场等。但这些市场在很大程度上仍然受到地域的限制。从明代中叶开始，中国封建

---

① （明）谢肇淛：《五杂俎》卷4《地部二》，上海书店出版社，2001，第74页。
② （明）宋应星：《野议·盐政议》，崇祯刻本，上海人民出版社，1976。
③ （清）李澄：《淮鹾备要》卷7，道光三年刻本。
④ （清）王赠芳：《谨陈补救淮盐积弊疏》，（清）盛康编《皇朝经世文续编》卷51。

时代的社会经济发展出现了令人瞩目的重大变化。其显著特点是：主要民生用品（如粮食、棉花、棉布及丝织品等）商品化程度增大；长距离贩运贸易发展；商路增辟和新兴商业城镇增加；大商业资本兴起；等等。总括起来即是全国性市场的形成。在这一社会经济发展的历史性变动中，一方面，商品生产的发展和全国性市场的形成，为人们外出经商提供了前所未有的机遇；另一方面，商人集团的兴起及其商业活动，也有力地促进了商品经济的繁荣和全国性市场的形成。也就是说，明中叶以后商品生产的发展和全国性市场的形成，与商人集团的兴起，二者本是一个互动过程，并非商品生产和全国性市场已经形成了，然后才有商人集团的兴起。很明显，徽商等商人集团，乃是商路开辟、长距离贩运贸易发展和商业城镇兴起的主力军。在明清商业繁荣与全国性市场的形成中，以徽商、晋商为代表的商人集团贡献尤大，他们不只是参与者，更是开创者。

二　推出多种经营方式，开创了新的商业模式

就徽商的经营行业而言，人们首先会提到徽州盐商。盐业是徽商经营的一大主业。不过，除盐业外，徽商还经营典当、茶叶、木材、粮食、绸布，以及从事海上贸易等多种行业的商业活动，其中典当业也是徽商经营的一大主业。盐业是一种由官府控制的垄断性行业，难以有多大创新。而在徽商经营的其他行业中，则是形式多样，机动灵活，颇有创新。与前代相比，在经营方式方面，徽商有很大发展。通过长时期的各种商业活动实践，徽商摸索出多种经营方式。

就资本的组合方式而言，有独资经营、合资经营、贷资经营、承揽经营、委托经营等诸多类型。其中合资经营，即"合本求利""共贾获利"，以兄弟、叔侄等宗亲之间的合资经营最为常见，而超越家族范围、异姓之间的合资经营，自明中叶以后也越来越普遍了。贷资经营，即通过借贷方式获得资本而进行经营，徽商"虽挟资行贾，实非己资，皆称贷于四方之大家，而偿其什二、三之息"[①]。承揽经营，则是商号的所有者以收取一定的息金为条件，将店铺交给他人经营，令其自负盈亏。其中有承揽商号全部资产者，又有承揽部分股金者，还有将股份制和承揽制随时加以转换者，等等。委托经

---

① （康熙）《徽州府志》卷8《蠲赈·金声与徐按院书》。

营主要有两种方式，或是以自有资金为主，同时接受部分委托资金而从事商业活动；或是被委托人以委托资金为主而从事商业活动。明中叶以后，贷资经营、承揽经营、委托经营等，已成为徽商资本组合新的发展趋势。

从经营管理方式来说，则有独家经营、合伙经营、轮流经营、聘用经营、分守经营、承包经营、委托经营、领本经营等多种方式。独家经营，一般为商人本人掌管、家庭成员协助经营，或雇用伙计协助经营。合伙经营一般分为两种：第一种是所有合伙人共同经营，其所有权与经营权完全合一；第二种是部分合伙人负责经营，其所有权与经营权适度分离。合伙经营中又有轮流经营和他人代营等多种形式。他人代营，指出资人不亲自经营业务，而由经理人经营。他人代营又分为聘用经营、领本经营和委托代办等多种。聘用经营，指出资人聘请经理人经营，出资人支付经理人薪资，经理人不承担经营效益与风险。领本经营，指出资人资本由领本者领取经营，出资人不支付领本者薪资，领本者负责经营效益。委托代办，指商人将资本委托另一商人经营，受托人将委托人的资本附入自有资本经营，无偿为其经营，到时将委托人的本金和全部利润付还委托人。在这些经营管理活动中，已不同程度地出现了所有权、管理权、经营权三者互相分离的现象，尤其值得注意。

在利润分配方面，以徽州典商为例，在所有者和经营者之间、经营者和员工之间以及经营者内部，都采取了多种多样的分配方式。所有者和经营者之间的分配方式就有分成制、正余利制和股俸制等形式。工资制度则有薪俸制、月折制和拨津制等形式。如正余利制分配方式，即是将利润分为正利和余利两部分。所谓正利，指经营者不管经营效益如何，都要按照约定的比例并根据所有者资本数向所有者支付的利润。所谓余利，指正利之外的利润。正利属于资本分利，归所有者所有，经营者不参与分配；余利属于经营分利，经营者参与分配，有时归经营者所有，有时归所有者和经营者共同分配。官利制分配方式是正余利制在清代的又一称谓，两者异名而实同。

可以看出，徽商的经营管理方式是多种多样的。徽商依据实际情况，分别采取不同的经营管理方式，不拘一格，十分灵活。多样性和灵活性是徽商经营管理的基本特点。毋庸赘言，这些经营管理方式，乃是由徽商在各种商业活动中，历经长期的实践摸索，不断地总结经验教训而形成的。这些经营管理方式，有的是对传统经营方式的继承，更多的则是为了适应明清时代商品经济发展的新环境而创设的。其中不乏新的经营机制，如所有权与经营权的分离等。

这里还要特别提一下明清徽州典商的发展与金融市场的变迁。明中叶以后，随着商品经济的发展和全国性市场的逐渐形成，金融市场开始兴起。于是，典铺竞立，当号纷置，从业典当者大增，典当业随之兴盛。同时，金融机构的种类大为增多。明中叶以后，除典铺和金银铺外，先后出现了钱庄（钱铺）、银号、账局、票号和银行等新型金融机构。各类金融机构的创办者，地主、官僚、官府等渐居其次，而商人多占据主体。明中叶以后，大多数典商由其他行业商人转变而来。徽州典商在明代势力最强，独占鳌头；清代，徽州典商与山西典商势均力敌，平分秋色，江南由徽州典商把持，北方由山西典商控制。典铺等金融机构设置极为广泛。明代正德以前主要开设于通都大邑，嘉万以后在江南地区的广大市镇以及全国大部分城市皆有开设，清代广大的乡村亦多有设置。各类金融机构经营业务趋于多样化，明中叶以后，已开始经营放贷、汇兑和兑换等各类业务，这是前所未有的。汇兑业务的出现，不迟于明嘉靖年间。汇兑业务，又称会票业务，形式有两种，一种即如现代意义的汇兑，一种相当于信用借贷，不论哪一种形式，都是异地承兑。在徽州文书中，有清康熙年间的会票遗存于世。①进行会票业务的，大多是商人，或用于商业往来资金的结算，或为商业资金的筹集。这种会票业务，便于不同区域间金融的调剂，无形中扩大了金融市场。这些新的金融机构和新的经营业务，很自然地成为中国近代金融机构的前身，成为近代金融发展的出发点。②

三 突破重农抑商观念，提出"商何负于农"的新理念

在中国古代，重农抑商几乎是各个朝代所实行的基本国策。以农为本的思想深入人心，根深蒂固。崇本抑末、重农抑商更是明太祖朱元璋一贯坚持的基本理念。他认为商贾"游惰"的风气是因为"污染胡俗"，而必须革除。朱元璋一再强调以农为本，而实行了一系列重农抑商政策。明初推

---

① 汪宗义、刘宣：《清初京师商号会票》，《文献》1985年第2期；《康熙日成祥记布店会票》，系清康熙年间汇兑银钱和寄存银两的会票，安徽省黄山市休宁县谢氏收藏。
② 本小节请参阅王廷元、王世华《徽商》第6章，安徽人民出版社，2005；王裕明《明清徽州典商研究》，第6章，人民出版社，2012。

行黄册里甲制度，其本质就是把人民都固定在土地上，从事农耕。严令四民"不得远游。凡出入作息，乡邻必互知之"①。商人外出，必须开具路引。设关置卡，对经商征以重税，以抑逐末之民。视商人为四民之末。洪武"十四年，上加意重本抑末，下令农民之家许穿绸纱绢布，商贾之家止许穿布，农民之家但有一人为商贾者，亦不许穿绸纱"②。商人连穿着服装都要低人一等。

然而，明中叶以后，随着商品经济的繁荣与商人经营的成功，人们的思想观念也发生了深刻的变化。明后期文坛领袖、徽人汪道昆说："大江以南，新都以文物著。其俗不儒则贾，相代若践更。要之，良贾何负闳儒！则其躬行彰彰矣。"③又说："窃闻先王重本抑末，故薄农税而重征商，余则以为不然，直壹视而平施之耳。日中为市，肇自神农，盖与耒耜并兴，交相重矣。……要之，各得其所，商何负于农？"④清代徽州学者俞正燮亦说："商贾，民之正业。《易》称'先王通商贾'；《书》言虞夏使民'懋迁有无化居'。"⑤汪道昆、俞正燮等都是徽州人，是地道的徽商代言人。他们不仅发出了"商何负于农"的质疑，而且正面肯定商贾本是民之正业，商与农是平等的，从根本上批驳了商不如农的传统观念。这种文化自觉，显然是对历来重农抑商政策的否定，是对当时仍在流行的商为四民之末观念的批判，是对几千年来根深蒂固传统的挑战，其意义已不限于地域文化范畴，而是发出了时代的先声。

四　明清社会变迁的逻辑起点

如众所知，明中叶以后是中国历史上的一个重要变动时期，向人们展现了一个异彩纷呈的社会变迁画卷。舍本逐末，弃农经商，成为社会风尚；工商皆本，商不逊于农，形成流行观念。崇尚奢华，违礼越制，打破了封

---

① 《明太祖洪武实录》卷177，"洪武十九年四月壬寅"条。
② （明）徐光启：《农政全书》卷3《农本》，崇祯平露堂刻本。
③ （明）汪道昆：《太函集》卷55《诰赠奉直大夫户部员外郎程公暨赠宜人闵氏合葬墓志铭》，《四库全书存目丛书本》第117册，集部，齐鲁书社，1997。
④ （明）汪道昆：《太函集》卷65《虞部陈使君榷政碑》，《四库全书存目丛书本》第118册，集部，齐鲁书社，1997。
⑤ （清）俞正燮：《癸巳类稿》卷3《征商论》，《续修四库全书》第1159册，子部，上海古籍出版社，2002。

建等级和礼制的限制。雇工与卑幼人法律地位提高,人身束缚有所松懈。地方精英兴起,乡村自治加强。会社兴盛,宗族血缘界限被冲破;党社兴起,市民参与政治活动的自觉性日益增强。市民通俗文学艺术繁盛,鼓吹人性解放与个性自由。程朱理学向阳明心学转变,启蒙思潮和经世实学形成,等等。这些变迁已不是单纯属于旧体制内的发展变化,而颇具近代启蒙性质,堪称由传统体制向近代转变之萌动。那么,这一历史性变动的根源在哪里?它究竟是怎样引起的?

马克思说:"商品流通是资本的起点。商品生产和发达的商品流通,即贸易,是资本产生的历史前提。世界贸易和世界市场在16世纪揭开了资本的现代生活史。"①"商业的突然扩大和新世界市场的形成,对旧生产方式的衰落和资本主义生产方式的勃兴,产生过压倒一切的影响。"② 又说:"对外贸易和世界市场既是资本主义生产的前提,又是它的结果。"③ 马克思的这些经典论述告诉我们,商品生产和发达的商品流通,产生过压倒一切的影响,是近代资本主义产生的历史前提和起点。如果要探究明中叶以后具有近代启蒙性质这一社会变迁的根本原因,我们就不能不追溯到当时社会经济特别是商品经济的发展这一点上。商品经济的发展和发达的商品流通,正是明中叶以后整个社会变迁的逻辑起点。

而当时的历史记载,也恰恰证明了这一点。

修纂于明万历三十七年(1609)的《歙志》,专设《货殖》一节,将司马迁《史记·货殖列传》所载,"以当今之世与邑中之人比之",对明代中叶以后变化作了精辟的分析。以物产而言,《史记》所载多系山西、山东等北方所产,"乃今燕齐秦晋之所有者,江南亦多有之,而龙目、兔丝、蜂脂、雀舌、酿靛、回青、凝烟、铺雪诸货,则又江北之所无,此其不同者一也";以都会而论,《史记》所举为邯郸、临淄等,"今之所谓都会者,则大之而为两京,江、浙、闽、广诸省,次之而为苏、松、淮、扬诸府,临清、济宁诸州,仪真、芜湖诸县,瓜州、景德诸镇,此其不同者二也";以地狭人稠而言,《史记》所言为长安、三河、中山、邹鲁等,"今之所谓地小人众者,则莫甚于江东诸县,而尤莫甚于吾邑,此其不同者三也";以大贾而论,《史记》所列"皆燕齐秦晋之人,而今之所谓大

---

① 《资本论》第1卷,《马克思恩格斯全集》第44卷,人民出版社,2001,第171页。
② 《资本论》第3卷,《马克思恩格斯全集》第46卷,第371页。
③ 《剩余价值理论》第21章,《马克思恩格斯全集》第26卷,人民出版社,1974,第278页。

贾者，莫有甚于吾邑，虽秦晋间有来贾淮扬者，亦苦朋比而无多，此其不同者四也"；以致富行业来说，《史记》云"本富为上，末富次之，奸富最下。而今则一切反是，此其不同者五也"；而其最为不同者，则是两极分化严重，《史记》曰："江淮以南无冻饿之人，亦无千金之家。是大不然。无论江东诸县，姑论吾邑，千金之子，比比而是，上之而巨万矣，又上之而十万、百万矣。然而，千金则千不能一也，巨万则万不能一也，十万、百万可知。乃若朝不谋夕者，则十而九矣，何云无冻饿之人哉！嗟夫！吾邑之不能不贾者，时也，势也，亦情也。"志中又言当时所谓大贾亦可大致分为五种："一曰走贩"，即长途贩运者，"二曰团积"，即囤积居奇者，"三曰开张"，即坐贾经营者，"四曰质剂"，即开典当业者，"五曰回易"，即以货易货者。其中将"走贩"即长途贸易列在首位，尤为引人注目。① 应该说，这是有关当时商品经济发展的一个真实写照。从这一记载中不难看出，明中叶之后商品经济的发展，实为中国古代商业发展史上的一个空前的繁荣期。

再看社会变迁方面。

如众所知，徽州宗族势力极为强大，最重宗法，是保留传统最多的一个地方。历史渊源久远的佃仆制在徽州一直延至明清时代。在这里，程朱理学被视为正统，备受推崇，家喻户晓，上下皆遵。然而，就在这样一个以正统闻名、最为传统的地方，由于明中叶以后商品经济的发展而受到了极大的冲击。同样，万历《歙志》中的有关记载也最为典型：

> 国家厚泽深仁，重熙累洽，至于弘治盖蓁隆矣。于时家给人足，居则有室，佃则有田，薪则有山，蔌则有圃。催科不扰，盗贼不生，婚媾依时，闾阎安堵。妇人纺绩，男子桑蓬，臧获服劳，比邻敦睦。诚哉一时之三代也。岂特宋太平、唐贞观、汉文景哉！诈伪未萌，讦争未起，芬华未染，靡汰未臻，此正冬至以后、春分以前之时也。

> 寻至正德末、嘉靖初，则稍异矣。出贾既多，土田不重，操资交捷，起落不常。能者方成，拙者乃毁，东家已富，西家自贫。高下失均，锱铢共竞，互相凌夺，各自张皇。于是诈伪萌矣，讦争起矣，芬华染矣，靡汰臻矣。此正春分以后、夏至以前之时也。

> 迨至嘉靖末、隆庆间，则尤异矣。末富居多，本富尽少，富者愈富，

---

① （万历）《歙志》卷10《货殖》。

贫者愈贫。起者独雄，落者辟易，资爱有属，产自无恒。贸易纷纷，诛求刻核，奸豪变乱，巨猾侵牟。于是诈伪有鬼蜮矣，讦争有戈矛矣，芬华有波流矣，靡汰有丘壑矣。此正夏至以后、秋分以前之时也。

迨今三十余年，则复异矣。富者百人而一，贫者十人而九，贫者既不能敌富，少者反可以制多，金令司天，钱神卓地，贪婪罔极，骨肉相残，受享于身，不堪暴殄，因人作报，靡有孑毛。于是鬼蜮则匿影矣，戈矛则连兵矣，波流则襄陵矣，丘壑则陆海矣。此正秋分以后、冬至以前之时也。①

这里，《歙志》编者将明中叶以来的社会变化，比作一年之四季，喻其变化之明显也。当弘治之时，"家给人足，居则有室，佃则有田"，"妇人纺绩，男子桑蓬"，一派典型的自然经济景象。至正德末嘉靖初，"出贾既多，土田不重"，"东家已富，西家自贫"，即商业发展，自然经济受到打击，两极分化出现。迨至嘉靖末隆庆间，则"末富居多，本富尽少，富者愈富，贫者愈贫"，产自无恒，贸易纷纷，商品经济迅速发展，两极分化严重。及至万历前三十年，"富者百人而一，贫者十人而九，贫者既不能敌富，少者反可以制多，金令司天，钱神卓地"，商品经济进一步发展，财富更加集中，大商人资本出现，并握有统治的力量。在商品经济发展的同时，整个社会亦发生了深刻变化，甚至出现了动荡不安的迹象。《歙志》编者作为当事人，对如此深刻的社会巨变，似乎不能理解而不无忧虑之情，最后叹道："嗟夫！后有来日，则惟一阳之复，安得立政闭关，商旅不行，安静以养微阳哉！"然而，在今天看来，它倒是有更应值得肯定的一面。贫富分化的严重恰恰反映了商品经济的发展，动荡不安的出现无疑显示了社会变迁的前兆。徽州作为徽商故里而出现上述记载，绝非偶然，乃是当时的社会变迁在人们观念上的真实反映。其写照生动，议论精辟，而成为后人论述明清社会变迁的首引典型资料。②

正是由于明中叶以来商品经济的发展所带来的社会巨变，才使数千年自然经济占统治地位的传统社会受到前所未有的冲击，它使我们看到了中

---

① （万历）《歙志》卷5《风土》。
② 参见侯外庐主编《中国思想通史》第5卷《中国早期启蒙思想史》（人民出版社，1956，第4页），在该卷第1编第1章第1节"十七世纪的中国社会"中，所引第一条史料就是这一记载；其他引用，兹不赘述。

国由传统社会向近现代社会转变的最初曙光，无疑具有积极意义。明中叶以后商品经济的发展和发达的商品贸易，前所未有地促进了当时的社会变迁，这完全证明了马克思的论断。因而，毫不夸张地说，作为商品经济发展和全国性市场形成的开拓者，以徽商、晋商为代表的商人集团，乃是明中后期社会变迁与社会转型的领军者，明后期启蒙运动的开启者。他们不愧是站在历史潮头之人。

五　徽商的创新精神源于徽州文化特质

徽商所具有的开拓创新精神，源于徽州文化的特质。大规模移民活动促成的文化融合，以及独特的山区地理环境，孕育了富有特色的徽州文化。

地理环境是徽州文化形成的一个重要因素。徽州地处万山之中，川谷幽深，峰峦掩映。虽然山川秀丽，风景绝佳，但"其地险狭而不夷，其土骍刚而不化"①。特别是其中能够开垦的土地所占比例很小，俗称"七山一水一分田，一分道路和庄园"。人们不得不在石头缝里种庄稼，所垦梯田拾级而上，十数级不能为一亩。崇山峻岭，难以蓄水，十日不雨，田土龟裂；而骤雨急至，山洪暴发，粪壤禾苗又荡然无存。这与平原地区得天独厚的耕作条件形成了鲜明对比。在农耕时代，这样的生存环境是很差很恶劣的。然而，徽州人并没有向恶劣的自然条件屈服，世世代代勤于山伐，能寒暑，恶衣食，不畏险阻，艰苦劳作。在与峭山激水的反复拼搏中，徽州人愈发坚忍不拔，培养了气质，缔造了精神。徽州山水的灵性，化为徽州人的品格。南宋休宁知县祝禹圭说：徽州"山峭厉而水清激，故禀其气、食其土以有生者，其情性习尚不能不过刚而喜斗，然而君子则务以其刚为高行奇节，而尤以不义为羞"②。南宋著名学者罗愿说："其山挺拔廉厉，水悍洁，其人多为御史谏官者。"③清代朴学大师戴震亦说："生民得山之气质，重矜气节。"④ 地理环境对徽人性格的影响是多方面的，其中最为突出者，即是赋予了徽州人一种刚性气质。或使气争雄；或刚而喜斗，难以力服，而易以理胜。多以材力保捍乡土为称，乃至对抗官府，成为造反者。其为官者，多刚正不阿，

---

① （宋）罗愿：《新安志》卷2《叙贡赋》，《文渊阁四库全书》。
② （宋）朱熹：《休宁县新安道院记》，《新安文献志》卷12《记》，弘治十年刻本。
③ （宋）罗愿：《新安志》卷1《风俗》，《文渊阁四库全书》。
④ （清）戴震：《戴东原文集》卷12《戴节妇家传》，《四部丛刊初编·集部》。

而为御史谏官；其为学者，空所依傍①，独立思考，多有创见。正是山区这种特殊的地理环境，造就了徽州人的骨骼，成就了徽州人的性格。

文化融合是铸就徽州文化的核心因素。秦汉以前，生活在徽州这片土地上的主要是山越人。山越人以伐山为业，刀耕火种，勇悍尚武，是为山地游耕文化。从大的方面来说，则属于中华文明源头之一的南方越文化。另外，徽州区域自秦置黟、歙二县，中原汉文化亦开始渗入。至东汉初年，即有中原大族迁徙徽州。中国历史上每逢朝代更替，常常发生动乱。当大动乱发生之际，不仅平民百姓，就是世家大族也会受到沉重打击而被迫举家迁徙。如历史上有名的西晋末年永嘉之乱、唐末黄巢之乱以及宋金战争等，这些大动乱都引起了北方士民大举迁入徽州。迁徽后的世家大族仍聚族而居，重视教育，崇尚儒雅，带来了中原文明。随着人口繁衍与族群扩大，迁徽士民反客为主，而成为徽州的主要居民。在此期间，一些担任郡守的文人名宦，如南梁之任昉、徐摛，唐朝之薛邕、洪经纶等，都大力推行礼仪，实施教化，创办讲习，倡导文学，等等，影响至为深远。"追任昉之幽奇，踵薛邕之文雅"②，成为徽州的社会风尚。于是，中原文化渐渐占据了主导地位。然而并不能说，中原汉文化就取代了当地山越文化。唐人吕温说：歙州"地杂瓯骆，号为难理"③。瓯骆，即指越人；难理，指徽人争强好胜、健讼喜斗而言。徽州难治是出了名的，直到明清仍有此类记载。这说明山越文化的影响一直是存在的。在两种不同文化的交会之中，免不了碰撞和冲突，但更多的是交融与会合。这种融合是双向的。中原文化强有力地影响了山越文化，促其益向文雅；而山越文化也深深地渗透到中原文化之中，使之趋于刚健。在徽州文化的基本精神之中，诸如重视教育的儒家传统，崇尚儒雅的社会风气，维系族群的宗族观念等，都明显具有中原文化的特质，而其刚健有为的积极进取意识、吃苦耐劳的徽骆驼精神、向外拓展的开放风气等，则无疑反映出山越文化的元素。徽州文化既体现了中原文化的儒雅风范，又渗透着山越文化的刚强气质。中原文化与山越文化二者相辅相成，从秦汉至隋唐五代，经过长期的交会融合，最终演绎成具有特色的徽州文

---

① （清）戴震：《戴东原集》卷9《与某书》（《四部丛刊初编·集部》），其云："治经先考字义，次通文理，志存闻道，必空所依仪傍。"
② （宋）王象之：《舆地纪胜》卷20，《续修四库全书》第584册，史部，上海古籍出版社，2002。
③ （唐）吕温：《唐吕和叔文集》卷5《表状·故博陵崔公行状》，《四部丛刊初编·集部》。

化。徽州文化并非中原文化单纯的传承,而是具有新的特色。例如,中原的农耕文明,本是一种定居文化,一般都安土重迁,而徽州文化则有所不同,无论科举出仕还是外出经商,徽州人都大规模地走了出去,其中固然有地理条件这个因素,但也因其具有向外拓展的开放精神所致。

总之,大规模移民活动促成的文化融合,以及独特的山区地理环境,孕育了独具特色的徽州文化。其基本精神,诸如崇文重教的儒家传统、刚健有为的积极进取意识、向外拓展的开放风气、吃苦耐劳的徽骆驼精神等,构成了徽州文化的主体,形成了徽州文化的核心。其中最为突出的即是徽州文化富有的刚性特质。正是这种刚性特质,使得徽商在遇到困难和挫折时,能够做到百折不挠,从不气馁,"一贾不利再贾,再贾不利三贾,三贾不利犹未厌焉"①。正是这种刚性特质,使得徽商能够勇往直前,开拓进取,敢于创新,最终成就一番大事业。

徽州文化富有的刚性特质,与中华民族自古以来的自强不息精神是相契合的。这种文化强调独立自主,空所依傍,艰苦奋斗,而富有开拓创新精神。所以,在徽州历史上产生了众多的开拓创新人物。异材间出②,巨擘迭现。新安朱熹集理学之大成,开辟了儒学发展的新时代;休宁戴震作为徽州朴学的领军人物,铸就了中国思想发展史上新的里程碑;绩溪胡适更是通过对几千年传统的批判,成为新文化运动的旗手。他们同时也堪称中国思想文化史上伟大的开拓创新人物。徽商所具有的开拓创新精神,正是富有特色的徽州文化的一个组成部分。

思想文化是具有时代性的,但又不是绝对的。优秀的思想文化,同时亦具有超越时代的属性。既发光于当时,又照耀着后世。它对人们具有借鉴、参照、启迪之意义,而成为后人前进的出发点。中华民族以具有丰富的思想文化遗产著称于世,这是全人类的宝贵遗产。明清时代徽商所展现的开拓创新精神,无疑是一笔优秀的文化遗产,需要我们发掘继承,发扬光大。其对当代的价值不言而喻。

(栾成显,中国社会科学院古代史研究所研究员)

---

① (清)倪望重等:《祁门倪氏族谱》卷终《诰封淑人胡太淑人行状》,光绪二年刻本。
② (宋)朱熹:《跋滕南夫溪堂集》,《晦庵先生朱文公文集》卷第八十二,《四部丛刊》景明嘉靖本。

徽商文化补论[*]

王世华

摘　要：将徽州文化等同于徽商文化，或将徽商等同于徽商文化，或认为胡适是徽商文化的代表，这都是徽商文化研究中的认识误区。徽商文化的内涵非常丰富，从物质层面而言，徽商创造了优秀的物质文化，如墨、砚、药、棉布、园林乃至徽菜等；从制度层面而言，徽商更是创造了很多商业制度，如合伙制、经理制、津贴制、正余利制、月折制、小伙制、阳俸、阴俸、功劳股等，徽商还创造了灵活的传续机制，总结了大量成熟的商业经验等；从精神层面而言，这是徽商文化中最为精彩的部分，前贤曾进行了很好的论述，聊作补充的是徽商的农贾观、士贾观、商贾观、义利观、财富观等表现出相当高的水平。徽商文化呈现出崇儒、品高、创新、开放、活变的特点。

关键词：徽商　徽商文化　补论

自20世纪90年代以来，随着商品经济的蓬勃发展，商业文化、企业文化逐渐引起学者的关注。由今思古，为了总结历史经验，古代商人尤其是明清时期的商帮文化成了人们研究的对象。徽商是明清时期著名商帮，徽商文化的研究也就应运而生。最先提出徽州商人文化概念的是唐力行先生。他早在1992年就发表《论徽州商人文化的内涵、特征及其历史地

---

[*] 本文为国家社科基金重大项目（13&ZD088）的阶段性成果。

位》一文①，指出徽州商人文化内涵极其丰富，"徽州商人文化熔铸理学并杂糅宗族文化和通俗文化，其内涵是极为丰富的，举凡科技、艺术以至饮食、建筑等，无不包罗其中"。并指出徽州商人文化的基本特征：(1) 科学性与实用性；(2) 封建性和伦理性；(3) 通俗性；(4) 广泛性。尽管其中的观点还有可商榷之处，但毕竟第一次探讨了徽州商人文化问题，是难能可贵的。1998年周晓光、李琳琦二人在先师张海鹏的指导下，推出《徽商与经营文化》专著②，详细论述了徽商的经营文化。该书分别阐述了徽商关于效益、竞争、质量、信誉、信息、人才等方面的观念，并结合丰富的历史资料，介绍了徽商的经营方式、经营中的心理活动、对经营环境的营造，介绍了徽商的"徽骆驼"精神和商业道德等。虽然此书不是专门论述徽商文化，但已涉及徽商文化的重要内容。1999年先师张海鹏先生发表《论徽商经营文化》一文③，在理论上系统论述了徽商经营文化，他提出了徽商六大经营观念，即效益观念、质量观念、名牌观念、信誉观念、法律观念、途程观念。文中还论述了徽商的社交文化和店堂文化，令人耳目一新。

21世纪以来，人们对商帮文化兴趣更浓，冠以"徽商文化"的文章不计其数，但却鲜有从理论上深入探讨"徽商文化"的，而且概念混淆不清所在多有。2013年唐力行在回答《安徽日报》记者采访时，谈到徽州商人文化的基本特征，又重申了自己20年前的观点。④ 除此之外，学术界几乎没有专门探讨徽商文化的文章。这种不正常的沉寂局面终被一次学术座谈会所打破。2015年11月，光明日报社、中国社会科学院历史研究所、中共安徽省委宣传部、中共江西省委宣传部联合在安徽歙县举办了"徽商文化与当代价值"学术座谈会，国内一大批学者踊跃与会，并贡献了一批颇有价值的学术论文。会后，《光明日报》发表了一组学者在座谈会上的发言摘要⑤，学者大多围绕徽商文化某一方面阐述了自己的观点。真正专论徽商文化的是叶显恩的《徽商文化刍议》，不久他又发表专文《论徽商文化》将其观点详加论述。⑥ 文中指出，(1) 破"荣宦游而耻工贾"的旧俗，立尊商

---

① 唐力行：《论徽州商人文化的内涵、特征及其历史地位》，《安徽史学》1992年第3期。
② 周晓光、李琳琦：《徽商与经营文化》，上海世界图书出版公司，1998。
③ 张海鹏：《论徽商经营文化》，《安徽师范大学学报》（人文社会科学版）1999年第3期。
④ 详见《安徽日报》2013年11月4日，第7版。
⑤ 详见《光明日报》2015年12月29日，第5版。
⑥ 叶显恩：《论徽商文化》，《江淮论坛》2016年第1期。

重利的"新四民观",是徽商文化的基石。(2)贾而好儒,贾儒结合,互相为用,是徽商文化的一大特色。(3)"徽骆驼"精神是徽商文化的支柱。(4)诚信可通天理,诚信是徽商文化的核心。(5)创新精神是徽商文化的灵魂。同时也论及了徽商文化的局限性。无疑此文是迄今为止论述徽商文化的最重要的文章,涉及徽商文化最重要的几个问题,很多观点发人深省。

由于徽商这一群体经商人数众、延续时间长、活动范围广、经营能力强、商业资本大,在我国历史上确为罕见。徽商创造的商业文化内涵也极为丰富,此前一些学者虽然有所论述,但也只是论及徽商文化的核心部分,并非涉及全部,关于徽商文化尚有研究空间,故不揣谫陋,略加申说,不敢续貂,聊作补论。

一 几个认识误区

叶显恩先生指出:"关于商业文化,没有经典定义。笔者的理解是,传统社会的商业文化是随着商品交换的产生而出现的,在商业实践中,由长期养成的贾道、商业伦理,以及从业人员的品德、经营理念、业务技能等所铸成的商业道德和行为取向,包含商道,商业伦理,商业理念,以及网络系统、组织规程、营销观念等。"[①] 作者的理解是正确的。那么徽商文化呢,它的定义是什么,为了理解这个问题,我们先要理解"文化"的定义。《辞海》中文化的定义为:"从广义来说,指人类社会历史实践过程中所创造的物质财富和精神财富的总和。从狭义来说,指社会的意识形态,以及与之相应的制度和组织机构。"尽管目前学界关于文化的定义众说纷纭,但我认为《辞海》的定义还是可以接受的。在这个基础上,我们是否可以给徽商文化下一个定义,简略地说,徽商文化就是徽商群体在长期的商务活动中所创造的物质财富和精神财富的总和。当然,徽商文化的内涵极其丰富,这在后面我们将详加论述。只有概念清楚了,问题讨论才会有前提。

打开中国知网,如果输入"徽商文化"的关键词进行搜索,可以找到一千余篇文章。但这些文章极少有从理论上研究徽商文化的,相反出现不少概念混乱、认识模糊的误区,有必要给予澄清。

---

① 叶显恩:《论徽商文化》,《江淮论坛》2016年第1期。

将徽州文化等同于徽商文化。陈美桂认为:"徽商文化是地域文化、观念文化、制度文化、商业文化、生态文化的总称,它包括徽商的生活和经营区域、商业活动、商业道德、学术、教育、医疗、饮食、建筑、戏剧等,可谓蔚为大观。以徽商、徽剧、徽菜、徽雕和新安理学、新安医学、新安画派、徽派篆刻、徽派建筑、徽派盆景等文化艺术形式共同构成的徽学,更是博大精深,成为中国最具代表性的地域文化之一。"① 有的学者干脆宣称,徽州文化就是徽商文化。孟森、杨波在《徽州商人文化的兴起与明清江南学术的转变》② 一文中说:"徽州是朱熹故乡,理学之风浓厚,故人们常把徽州文化称之为新安理学。但深入研究徽州文化时,却深切地感受到近世徽州文化并非理学,而是商人文化。理学的转换机制被商人整合为商人文化,显示了传统儒学的包容性、延续性和内在转换机制。"他们都是将徽州文化等同于徽商文化,把两者混为一谈。其实,徽州文化和徽商文化是两个不同的概念。徽州文化博大精深、光辉灿烂。什么是徽州文化?根据先师张海鹏的说法:"其主要内容有:新安理学、新安医学、新安文献、新安画派、新安宗族、新安商人(徽州在晋代为新安郡,后人常沿用这一郡名),以及徽州书院、方言、礼俗、戏剧、民居、谱牒、土地制度、佃仆制度、契约文书以及徽派朴学、版画、篆刻、建筑、盆景,乃至徽墨、徽砚、徽笔、徽纸……这些以'新安'或'徽'为标志的文化'特产',反映了当日的徽州是商成帮、学成派,并由此而构筑了'徽学'这座地域文化大厦。"③ 而徽商文化是徽商群体创造的文化。徽州文化无疑包含了徽商文化。徽商文化只是徽州文化的重要组成部分,但不能等同于徽州文化。

将徽商等同于徽商文化。卢君在《我国商帮文化的比较研究》④ 一文中在论及徽商文化时,讲了三个特点:(1)典型的儒商;(2)经营方式比较灵活;(3)"徽骆驼"式的吃苦耐劳。这完全说的是徽商的情况。与此类似,知秋在《徽商文化漫谈》⑤ 一文中论及徽商文化的形成与发展时也写道:"徽商的文化与商帮一样,他们的形成都是一个渐进的过程,追寻着徽商文化的发展轨迹,不难发现徽商文化的形成标志。第一个标志是徽商结

---

① 陈美桂:《论徽商文化与现代保险服务业的契合》,《上海保险》2016年第4期。
② 孟森、杨波:《徽州商人文化的兴起与明清江南学术的转变》,《商业文化》2008年第6期。
③ 张海鹏:《徽学漫议》,《光明日报》2000年3月24日,"史学版"。
④ 卢君:《我国商帮文化的比较研究》,《商业时代》2012年第2期。
⑤ 知秋:《徽商文化漫谈》,《现代商业》2015年第4期。

伙经商现象的普及化；第二个标志是'徽'与'商'二字联合成词，成为特定的能为广泛大众所接受并使用的名词，这贯穿着徽州人经商的整个历程。"这都是把徽商与徽商文化视为同一概念。徽商是历史时期徽州商人的概称，徽商只是一个经商群体。而徽商文化是徽商这个群体创造出来的物质财富和精神财富的总和。这二者是不同的概念。就好比中国人是中国人，中国文化是中国文化，中国文化虽然是中国人创造的，但绝不能认为中国人就是中国文化。

同时也要注意，不能将徽商精神等同于徽商文化。

有学者指出："辛亥革命后封建势力的复辟，证明了对传统文化来一次革命的重要性和迫切性，于是一场轰轰烈烈的思想启蒙运动开始了。徽州商人文化随之进入一个新的历史阶段，其代表人物则是胡适。"[1] 将胡适作为徽商文化的代表，我认为这个观点是欠妥的。胡适虽然出身于徽商家庭，他的成长得力于经商家庭的资助，虽然他在思想上对徽商是同情、支持的，某些观点也是与徽商文化契合的，但他作为中国新文化运动的旗手，无论如何也不能说他代表了徽商文化。说胡适是徽商文化的代表，实际上贬低了胡适的历史地位。

二 徽商文化的内涵

徽商文化究竟包含哪些内容？这是我们必须要搞清楚的。此前一些学者虽然就此进行了不少阐述，但主要围绕徽商文化的精髓、核心，也就是围绕徽商文化的精神层面进行论述，这无疑是十分必要的。但徽商文化内涵绝不仅仅是这些，还有其他不少丰富的内容值得我们去研究。

根据学界多数对文化结构研究的共识，文化可分为三个层面：物质层面、制度层面、精神层面。我认为，徽商文化也可从这三个方面进行分析。

从物质层面而言，徽商在商务活动中大多数从事的是长短途贩运贸易，如盐商、木商、粮商、丝绸商等。也有大量徽商是坐贾开店。无论行商还是坐贾，一般是不会创造物质成果的。但是也有一些徽商从事的行业是创造物质成果的，如制墨业，无论是明代程约（别字君房）、方于鲁的墨业，还是清代胡开文、曹素功的制墨业，他们都创造了极其优秀的物质文化成

---

[1] 唐力行：《论徽州商人文化的内涵、特征及其历史地位》，《安徽史学》1992年第3期。

果。明代著名画家董其昌曾称赞程君房的墨："百年以后，无君房而有君房之墨；千年以后，无君房之墨而有君房之名。"① 可知程君房制造的墨质量有多好！同样胡开文墨号由于坚持用易水法制墨，时人形容其墨："坚如玉，纹如犀，色如漆。"徽商也有制药的，明万历休宁人汪一龙，字正田，"迁居芜湖西门外大街，创立正田药店，字号永春，垂二百余年，凡九世皆同居。慎选药材，虔制丸散，四方争购之，对症取服，应效神速。每外藩入贡者，多取道于芜湖，市药而归"②。由于他"慎选药材，虔制丸散"，中药饮誉四方，乃至影响到国外。无独有偶，近代胡雪岩在杭州创办"胡庆余堂"国药店，本着"采办务真，修制务精"的理念制药，获得市场高度认可，人们赞誉："北有同仁堂，南有庆余堂。"即便是棉布业，徽商从收购毛布时就严把质量关，无论踹布染布，都是一丝不苟，精心加工，所以他们加工的布行销四方，获得好评。如徽州汪氏在苏州设益美字号加工棉布贩卖，由于注重质量，"布更遍行天下"，"二百年间滇南、漠北无地不以益美为美也"。③ 此外还有张小泉剪刀几百年来畅销宇内，徽商所创造的徽菜更成为全国八大菜系之一。徽商所建造的园林、宅第以及附着其中的三雕，都是建筑中的精品。诸如此类，毫无疑问，都应视为徽商创造的物质财富，自然也应该是徽商文化不可分割的一部分。

从制度层面而言，徽商更是在长期的商务活动中创造了很多商业制度。商业不是个人行为，尤其是当商务发展到一定程度或相当规模时就必须建立一定的制度来约束大家的行为了。徽商正是在这样的条件下建立了一系列的制度。

合伙制。当一个人经商资本不足时，往往就联合几个人合伙经营。这一制度早在明代就有了。嘉靖年间，休宁程锁因经商资本不够，"乃结举宗贤豪者得十人，俱人持三百缗为合从，贾吴兴新市"。④ 显然这就是合伙制。合伙经商中关于资金的使用、每人的利益分配都会有严格的规定。如程锁就是这样，"长公与十人者盟，务负俗攻苦，出而即次，即隆冬不炉，截竹为筒，曳踵车轮，以当炙热。久之业骎骎起，十人者皆致不赀。"如果合伙经商各人所投资的资本金不同，则各人在最终利润中所分得的利益也是

---

① （明）董其昌：《容台集》文集卷1，明崇祯三年董庭刻本。
② （民国）《芜湖县志》卷58。
③ （清）许元仲：《三异笔谈》卷3。
④ （明）汪道昆：《明处士休宁程长公墓表》，《太函集》卷61，黄山书社，2004，第1266页。

不同的，这些都在事先的契约中规定得非常明确。这在徽州文书中都有大量例证。

经理制。经理一词，我国古已有之，通常作为经书的义理、常理、管理之义。作为职业管理人的概念是从西方传来的。① 其实质就是所有权和经营权的分开。如果从这一点说，徽商早就做到这一点了。俞樾《右台仙馆笔记》中记有歙县大典商许翁，十几代经营典铺，可以追溯到明末清初，随着业务的扩大，已发展为40多所典铺，遍布江浙一带，很显然许翁及其先辈不可能亲自去经营每一个典铺，肯定要聘请人管理经营，这实际上就是所有权与经营权的分离，应该就是经理制了。再如休宁人汪栋，出身商业世家，先辈在苏州府平望镇留有一典铺，汪栋因忙于举业，无暇顾及典铺，于是"则择贤能者委之"②。这位聘请的"贤能者"当然就是经理了。清初休宁人朱文石"尝客芜阴（芜湖），有族人者丰于财，悉举以托翁（朱文石）而身他去"。明清改朝换代之际，社会动荡不安，朱文石克服千难万苦，身几濒死，终于将完整的店铺完璧归赵。③ 朱文石显然也是职业经理人。所以若以徽商来看，职业经理人的出现至少要比美国早二百年。

津贴制。这是两淮徽州盐商所创立的补贴制度。明清时期两淮之盐大多供销湖广口岸，盐商必须通过长江水道将盐运往湖广。长江航运，一遇风浪，波涛汹涌，难免有覆舟之虞，一旦罹难，政府还要责其补运，则无不倾家荡产。两淮总商鲍志道鉴此，"建议一商舟溺，则群商攒助，谓之津贴。当事者义之，下其法为令"④。即是说，如有一舟覆溺，大家给予赞助，使其不致一蹶不振。这充分体现了徽商"以众帮众"的精神。这一建议受到盐政当局的认可，并著为法令，看来是有效地执行了。相信这一制度当初一定受到了广大徽州盐商的欢迎。

在分配制度方面，如果是独资经营，当然所有利润归独资者所有。但随着商业的发展，资本构成方式多样化，资本所有者和实际经营者也出现分离，在这种情况下，如何分配才能兼顾各方面的利益，最大限度地调动

---

① 一般认为，职业经理人最早起源于美国。1841年10月15日，因为美国马萨诸塞州的铁路发生一起两列客车迎头相撞的事故，社会公众反响强烈，认为铁路企业主没有能力管理好这种现代企业。后在州议会的推动下，对企业管理制度进行了改革，选择有管理能力的人来担任企业的管理者。
② 《休宁西门汪氏大公房挥金公支谱·明经栋公传》，清乾隆四年刻本。
③ 《新安月潭朱氏族谱》卷22，民国二十年木活字本。
④ （歙县）《棠樾鲍氏宣忠堂支谱》卷21《中宪大夫肯园鲍公行状》，嘉庆十年刊本。

所有人员的积极性，分配制度就显得格外重要了。徽商在长期的商务实践中根据各种不同情况，创造了相关分配制度。主要有六种。

正余利制。即将利润分为正利和余利两个部分，所谓正利，就是在资本所有权和经营权分开的情况下，经营者每年都要按照事先约定的数字向资本所有者支付的利润。所谓余利，就是正利之外的利润。根据不同情况，余利或为经营者所有，或为经营者与资本所有者共同分配。① 正余利制在清代又叫官利制，两者异名而实同。②

月折制。是徽州典铺每月给员工的一种生活补贴。又称"月酒""火食""伙食""福食"。据学者研究，月折并非给典铺所有员工，只给柜友与学生两类员工，而且根据岗位不同，数量有所区别。③

津贴制。此与两淮徽州盐商实行的津贴制不同，此是专指徽州典铺每年从利润中提取一定比例的数额分配给内部职工，根据职位的不同，津贴也有所区别。这实际上是对员工的一种奖励。④

阳俸。又称养俸，胡庆余堂的员工，只要不是辞职或被辞退，年老体弱无法工作后，仍发原薪（相当于现在的退休金），直到去世。

阴俸。对有大贡献的雇员，去世后由胡庆余堂按原薪一定比例发给遗属，直到遗属生活好转后为止，相当于抚恤金。

功劳股。胡雪岩从赢利中抽出一份特别红利，专门奖给贡献大的员工，功劳股是永久性的，一直拿到去世。

小伙制。这是在浙江兰溪徽商布店的创新，即允许店员有小伙生意，即福利。店员推举一人主持做生意，经营业务不能与本店相同。如布店员工小伙生意就不能经营布匹一类，于是就经营南北货或新安金丝琥珀蜜枣，在桐油、柏油上市时又经营油类项目。小伙生意因系店内员工兼职，没有工薪及房租等支出，资金又由店内无息借垫，在经营好的年景往往接近员工的全年工资，个别年份也有超过的。另外，布店员工年终还能分到零头布，所谓零头布就是布店开售每匹布之先，把布头前的一块商标剪下不出售，留给员工年终分配，也叫机头布，合0.5米左右。徽商布店员工年终每人可得机头布少则十几斤，多则几十斤，这也是一笔可观的福利。这些

---

① 详见王裕明《明清徽州典商研究》，人民出版社，2012，第334~335页。
② 详见王裕明《明清徽州典商研究》，第338~341页。
③ 详见王裕明《明清徽州典商研究》，第341~344页。
④ 详见王裕明《明清徽州典商研究》，第344~345页。

办法既不会影响布店的经营,还可提高员工的收入,但又不增加自己的经营成本,可谓一举三得。

总之,徽商为了充分调动员工的积极性,发展自己的商务,根据不同的行业,不同的岗位,不同的贡献,在分配上创造了各种制度。事实证明,徽商之所以能够持续发展,这些制度起了相当大的作用。

传续机制。这也是徽商文化中的闪光之处。任何一家企业都面临着代际传续问题,尤其是中国封建社会父辈遗产诸子均分的制度,是每位父辈在生前不得不慎重考虑的问题。徽商同样如此。土地、房产、资金都好处理,唯有技术含量高的手工制造业的店铺如何分割,确实是一大难题。徽商凭借自己的智慧妥善地解决了这一难题。胡开文墨业就是这样。乾隆中叶墨商胡天注在休宁创办胡开文墨号后,由于制作上精益求精,墨号一举成功,所创制的"苍珮室"墨享誉四方。很快就又在屯溪镇开设一门市部,只销售不生产,墨品全由休宁胡开文墨庄供应。胡天注有八个儿子,其中长子及三子、四子、五子先后病故,六子患病不省人事,长期卧床,七子、八子俱幼,自然墨庄由二子胡余德掌管。但胡天注立下一个重要遗嘱,即将来任何时候,"分家不分店,分店不起桌,起桌要更名"。即是说,家产可以分割,但墨庄不能分割,只能由二房执掌。店中资本除去成本外,按八股均分。屯溪分店只能售墨,不准起桌造墨。将来如果哪位后代一定要起桌造墨,必须更名,不准用"胡开文"招牌。虽然这个问题在胡余德一代并不突出,但到了胡余德晚年便面临重大抉择了。因为胡余德也有八个儿子,如何分割遗产?胡余德坚持了父亲的遗嘱,从而避免了墨店的肢解,维护了"胡开文"的声誉。经过一百多年的努力,到第四代传人胡贞观手中时,"胡开文"又有了大发展,但随着胡氏子孙繁衍增多,其他房派子孙纷纷要求起桌造墨,又不愿放弃"胡开文"这块金字招牌。为了缓解族内矛盾,又不违背"祖制",胡贞观又想出了一个办法:后人如要起桌造墨,又要打"胡开文"招牌的话,必须在"胡开文"之后加上"×记"二字,以示区别,休城老店"苍珮室"商标绝不允许其他人使用。充分反映了胡贞观灵活性和原则性相结合的管理才能。于是,"胡开文源记""胡开文亨记""胡开文利记""胡开文贞记"等墨品先后问世。胡氏传人的智慧成功地解决了技术含量高的企业的传续机制问题,是一笔宝贵的文化财富。

商业经验。这无疑也是徽商文化的重要组成部分。徽商在长期的商业实践中积累了极其丰富的商业经验，他们往往把这些经验付诸文字，以便保存下来，传给后人。如新安惟善堂徽州老典商写的《典业须知录》，其中分为："敦品、保名、勤务、节用、务买、远虑、虚怀、防误、炼技、细心、惜福、扼要、体仁、防弊、择交、贻福、达观、知足、谆嘱六字、出外谋生当守五戒、典中各缺慎言择要、典规择要、典业竹枝词"① 等二十八个部分，内容非常丰富，可以说是几代人开典的经验总结，具有极高的价值。类似的还有《典务必要》，内分"幼学须知、珠论、宝石论、论首饰、炉瓶、锡、毡绒、字画书籍、布货、皮货、绸绢"等各部分②；《当行杂记》介绍了看衣规则、看金（银）规则、看珠规则、看铜锡类、看磁器类、看学画谱等。③ 这些经验不仅在当时极富指导意义，即便在今天对我们识别古玩也极具参考价值。还有歙县芳坑茶商江耀华所撰的《做茶节略》④，以及徽商黄汴所著《天下水陆路程》和儋漪子所辑《天下路程图引》两书中，均包含有丰富的行商经验。尤其是在沪经商近六十载的徽人余鲁卿晚年总结自己毕生经验，写成洋洋五万余言的《经历志略》一书，更具有极高的文化价值。

从精神层面而言，这是徽商文化中最为精彩的部分，叶显恩和唐力行两位先生对此都进行了很好的论述。本文特对徽商的价值观作补充如下。

农贾观。传统社会，士农工商，千年不改。商人始终处于四民之末，农排在第二位。但徽州社会，"七山半水半分田，两分道路和庄园"，务农已难乎为继，工也出路甚窄，科举之路就更不必说了，在这种情况下，只有从商。残酷的现实迫使徽州人突破固有的四民观，为经商制造合理舆论。加上明代中期王阳明的学说传到徽州，造成很大影响，他们完全摒弃了传统的观念，勇敢地为从商正名。徽商还认为贾绝不负于农。正德、嘉靖年间的歙商许大兴就说："予闻本富为上，末富次之，谓贾不若耕也。吾郡保界山谷间，即富者无可耕之田，不贾何待？且耕者十一，贾之廉者亦十一，

---

① 转引自曲彦彬《典当研究文献选汇·中国典当手册副编》，第945~964页，哈佛大学汉和图书馆藏抄本。
② 中国社会科学院近代史研究所、近代史资料编辑室编《近代史资料》总71号，中国社会科学出版社，1988，第42~87页。
③ 中国社会科学院近代史研究所、近代史资料编辑室编《近代史资料》总71号，第88~145页。
④ 转引自张海鹏、王廷元《徽商研究》，安徽人民出版社，1995，第596~599页。

贾何负于耕，古人非病贾也，病不廉耳。"① 他认为，只要做个廉贾，那么经商绝不比务农地位低。嘉、万时婺源商李大祈也说："丈夫志四方……即不能拾朱紫以显父母，创业立家亦足以垂裕后昆。"②

士贾观。四民社会，士为首，商为末，商岂能与士比肩？但徽商勇敢地发出了贾不负于儒的呐喊。婺源商人李大鸿说："人弗克以儒显，复何可以雄视当世？有语之阳翟（音狄）其人，埒千乘而丑三族，素封之谓，夫非贾也耶！"③ 认为即使不能以儒光宗耀祖，也可以像阳翟那样，以素封之财雄视当世。这已经看不出一点商贾的自卑感，而是显示了一种富贾的自豪感了。明中期歙人程季公也说："籍能贾名而儒行，贾何负于儒？"④ 就是说，虽然是个商人，但如果能处处按儒道行事，这样的商人一点也不愧于儒士。歙商吴肖甫力劝读书的儿子经商："岂必儒冠说书乃称儒耶！"⑤ 认为难道非要头戴儒冠、口述诗书才是儒吗？胡汝顺也说过类似的道理："端木氏曾不以货值贬，儒奚必青衿乃称丈夫耶？"⑥ 所谓端木氏就是端木赐（子贡），他是个大商人，但却是孔子的得意门生。所以胡汝顺认为就应该像端木赐一样，难道非要穿着青衿才是大丈夫吗？

商贾观。这里包含两层意思，一是怎样看待商人，一是怎样做个商人。前者上述已经涉及，概括地说，在徽商看来，贾不负于农，贾也不负于儒。至于怎样做个商人，徽商的观念尤值得称道。他们以诚待人，以信接物，以义取利，坚持商业道德，这方面徽商的言论不胜枚举。在经商策略上，他们牢记我国古代商神白圭的话："吾治生产，犹伊吕之谋，孙吴用兵，商鞅行法。"并且身体力行。经商如何才能获利？道光时黟县商人舒遵刚的一段话可以说代表了徽商的共识。他说："圣人言，生财有大道，以义为利，不以利为利。国且如此，况身家乎！人皆读四子书，及长习为商贾，置不复问，有暇辄观演义说部，不惟玩物丧志，且阴坏其心术，施之贸易，遂多狡诈。不知财之大小，视乎生财之大小也，狡诈何裨焉？"⑦ 徽商正是秉

---

① 《新安歙北许氏东支世谱》卷8，嘉靖六年稿本。
② （婺源）《三田李氏综宗谱·环田明处士松峰李公行状》，万历刊本。
③ （婺源）《三田李氏统宗谱·恩授王府审理正碧泉李公行状》，万历刊本。
④ （明）汪道昆：《太函集》卷52《明故明威将军新安卫指挥佥事衡山程季公墓志铭》，黄山书社，2004，第1102页。
⑤ 吴吉祐：《丰南志》第五册《光裕公行状》。
⑥ （明）李维桢：《大泌山房集》卷73《胡处士传》。
⑦ 《黟县三志》卷15《舒君遵刚传》。

承这样的商贾观才促使商务获得大发展。

义利观。关于徽商的义利观，王廷元在1998年有过较深的论述①，这里略作补充。如何看待义利？在利与义面前，大多徽商能够做到两点。一是以义取利。正德、嘉靖时人汪忠富就有明确的认识，他命自己儿子经商时对其说："职虽为利，非义不可取也。"② 商人汪忠浩诫勉自己儿子："汝曹职虽为利，然利不可罔也，罔则弃义，将焉用之？"③ 二是见义勇为。几百年来徽商这方面的事迹史不绝书，他们赈灾济贫，架桥铺路，置义田，设义仓，立义渡，建义学、义冢，等等，难以尽述。当然，这要花费相当的资金，徽商怎么认识这个问题呢？舒遵刚的一段话做了回答："钱，泉也，如流泉然。有源斯有流，今之以狡诈求生财者，自塞其源也。今之吝惜而不肯用财者，与夫奢侈而滥于用财者，皆自竭其流也。人但知奢侈者之过，而不知吝惜者之为过，皆不明于源流之说也。圣人言，以义为利，又言见义不为无勇。则因义而用财，岂徒不竭其流而已，抑且有以裕其源，即所谓大道也。"④ 因义而用财，是生财之大道。这样的义利观，即使在今天也是有着重要意义的。

财富观。如何看待财富，赚了钱怎么用，这是对每位商人的考验。徽商致富后怎么对待财富呢？乾嘉时绩溪商人章策曾说："造物之厚人也，使贵者治贱，贤者教愚，富者赡贫，不然则私其所厚而自绝于天，天必夺之。"⑤ 他认为自己之所以致富，是上天的眷顾，但这财富一定要帮助穷人。如果你"私其所厚"，只顾自己奢侈享受，那么"天必夺之"。徽商鲍士臣认为："傥来之物，侈用之是谓暴天，吝用之亦为违天，惟其当而已矣。"⑥ 赚来的钱既不能浪费，也不能吝啬，一定要用在适当的地方。所以他大力从事公益事业。被人誉为"闵善人"的徽州盐商闵世璋致富后，办育婴堂，收养弃婴，赈灾济贫，设义渡，治道路，建桥梁，做了无数的好事。当别人劝他钱财为何不自己享受或给儿子留下时，他以"扑满"做比喻，扑满就是古代陶制储蓄罐，平时存放零钱，由于只有一个入口，只进不出，待

---

① 王廷元：《论徽州商人的义利观》，《安徽师范大学学报》（哲学社会科学版）1998年第4期。
② 《汪氏统宗谱》卷3《行状》，明刊本。
③ 《汪氏统宗谱》卷31《行状》，明刊本。
④ 《黟县三志》卷15《舒君遵刚传》。
⑤ 《西关章氏族谱》卷26《例授儒林郎候选布政司理问绩溪章君策墓志铭》，宣统刊本。
⑥ （歙县）《棠樾鲍氏宣忠堂支谱》卷21《鲍先生传》，嘉庆十年刊本。

储蓄罐装满后必须将罐"扑"碎,才能取到钱。他说:"扑满有人无出,吾惧其扑,故不敢满,且吾子孙固未尝贫也,使至于扑,欲求为中人产得乎?"① 他具有一种朴素的辩证法思想,知道财富"满"了后就会转化。他的这种思想其实也是众多徽商的共识。

三 徽商文化的特点

关于徽商文化的特点,虽然叶显恩、唐力行、范金民诸位先生都有精彩论述,但我还觉得意犹未尽,聊作补充。

徽商是封建性的商帮,这在学术界已是大家的共识,因此徽商文化自然是封建性的文化,这也是没有疑义的。但徽商文化作为封建性的商帮文化,却呈现出自己不同于其他商帮的特点。

崇儒。徽商的最大特色是"贾而好儒",因此徽商文化表现出强烈的崇儒性。儒学是徽商文化浓重的底色。这在徽商文化的核心——精神层面得到充分反映。无论是徽商的人生观、世界观还是价值观,都深深地打上儒家的烙印。"新安为朱子阙里,而儒风独茂",人们"读朱子之书,取朱子之教,秉朱子之礼,以邹鲁之风自待,而以邹鲁之风传之子若孙也"②。儒家思想是徽商言行的指导思想。即便在明中叶徽商突破朱子学说,信奉阳明之学,走出大山,踏上经商之途后,也没有否定朱子,很多徽商会馆中仍然供奉着朱熹的牌位,说明朱子仍是他们心目中的偶像。思想上的崇儒,决定了行动上的好儒,表现为五点。一是经商之暇,手不释卷。正如舒遵刚所言:"吾有少暇,必观《四书》《五经》,每夜必熟诵之,漏三下始已。"③ 很多徽商也是这样。二是以儒道经商,所谓"贾名而儒行"。三是亲近儒家学者、官员,甚至结为挚友。四是捐纳为官,跻身仕林。五是重视教育子弟,尽可能走上仕途。所有这些,都是徽商文化特点的反映。

品高。文明无高下,文化有优劣。徽商文化中虽然也有糟粕,如有的穷奢极欲,有的偎红拥翠,这些都应当摒弃。但从总的方面而言,徽商文化的品位还是很高的。他们最初不畏艰难险阻,运粮输边;在倭寇肆虐之时,他们采取各种方式抗击倭寇;在外国殖民者入侵中国时,他们慷慨捐

---

① 魏禧:《魏叔子文集外篇·文集》卷10《序》,(清)《宁都三魏全集》。
② 雍正茗州《吴氏家典·序》。
③ 《黟县三志》卷15《舒君遵刚传》。

资，抵御外敌；在自然灾害来临时，他们又慨然解囊，赈济灾民等，这些都表现出徽商的价值观，可以说达到了那个时代的最高水平。他们"富而教不可缓""立品为先"的教育观，他们"积而能散""虽富犹俭"的财富观，他们以诚待人、以信接物、以义取利的商业道德，他们勇于开拓市场、万难不屈的"徽骆驼"精神等，都表现出很高的文化品位。在制墨、制砚、校书、刻书等方面所追求的精益求精，更表现出一种工匠精神。

创新。这也是徽商文化的一大特色。关于此点，栾成显先生做了精彩的论述。[①] 他们开拓了国内外市场，在制度设计上发明了经理制、股份制以及保险。无论在实践上、观念上还是在制度上，徽商文化都体现了可贵的创新精神。

开放。徽商文化不是封闭性的文化。徽商足迹遍天下，他们每到一处，都与当地人相处得很好，很快能够融入当地的文化中，并能在当地入籍，这就证明他们能够较好地解决文化适应问题。不仅把徽州的文化传播到外地，也能吸收外地的文化，使徽商文化呈现出开放的特色。

活变。徽商经商，无论行商还是坐贾；无论从事盐业、典业、茶业、木业还是从事布绸业、粮食业、饮食业；无论是当老板还是受聘用，在经商行业的选择上，都是相机而行，随我活变。就是说，只要市场需要，只要有钱可赚，他们就会侧身其间。在商业文化上表现出高度的活变——灵活应变特色。

毫无疑问，徽商是封建性的商帮，徽商文化从性质上说自然是封建性的，更有它的局限。徽商文化的局限，叶显恩、唐力行两位先生的文章都有阐述，我完全同意，故不赘。

(王世华，安徽师范大学历史与社会学院教授)

---

① 栾成显：《徽商的开拓创新精神》，《光明日报》2015年12月29日，第5版。

明清江南园林的砌筑之风及其设计家

黄 泳 范金民

摘 要：明后期，江南士大夫解组之后，竞尚园亭，兴起园林砌筑之风，形成园林建筑史上的第一个高潮，清前期丰亨豫大，更陈陈相因，江南大地崛起大批代表性园林。推原其故，一是其时物力鼎盛，有着雄厚的物质经济基础；二是以砌筑园林为尚，也与江南士人的生活旅游方式有关；三是官场政治险恶促使官员急流勇退多生林泉之思。厅堂亭榭能与山池树石融为一体的江南园林，既是文人骚客雅集的绝佳场所，也是戏曲表演的实地场景，还是丰富典藏的集聚之区，成为文人学士切磋学问著述文献之地。江南园林在明清时期长达几个世纪的三次兴筑高潮中，诞生出一批批园林设计和建筑大师，也形成了诸多别具创意的建筑理论，极大地丰富了中国建筑特别是园林建筑宝库，江南园林成为独特的人类文化遗产。

关键词：明清江南 园林砌筑 造园师

1937年，著名园林设计家童寯先生概论道："吾国凡有富宦大贾文人之地，殆皆私家园林之所荟萃，而其多半精华，实聚于江南一隅。"毫无疑问，私家园林是江南文化的重要特色。童寯先生又说："南宋以来，园林之史，首推四州，即湖、杭、苏、扬也。而以湖州、杭州为尤。明更有金陵、太仓。清初人称'杭州以湖山胜，苏州以肆市胜，扬州以园亭胜。'（见《扬州画舫录》）今虽湖山无恙，而肆市中心，已移上海；园亭之胜，应推苏州；维扬则邃馆露台，苍莽减没，长衢十里，湮废荒凉。江南现存私家园林，多创始或重修于清咸丰兵劫以后。数十年来，复见衰象。"① 由此可知，南宋以来，江南园林盛称于世，而明清是为重要时期，留存其时的，多是创始或重修于明清时期者。

江南园林，是明清江南地域文化的重要内容，前人研究较多，成果丰硕②，所论涉及各个方面。然则既有研究对于明清园林的兴筑背景的论述尚不够清晰透彻，对于园林砌筑的大师尚缺少系统的考察和陈述。是以再作申论，期能深化和推进相关研究。

一　江南砌筑园林之风

江南园林，诚如童寯先生所说，南宋以来即已闻名于世。嘉靖时，苏州人黄省曾称："自朱勔创以花石媚进建节钺……至今吴中富豪竞以湖石筑峙，奇峰阴洞，至诸贵占据名岛，以凿琢而嵌空妙绝，珍花异木，错映阑圃，虽闾阎下户，亦饰小小盆岛为玩。"③迄至元代，元初归安有赵孟頫莲庄，元末无锡有倪瓒清闷阁、云林堂，常熟有曹氏陆庄，苏州有狮子林，昆山有顾德辉玉山草堂，松江有陶宅陶与权、吕巷吕璜溪、小贞曹云西、下沙瞿霆文等，"类能创建园亭，招致文士，风流好事，倾动一时"，其中瞿霆文更是"浙西园苑之盛"最负盛名者。④所以明中期刘大夏诗谓："吴下园林赛洛阳，百年今独见东庄。"这些都是驰誉一时的名园，若对照黄省曾之说，其时苏州的一般民众也具园苑意识，安放盆景以为环境布置。

江南兴起园林虽早，但掀起大规模砌筑之风则是在明后期。明中期太

---

① 本文为国家社科基金重大项目"江南地域文化的历史演进"（10&ZD069）的阶段性成果，并受南京大学文科"双一流"建设引导专项的资助。童寯：《江南园林志》原序，正文第29页，沈云龙主编《近代中国史料丛刊续编》第76辑第753册，台北，文海出版社；文中所引"苏州以肆市胜"，应为"苏州以市肆胜"，见李斗《扬州画舫录》卷六《城北录》，江苏广陵古籍刻印社，1984，第144页。
② 代表性成果除童寯《江南园林志》外，还有陈从周《苏州园林概述》，《中国园林》，广东旅游出版社，1996；阮仪三主编《江南古典私家园林》，译林出版社，2009；曹林娣《江南园林史论》，上海古籍出版社，2015；王春瑜《论明代江南园林》，《中国史研究》1987年第3期；巫仁恕《江南园林与城市社会——明清苏州园林的社会史分析》，《"中研院"近代史研究所集刊》第61期，2008年9月。
③ 黄省曾：《吴风录》，《五朝小说大观》，第2页。
④ 何良俊：《四友斋丛说》卷一六《史十二》，中华书局，1959，第136页；董含：《三冈识略》卷四补遗"富人不可作缘"条，辽宁教育出版社，2000，第97页。

仓人陆容说："江南名都，苏杭并称，然苏城及各县富家，多有亭馆花木之盛。"① 万历时湖广竟陵人钟惺《梅花墅记》称："予游三吴，无日不行园中，园中之园，未暇遍问也。"明末嘉兴人沈德符总结说："嘉靖末年，海内宴安，士大夫富厚者，以治园亭、教歌舞之隙，间及古玩。"② 明代中后期起，宦囊丰满的江南士大夫，追求舒适怡人的生活，首先将资产花费在园林修筑上。嘉靖时大学士昆山人顾鼎臣说："江南大家，皆有园林之胜。"③ 稍后的华亭乡绅何良俊也形容："凡家累千金，垣屋稍治，必欲营治一园，若士大夫之家，其力稍赢，尤以此相胜。大略三吴城中，园苑棋置，侵市肆民居大半。"④ 同时人吴履震也称："近世士大夫解组之后，精神大半费于宅第园林，穷极工丽，不遗余力。"⑤ 华亭人曹家驹称："吴中士大夫宦成而膴，辄构园居。"⑥ 如太仆寺少卿苏州人徐泰时，挂冠归里门后，户外之事一切不问，而"益治园圃，亲声伎"⑦。无锡鹅湖华氏爱菊翁，所修园林"其胜当为三吴有园之者冠，他虽有之，不能及也"。⑧ 自万历末年直到崇祯七年，十余年中，花费数万两银。所以清初吴江人陆文衡讥刺明末江南缙绅三病之一，是"不置田园置花园"⑨。清乾隆时苏州生员顾公燮评论："前明缙绅，虽素负清名者，其华屋园亭，佳城南亩，无不揽名胜，连阡陌。推原其故，皆系门生故吏代为经营，非尽出己资也。"⑩

当时天下名园多在江南，负有盛名者，南京为徐氏西园与东园、凤凰台、魏氏南园与万竹园、金盘李园、朱氏同春园、姚氏市隐园、武氏园；苏州为拙政园、狮子林、徐泰时东园（今留园）、范允临天平精舍，以及徐参议园、王氏怡老园，以及紫芝园、真趣园、延课园、塔影园、芳草阁等；常熟有瞿氏东皋草堂；太仓有王世贞弇山园等八园；上海为潘允端豫园、

---

① 陆容：《菽园杂记》卷一三，中华书局，1985，第156页。
② 沈德符：《万历野获编》卷二六《玩具·好事家》，中华书局，2004，第654页。
③ 顾鼎臣：《顾鼎臣·松筹堂集》卷三《华氏怡老园记》，上海古籍出版社，2013，第479页。
④ 何良俊：《何翰林集》卷一二《西园雅会集序》，第9页，《四库全书存目丛书》集部第142册，第109页。
⑤ 吴履震：《五茸志逸随笔》卷三。
⑥ 曹家驹：《说梦》，《说库》本。
⑦ 范允临：《输寥馆集》卷五《明太仆寺少卿奥浦徐公暨元配董宜人行状》，第19页，《四库禁毁书丛刊》集部第101册，第316页。
⑧ 顾鼎臣：《顾鼎臣·松筹堂集》卷三《华氏怡老园记》，第479页。
⑨ 陆文衡：《啬庵随笔》卷四《风俗》，第2页，台北，广文书局，1969。
⑩ 顾公燮：《消夏闲记摘抄》卷上 "明季缙绅田园之盛"，第6页，《涵芬楼秘笈》第二集。

顾氏东北二园、顾氏露香园、陈氏日涉园等；嘉定南翔有闵氏猗园、李氏檀园和三老园；武进区东北隅有曹尚书第"东皋"；无锡为邹氏锡山愚公谷、秦氏凤谷行窝、鹅湖华氏爱菊园；湖州南浔镇有晓山园；等等。

  这些名园，揽奇挹秀，各富胜景。豫园"奇秀甲于东南，水石回环，轩亭四映，各极其胜"，"极亭台池沼之胜"①，在江南园亭中颇负盛誉。南京诸园各具特色，最大而雄爽者如徐氏东园，清远者如西园，次大者如四锦衣之东园，华整者如魏氏西园，小而靓美者如魏氏南园与三锦衣之北园，而"远胜洛中"②。苏州拙政园，颇负盛名，有堂一、楼一、亭六，轩槛池台坞涧之属二十三，各种胜景不胜枚举。③ 锡山愚公谷和天平山精舍，皆依山点缀，饶有韵致。苏州东园，"宏丽轩举，前楼后厅，皆可醉客"。顾氏东北二园，东园名"熙园"，有百亩规模，中有水塘，"汪洋浩淼，楼阁环之，真酷似仙山楼阁者，而罗汉堂梅花，东廊数百步，尤兹园最胜也"。北园名"濯锦"，广不及熙园之半，"颇有山林之致"，后复建一堂，可坐百人。④ 王世贞弇山园有"宜花、宜月、宜雪、宜雨、宜风、宜暑"六宜之胜。武进东皋园，广二十亩，"巨丽甲于一时，歌舞声伎之侈，悉与园称"⑤。在杭州，也多名园，如万历时宁波人薛冈所言："北土名园，莫多于都下，南中名园，莫盛于西湖。"⑥ 在松江，万历时当地人范濂《云间据目钞》说："土木之事，在在有之，而吾松独盛。……迄今四十年来，士宦富民，竞为兴作。朱门华屋，峻宇雕墙，下逮桥梁禅观牌坊，悉甲他郡。"⑦在湖州，明末湖州人陈函辉说："湖中诸大家，类治居第，而寡园林之趣，鲜有可观者。"⑧ 所以明后期苏州人钱榖总结《跋狮子林图册记》道："迨

---

① 梁章钜：《楹联丛话》卷六《胜迹上》，北京出版社，1996，第67页；毛祥麟：《墨余录》卷八"豫园"条，上海古籍出版社，1985，第127页。
② 王世贞：《弇州续稿》卷六四《游金陵诸园记》，《景印文渊阁四库全书》第1282册，第835页。
③ 文徵明：《文徵明集》卷二十《王氏拙政园记》，周道振辑校，上海古籍出版社，1987，第1276页。
④ 李绍文：《云间杂志》卷下，《奇晋斋丛书》本。
⑤ 邵长蘅：《邵子湘全集·青门麓稿》卷九《东皋园记》，第3页，《四库全书存目丛书》集部第247册，第759页。
⑥ 薛冈：《天爵堂文集笔余》卷二，王春瑜点校，《明史研究论丛》第6辑，江苏古籍出版社，1991，第344页。
⑦ 范濂：《云间居目钞》卷五《纪土木》，第1页，《笔记小说大观》第13册，江苏广陵古籍刻印社，1983。
⑧ 陈函辉：《游灵水园记》，（民国）《乌青镇志》卷一七《园林》，第11页上。

维郡中贵家富室,园池亭馆,珍木怪石,巧取诡夺,争胜一时,夸耀人目。"①

江南园林砌筑之风大盛,有着复杂的背景和社会原因。一是既因其时物力鼎盛,江南高官富室源源涌现,有着坚实的物质基础,也因江南士大夫宦成之后,将园林视为事业成功的象征。万历时人谢肇淛述说其原因道:"缙绅喜治第宅,亦是一蔽。当其壮年历仕,或鞅掌王事,或家计未立,行乐之光景已蹉跎过尽,及其官罢年衰,囊橐满盈,然后穷极土木,广侈华丽,以明得志,曾几何时,而溘先朝露矣。"② 士大夫早年寒窗苦读,博得科场一第,又持续奋斗奔走于官场,无暇尽情享受,而休致之后,囊橐丰满,年事也高,在家憩息,陶冶情性,修身养性,园林自是最为合适的去处,无论物质需求还是精神需求,均可得到满足,心情得到彻底放松。苏州籍御史王献臣修筑拙政园,名为拙政,其实未尝没有这种心态。又如顾绍芳指陈,嘉靖间给事中昆山人许云峰归田后,"方日夜修园圃声伎之乐,而居侍间退处一室,理前好自如,士友过者为焚香烹茗,谭玄论文竟日而已"③,相当形象地描述了个中情景。参议范长倩,居天平山精舍,也是极尽享受,"拥重赀,挟众美,山林之乐,声色之娱,吴中罕俪矣。……卜筑此山,搜剔岩薮,疏凿池沼,建亭榭堂庑,植嘉树美竹,大费经营位置,遂为兹山增色。春花秋月,游人之盛如蚁"④。明末清初苏州著名的经学与书法家褚篆为新会知县顾嗣协所构建的依园作《记》说:"我吴乡先生,以风雅自命,饶园林诗酒之乐者,惟考功雅园顾公为最著",其"挥金结客,邑之宿老、诗翁,及四方骚人、韵士,毕延而置之座上,一时诗酒流连之盛,品竹弹丝之胜,声噪大江南北,谚之曰'依园'"⑤。毫无疑问,明后期兴起的园林修筑之风,与其时兴起的追求生活享受之风是相一致的,或者园林憩息正是其时生活舒适的表现之一。所以吴履震《五茸志逸》谓:"士大夫仕归,一味美宫室,广田地,蓄金银,豢妻妾,宠嬖幸,多僮仆,

---

① 钱毅:《跋师子林图册记》,衣学领主编、王稼句编注《苏州园林历代文钞》,上海三联书店,2008,第34页。
② 谢肇淛:《五杂俎》卷三《地部一》,上海书店出版社,2001,第58页。
③ 顾绍芳:《宝庵集》卷一七《太学生许君暨配梁孺人墓志铭》,《四库禁燬书丛刊》集部第58册,第527页。
④ 叶绍袁:《启祯记闻录》卷一,《痛史》本。
⑤ 褚篆:《依园记》,收入邵忠、李瑾选编《苏州园林重修记·苏州历代名园记》,中国林业出版社,2004,第180页。

受投靠，负粮税，结官税，穷宴馈而已。"诚如刘敦桢先生所说，明代苏州私家园林的主人们，"既贪图城市优厚物质供应，又不想冒劳顿之苦，寻求'山水林泉之乐'，因此就在邸宅近旁经营既有城市物质享受，又有山林自然意趣的'城市山林'，来满足他们各方面的享乐欲望"。①

二是江南士大夫以砌筑园林为尚，也与其生活旅游方式有关。中国地大，胜景广布，即如江南一隅，湖光山色，处处宜人，但遍览赏景，自非易事，一般人既无时间也无能力达到。于是明后期的士人，提出了一种"卧游"的概念，就是不出远门也能收到远足的效果，满足远足的愿望，以收城市山林之效。修筑弇山园的文坛领袖王世贞就曾对上海人陈继儒说："市居之迹于喧也，山居之迹于寂也，唯园居在季孟间耳。"② 陈继儒则讲得更为直接，谓："士大夫志在五岳，非绊于婚嫁，则窘于胜具胜情，于是葺园城市以代卧游。"③ 明末与陈子龙等有"云间六子"之称的青浦诗人李雯形容其自构的宝树园："广不逾数亩，无层峰叠壑之奇，无广厦华堂之美，而洞石玲珑，云林掩映，至其地者，超然有城市山林之想。"④ 明末应天巡按祁彪佳说："快心娱志，莫过山水园林，是以乞身归来，即有卜筑之兴。"⑤ 清乾隆时的苏州人沈德潜更形容拙政园，"峰岫互回，云天倒映。……禽鱼翔游，物亦同趣，不出轩裳而共履闲旷之域，不出城市而共获山林之性"。⑥ 既无远足跋涉之苦、资斧之累，而有城市山林的卧游之乐。明正德年间大学士王鏊之子延喆为其父在苏州城中营筑怡老园，就属于这种情形。不出城市而能获山林之胜的出发点，可能是江南园林之风大盛的极为突出的重要因素。

三是官场政治险恶促使官员急流勇退多生林泉之思的产物。张燧称，正德间，朝官有罪，辄命锦衣卫官校擒拿，"朝列清班，暮出污狱，刚气由此折尽，或又暮脱污狱，朝列清班，解下拘挛，便披冠带，使武夫悍卒招指之曰：某也吾辱之矣，某也吾将辱之矣，小人遂无忌惮，君子遂昧良心，豪杰所以多山林之思"⑦。山西道监察御史昆山人顾潜，值正德间权阉刘瑾

---

① 刘敦桢：《苏州古典园林的自然意趣》，《山水与美学》，上海文艺出版社，1985，第301页。
② 陈继儒：《晚香堂集》卷四《梅花楼记》，《四库禁毁书丛刊》集部第66册，第611页。
③ 陈继儒：《晚香堂集》卷四《许秘书园记》，《四库禁毁书丛刊》集部第66册，第609页。
④ 李雯：《宝树园记》，见《吴门园墅文献》卷二《文寂》。
⑤ 祁彪佳：《祁彪佳日记》卷六《林居适笔》小引，浙江古籍出版社，2016，第195页。
⑥ 沈德潜：《沈归愚诗文全集》文钞余集卷四《复园记》，乾隆五十九年刻本。
⑦ 张燧：《千百年眼》卷一二，《丛书集成三编》第67册，台北，新文丰出版公司，1997。

当道时,"眈眈侧目于公",顾即求去退官,于舍南凿池叠山,名为展桂堂,"延宾觞奕,娱养情性"。① 天启时,权阉魏忠贤把持朝政,民不聊生,李长蘅见其"毒流正人",求退归家,"乃于园中复凿曲沼,开清轩,通修廊,栽河灌木,盖将终老焉"②。金坛于玉立兄弟,先后以党人罢归,玉立营建园林名梵川,其弟润甫所营园林名云林,"皆极水木池台之胜"③。当时流行《逍遥令》谓:"挂冠归去谢君王,脱朝衣,把布袍穿上。荷犁锄,掷手扳腰章。今日九重丹凤阙,明朝千顷白鸥乡。满西湖,荷花正香。望东海,月轮初上。曲岸横塘,画桥兰桨,只此处尽可容得疏狂。"正人君子无法承受恶浊政治,而又无能为力,退而求其次,归田养老,此种情形,当也不在少数。家乡胜景,可以借此好好消受。

　　清代自康熙朝直到嘉庆时,江南社会稳定,经济繁荣,文化昌盛,园林修筑再次掀起高潮。清初陆文衡说:"士宦显盛,必求美宅,置园亭以为乐。"④ 清中期谢元淮说:"吴下园亭最胜,如齐门之吴氏拙政园,阊门之刘氏寒碧庄,葑门之瞿氏网师园,娄门之黄氏五松园,其尤著者,每春秋佳日,辄开园纵人游观。"⑤ 苏州园林修葺再掀高潮。

　　清前期新修或重修的江南园林,著名者,如苏州,新砌遂初园。园在木渎东街,系康熙末年吉安知府吴铨归田后所筑。全园楼阁亭榭台馆轩舫,连缀相望,垣墙缭以怪石,嵌以古木,中植嘉花名卉,"云林杳霭,花药参差"。沿着长廊西折至西南,为"拂尘书屋",深静旷敞,林荫如幄,宜于休坐。经林丛而北,为"掬月亭",俯临清流,倒涵天空,影摇几席,宜于赏月。自亭而东,随堤南折,为"听雨篷",宜夜卧听雨。东为"鸥梦轩""凝远楼",宜于眺览。登楼四望,馆娃西峙,五坞东环,天平北障,皋峰南揖。楼东为"清旷亭",绮疏洞开,招纳远风,宜临风畅怀。自亭而南,拾磴级,穿梅林,耸然而高者,为"横秀阁"。登阁而放眼东北方,平畴万顷,阡陌纵横。另有"补闲堂",平室深窝,交窗复壁,寒暑咸宜。⑥ 遂初园在当时,不但木渎镇上园林无出其右,甚至在整个苏州也可谓"极园林之胜"。园既落成,吴铨请康熙五十四年状元、同时卸任告归的同乡徐陶璋

---

① 张大复:《昆山人物传》卷六《顾潜》,第4页,《续修四库全书》第541册,第626页。
② 张鸿盘:《西州合谱》,见《说郛》续卷二一。
③ 阮葵生:《茶余客话》卷九"金坛于氏兄弟"条,上海古籍出版社,2012,第189页。
④ 陆文衡:《啬庵随笔》卷五《鉴戒》,第4页,台北,广文书局,1969。
⑤ 梁章钜:《楹联丛话》卷六《胜迹上》,北京出版社,1996,第71页。
⑥ 沈德潜:《沈归愚诗文全集》文抄余集卷四《遂初园记》,乾隆五十九年刻本。

为园作序，请饱学之士、日后成为翰林院编修的沈德潜作记。苏州新砌的园林还有姜氏艺圃等。常熟，清初有张南垣为钱谦益所造拂水园，清中期燕园有戈裕良所叠假山。与此同时，旧园也不断修葺。如修筑于北宋中期的苏舜卿沧浪亭，康熙中期巡抚宋荦修整后直到道光初年，又经长洲县令许遇、巡抚吴存礼和觉罗雅尔哈善、布政使梁章钜等数次修治，增设台榭，蔚成大观。① 明后期的徐泰时东园，嘉庆时易为刘恕寒碧庄，道光时改名为东园，园中聚集奇石更多。

杭州，小有天园，旧名壑庵，系汪之萼别业。海宁，清初陈氏安澜园，康、乾二帝南巡时屡屡驻跸，树石苍古，池荷万张，梅花蔽日，名闻海内。江宁，乾隆初，著名文人江宁知县袁枚购小仓山江宁织造隋赫德园，改称随园，其园因山结构，层级而上；刘梦芳营半野园，与袁枚往来酬唱；此外，尚有李渔芥子园、周氏春水园、仇氏仓园、李氏继园、汤氏琴园等，一时称盛。嘉兴，清初有朱彝尊曝书亭，其后邻即李氏南园。吴江平望镇有汪氏园，休宁人贡生汪栋建。清中期，常熟、吴江、昆山、嘉定、上海、无锡等地县城城隍庙都有园亭，"亦颇不俗"②。

太平天国前后十几年的战争，诸多江南园林毁于兵燹，但同治年间恢复秩序后，各地又兴修了一批园林，构成江南园林建设的第三次高潮。杭州学者俞樾论道："方今吴下诸君子，大治园林花木泉石，极一时之盛。"③ 苏州人袁学澜称："自承平日久，闾井繁富，豪门右族争饰池馆相娱乐，或因或创，穷汰极侈，春时开园纵人游赏，车骑填巷陌，罗绮照城郭，恒弥月不止焉。余尝值春暮偕友朋，办杖头钱，蜡阮家屐，遍览诸家园林之胜。"④ 清末苏州有顾家怡园、盛康留园（原刘园）、环绣山庄、俞樾春在堂新屋曲园等。上海内园、豫园、也是园得以修复外，光绪间吴文涛构筑九果园。江宁，同治间梅缵高建颐园于城南磨盘街。光绪初年胡煦斋在明徐氏西园故址上修筑胡园，后称愚园，置亭馆数十所，南有大池，周以竹树，北部叠石为山，嵌空玲珑，回环曲折，经营极尽巧妙。杭州，新建或复建了红栎山庄、汾阳别墅、金溪别墅、水竹居、漪园等园墅。吴江同里镇有

---

① 梁章钜：《楹联丛话》卷六《胜迹上》，第66页。
② 钱泳：《履园丛话》丛话二十《园林》"造园"条，中华书局，1979，第545页。
③ 张燕婴整理《俞樾函札辑证·致吴云》（六），凤凰出版社，2014，第466页。
④ 袁学澜：《苏台揽胜词》卷二《春日游吴中诸家园林诗并序》，《适园丛稿》，林庆彰、赖明德主编《晚清四部丛刊》第一编，第120册，第89页，台北，文听阁图书有限公司，2010。

任氏退思园。清末湖州城有藏书家陆心源所构潜园。湖州南浔镇有刘氏小莲庄、庞氏宜园、张氏东园、张氏适园、觉园。以致童寯先生感叹:"吴兴园林,今实萃于南浔,以一镇之地,而拥有五园,且皆为巨构,实江南所仅见。……吴门之外,此当首推矣。"太仓,时人也称:"吾娄园林之盛甲于东南。"南浔园林大多集中在城西南,有乐隐园、南园、西墅、驻景园、东庄、樊春圃、丹山、后乐园、安氏园、离赟园、北园、黄氏园、吴氏园、学山园、静逸园、钱园、勺园、依绿园、茧园等。①

诚然,清代江南园林建筑之所以再次形成前后两个高潮,其原因除了与明代相同者外,更多的带有炫耀成分、斗富性质。所以康熙时汪琬指出:"吴中园居相望,大抵涂饰土木,以贮歌舞,而夸财力之有余,彼皆鹿鹿妄庸人之所尚耳。"② 有如前述,袁学澜也称之为"穷汰极侈"之表现。

二 江南园林之功用

园林砌筑在山水画般自然风貌的江南大地,以一步一景、自然换景、随处是景的韵味吸引着人们的目光,展示出明亮秀丽而又雅淡幽静的独特风格。著名园林建筑设计家刘敦桢先生说:"我国园林,大都出乎文人、画家与匠工之合作,其布局以不对称为根本原则,故厅堂亭榭能与山池树石融为一体,成为世界上自然风景式园林之巨擘。其佳者善于因地制宜,师法自然,并吸取传统绘画与园林手法之优点,自出机杼,创造各种新意境,使游者如观黄公望富阳江画卷,佳山妙水,层出不穷,为之悠然神往。"③ 今人曹林娣说:"中国古典园林除了具有居住的实用功能外,还兼有悦耳悦目、悦心悦意、悦志悦神的审美功能,更有'养移体'的养生和'居移气'的养心功能。从文化层面来讲,宅既是诉诸耳目的器物文化,也是制度文化载体,还涉及深层的精神文化,在世界三大园林体系中独树一帜,具有崇高的国际地位。"④ 著名园林设计家陈从周先生更指出:"苏南园林以整体而论,其色彩以雅淡幽静为主,它与北方皇家园林的金碧辉煌,适成对

---

① (宣统)《太仓州志》卷二《封域下》,第5页上。
② 汪琬:《尧峰文钞》卷二三《姜氏艺圃记》,第10页,《景印文渊阁四库全书》第1315册,第434页。
③ 童寯:《江南园林志》(重印),刘敦桢"序",1962。
④ 曹林娣:《江南园林史论》,绪论,上海古籍出版社,2015,第1页。

比。……且苏州园林皆与住宅相连,为养性读书之所,更应以清静为主。……再以南宗山水而论,水墨浅绛,略施淡彩,秀逸天成,早已印在士大夫及文人画家的脑海中。……此种色彩,其佳处是与整个园林的轻巧外观,灰白的江南天色,秀茂的花木,玲珑的山石,柔媚的流水,都能相配合调和,予人的感觉是淡雅幽静。这就是江南园林的特征了。"① 阮仪三先生总结,江南园林具有如下特点,第一是小中具大,以少胜多;第二是富有文心和书卷气;第三是景色大多比较雅朴;第四是因地制宜,注重塑造园林的韵味;第五是在较小的范围内,能使园林的游赏功能与居住功能密切结合在一起,实现"游"与"居"的统一。②

江南园林的造型之美和意蕴之美,其蕴含在古典建筑学、文化学、环境学、美学乃至旅游学方面的地位和意义,童寯、刘敦桢、陈从周、阮仪三和曹林娣等先生,言之已详,无须赘述,此处再从历史角度,稍作申论。

如前所述,园林砌筑之风的兴起,除了养神悦心颐养天年,还与明代文人生活交游方式大有关系。明代后期,江南文人士大夫讲究生活质量,追求生活品位,不时举办雅集,而雅集之地,不是虎丘、西湖、秦淮名胜之地,就是私家园林,其中园林是文人雅集的绝佳场所。上海盛邻汝家道丰裕,家有园池,复社之人倚为顾厨,不时在那里举办集会。如苏州徐泰时,在其园圃中,"呼朋啸饮,令童子歌商风应薤之曲,其声遏云"③。武进东皋园,主人风雅好客,"骚人墨士往往分韵角胜,觞咏啸歌于其间"④。雅致的园林成为文人雅士赋诗吟诵的大好场所。直到清末,苏州人王同愈说:"吴中园林之胜,甲于天下。留园、怡园,尤为宾朋燕集之所。挟妓载酒,应时选胜,留园为盛。论文谭艺,雅剧清游,怡园差便。园主人顾鹤逸,子山先生之孙,妙擅八法,因集斯社。社友为顾若波先生湛、陆廉夫恢、金心兰彬,文小波焯、岯怀同年及余也。窭斋师解组归来之明年,亦欣然入社,提倡风雅。吴中百余年来,无此盛举。逢社期,或书或画,随意染翰,或各出所藏,互相品题。一时求画者纷沓而至,门限几需铁叶矣。"⑤

---

① 陈从周:《苏州园林概述》,《苏州园林》,广东旅游出版社,1996,第92页。
② 阮仪三主编《江南古典私家园林》,译林出版社,2009,第9~11页。
③ 范允临:《输寥馆集》卷五《明太仆寺少卿舆浦徐公暨元配董宜人行状》,第19页,《四库禁毁书丛刊》集部第101册,第316页。
④ 邵长蘅:《邵子湘全集·青门麓稿》卷九《东皋园记》,第4页,《四库全书存目丛书》集部第247册,第760页。
⑤ 顾廷龙编《王同愈集·栩缘随笔》,上海古籍出版社,1998,第462页。

子山先生即怡园砌筑主人顾文彬；顾鹤逸即其孙子顾麟士；屺怀即费念慈。愙斋即晚清著名书画鉴定家吴大澂。这些当红的文化人就常以著名收藏家顾麟士家的怡园为聚会场所，举办真老会、率真会，谈文论艺。

明后期，江南文人流行演唱昆曲，赋诗度曲，教习歌舞，良辰美景奈何天，公子落难后花园，剧情大多不离园亭，于是园林成为戏曲表演的实地场景，颇具雅人情致。明代戏曲家王骥德认为，度曲最惬意的场所就是华堂、青楼、名园、水亭、云阁、画舫、花下、柳边。① 如上所述，康熙时苏州人汪琬评论，"吴中园居相望，大抵涂饰土木，以贮歌舞"。乾隆时，诗文大家常州人赵翼有诗："园林成后教歌舞，子弟两班工按谱。法曲犹传菊部筝，新腔催打花奴鼓。反腰贴地骨玲珑，擎掌迎风身媚妩。"② 此诗极为传神地描写了明后期安昌相国之孙、陕西布政使青山庄内的歌舞盛况，可为其时园林内戏曲表演之写照。明清时期，诸多经典名作多是在园林中搬演的。

园林往往也是藏书场所，成为文人学士切磋学问著述文献之地。如苏州木渎之遂初园，园有"璜川书屋"，书屋蓄书万卷，皆珍本秘籍，如北宋本《礼记单疏》世所罕见。吴下知名士惠栋等皆前往切磋，吴家遂以"璜川吴氏"而大著。园主吴铨在园中，"日取经籍，训课其幼子，暇则登高眺远，揽山色波光之秀"，优游林下。③ 吴铨故后，书籍散佚。铨长子用仪，号拙庵，又购书数万卷，多宋元善本；次子成佐，号嬾庵，也重新搜罗，筑书楼三间，题名"乐意轩"，列架而满。成佐有《乐意轩书目》八卷、《嬾庵偶存稿》八卷和《读史小论》二卷行于世。用仪子泰来，字企晋，号竹屿，才情明秀，又借祖、父之余荫，得以常与江浙名士王昶、王鸣盛辈流连忘返、觞咏其中，极一时之盛。十余年后，吴泰来于乾隆二十五年考中进士二甲三十七名，成为清代木渎镇上的第一个进士。乾隆二十七年高宗南巡，泰来迎驾应试，赐内阁中书。后在京与经学大师惠栋齐名，被人目为"吴中七子"。泰来在园中编定其诗稿十卷，名《砚山堂集》。④ 清后

---

① 王骥德：《曲律》卷四《论曲亨屯第四十》"曲之亨"条，叶长海《曲律注释》本，上海古籍出版社，2012，第 377 页。
② 赵翼：《瓯北集》卷一《青山庄歌》，上海古籍出版社，1997，第 13 页。
③ 徐陶璋：《遂初园序》，（道光）《苏州府志》卷四六《第宅园林一》；（民国）《木渎小志》卷一《古迹》、卷三《人物》。
④ 钱思元：《吴门补乘》卷三《第宅园林补》引《湖海诗传》，上海古籍出版社，2015，第 154 页。

期苏州城内的怡园,也是著名收藏家顾文彬祖孙三代聚衷图书彝鼎的宝库,盛名传于海内;湖州城内陆心源的潜园,中有庋藏两百部宋版书的皕宋楼,均是典型。

江南园林不仅给江南人带来无限乐趣,其魅力在其他地区也散发出来。清代康熙、乾隆二帝不光在南巡时屡屡驻足各地园林大为叹赏,而且回銮后在京师和避暑山庄移植仿制了不少江南园林景点,也作"卧游"。在畅春园康熙帝御笔亲点的三十六景中,"曲水荷香"取自杭州西湖景致及绍兴兰亭曲水流觞;"濠濮间想"典出《庄子》,景观意境则借鉴无锡寄畅园;"天宇咸畅"模仿镇江小金山;"香远益清"起意于苏州拙政园远香堂,江南园林式样在此"荣升"为皇家法式,镶着金边的远山近水,彻底脱离了宋明亡国之后的遗民梦境,终成为供奉于红墙绿瓦的富贵盆景。到了乾隆执政期间,这一情况得以扭转,"江南"符号所表露出来的政治意境与文化景观,都在日益强盛的国力中发生具象与内蕴的转变。万寿山清可轩仿自江宁燕子矶永济寺;长春园茹园仿自南京瞻园;圆明园福海周围的三潭印月、平湖秋月、南屏晚钟等景观,尽仿西湖十景;万寿山、惠山、圆明园廓然大公等园中园均模拟无锡惠山寄畅园;等等。事实上,自乾隆十六年的首度南巡之后,北方皇家园林里便出现大量仿造江南园林、追模天然名胜的园中园。皇家园林开始直接提取江南园林的景观主题,对其经典原型和造景规律进行总结、提炼,用以丰富皇家园林的理景手法与意境营造。①

苏州狮子林,清初为黄氏涉园,乾隆帝仿制于长春园和热河避暑山庄,即文园。海宁陈氏安澜园,乾隆帝曾仿其制于北京,修万春园之四宜书屋;杭州小有天园,乾隆帝仿之于长春园内。无锡的寄畅园,乾隆帝仿制于京师清漪园东北隅,名惠山园,即今颐和园中之谐趣园。江宁之瞻园,乾隆帝仿其制于京师西郊长春园内,即如园。乾隆帝曾南巡浙江海宁碧云寺的罗汉堂,对该寺内的五百罗汉造像极为欣赏,于是下旨在承德建造寺庙,命名为"罗汉堂"。罗汉堂中供奉的罗汉,派匠役前往杭州成造,所用钱粮由杭州织造应交内务府盈余银两内动支,共银16000两,成造罗汉500尊、三世佛、地藏、疯僧济颠、韦陀7尊。② 江南的代表性园林,点缀在京师或承德避暑山庄的北方之地,也融合改变着北方景象,持续发挥出江南特有的风味。

---

① 肖伊绯:《从残山剩水到九洲清晏 康乾南巡与江南园林》,《紫禁城》2014年4月号。
② 赖惠敏:《乾隆皇帝的荷包》,《"中研院"近代史研究所专刊》(98),2014年7月,第386~387页。

三　园林设计理念及其砌筑大师

　　江南园林在明清时期长达几个世纪的三次兴筑高潮中，诞生出一批批园林设计和建筑大师，也形成了诸多别具创意的建筑理论，极大地丰富了中国建筑特别是园林建筑宝库。

　　江南园林的建筑理论方面，明代计成及其《园冶》堪称经典代表。计成提出："园林巧于因借，精在体宜。……因者，随基势之高下，体形之端正，碍木栅桠，泉流石注，互相借资，宜亭斯亭，宜榭斯榭，不妨偏径，顿置婉转，斯谓精而合宜者也。借者，园虽别内外，得景则无拘远近，晴峦耸秀，绀宇凌空，极目所至，俗则屏之，嘉则收之，不分町疃，尽为烟景，斯所谓巧而得体者也。"①江南地区兴筑园林，要在方寸间见天地，既要充分利用地利自然环境，更要借景移景，化他为我，所以"因""借"之巧，实为关键。计成还提出："凡结林园，无分村郭，地偏为胜，开林择剪蓬蒿，景到随机，在涧共修兰芷。径缘三益，业拟千秋，围墙隐约于萝间，架屋蜿蜒于木末。山楼凭远，纵目皆然；竹坞寻幽，醉心即是。轩楹高爽，窗户虚邻，纳千顷之汪洋，收四时之烂熳。梧阴匝地，槐荫当庭。插柳沿堤，栽梅绕屋。结茅竹里，浚一派之长源；障锦山屏，列千寻之耸翠。虽由人作，宛自天开。"②计成对造园地点选择、亭阁台榭设置、景物布置以及栽种花木等提出了一整套要求，而总的宗旨和效果是"虽由人作，宛自天开"。计成提出的"因""借"概念和"虽由人作，宛自天开"建筑境界，均被后世奉为圭臬，遵行不易。后来李渔就发挥其说，谓"取景在借"③。

　　清初的戏剧作家李渔，在居室建筑等领域，也有一套独到的看法。在山石砌筑方面，他提出："能变城市为山林，招飞来峰使居平地，自是神仙妙术，假手于人以示奇者也，不得以小技目之。且磊石成山，另是一种学问，别是一番智巧。尽有丘壑填胸，烟云绕笔之韵士，命之画水题山，顷刻千岩万壑，及倩磊斋头石，其技立穷，似向盲人问道者。故从来叠山名

---

① 计成：《园冶》卷一《兴造论》，刘乾先《园林说》译注本，吉林文史出版社，1998，第28~29页。
② 计成：《园冶》卷一《园说》，刘乾先《园林说》译注本，第32页。
③ 李渔：《闲情偶寄·居室部》窗栏第二，"取景在借"条，巴蜀书社，1997，第128页。

手，俱非能诗善绘之人。见其随举一石，颠倒置之，无不苍古成文，纡回入画，此正造物之巧于示奇也。"① 是说叠石设计与匠工实际经营完全是两种学问、两种智巧，很少人能够兼擅。

清中期，江南园林建筑理论仍有推进。无锡人钱泳提出："造园如作诗文，必使曲折有法，前后呼应，最忌堆砌，最忌错杂，方称佳构。园既成矣，而又要主人之相配，位置之得宜，不可使庸夫俗子驻足其中，方称名园。"②"造园如作诗文"这一概念，也成为后人设计经营园林之准则。直到光绪初年，设计自家园林怡园的苏州著名收藏家顾文彬仍强调："凡造园如作文一般，无论大小，总要结构新奇可喜，不落平庸。湖石之堆于平地者，恒径也，立于池心，便觉耳目一新。"③"造园如作诗文"同"园林巧于因、借""虽由人作，宛自天开"，前后一脉相承，就是由江南园林设计师对园林建筑的别具匠心的理论贡献。

江南园林大多有假山石，是其一大特色。王世贞就认为，南京等地园林"远胜洛中"，就是因为洛中有水有竹有花有桧柏而无石。因此宋以来，江南园林建筑设计大师尤其是叠石大师代代辈出，绵绵不绝。如宋元有俞澄、陆叠山，明以来有张南阳、计成、文震亨、张涟、张鉽、张然、叶洮、李渔、石涛和尚、仇好石、董道士、王天于、张国泰、戈裕良等更加众多。这些园林建筑设计家，有总体设计大家，也有专擅于一门一类者，而叠假山一技，最为擅名。

明后期，园林修砌流行假山，堆假山高手争技。谢肇淛记："吴中假山，土石毕具之外，倩一妙手作之，及异筑之费非千金不可。然在作者工拙何如。"④ 园林修筑成败，一定程度上系于叠石高手。在明代杭州，叠假山者，"江北陈家第一，许银家第二"。两家废后，"独洪静夫家者最盛，皆工人陆氏所叠也。堆垛峰峦，拗折涧壑，绝有天巧，号陆叠山"⑤。在明末苏州，假山匠周廷策，系著名叠石家周时臣之子，"太平时，江南大家延之作假山，每日束脩一金，遂生息至万"⑥。在太仓和上海，园艺名家张南阳分别设计堆叠了豫园和弇山园。在嘉定，工艺家朱稚徵，兼工叠石造园，

---

① 李渔：《闲情偶寄·居室部》山石第五，前言，第 151 页。
② 钱泳：《履园丛话》丛话二十《园林》"造园"条，中华书局，1979，第 545 页。
③ 顾文彬：《过云楼家书》卷陆，光绪元年不列号，文汇出版社，2015，第 474 页。
④ 谢肇淛：《五杂俎》卷三《地部一》，上海书店出版社，2001，第 56 页。
⑤ 田汝成：《西湖游览志余》卷一九《术技名家》，上海古籍出版社，1998，第 285 页。
⑥ 徐树丕：《识小录》卷四"周一泉"条，《笔记小说大观》第 40 编第 3 册，第 636~637 页。

精心设计了南翔猗园。直至清末,造园注重假山,其风未变。张紫琳称:"太湖石玲珑可爱,凡造园林者,所须不惜重价也。湖傍居民取石凿孔,置波浪冲击处,久之,斧斤痕尽化,遂得天趣。实则瘦、皱、透三者皆出于人工,以售善价,谓之种石,其人可称石农。"①

明末的园林设计家计成,其本身也是其理论的忠实实践者。崇祯时,郑元勋在其《影园自记》中说:"吾友计无否善解人意,意之所向,指挥匠石,百无一失,故无毁画之恨。"②

明末清初的假山垒砌家华亭人(因徙嘉兴又为嘉兴人)张涟(字南垣),更营建了不少留传后世的园林佳构。张涟少学画,好画人物,兼通山水,遂以画山水之意垒石,最擅长垒石。吴伟业称,张涟在江南各地垒假山五十余年,"经营粉本,高下浓淡,早有成法。初立土山,树石未添,岩壑已具,随皴随改,烟云渲染,补入无痕,即一花一竹,疏密欹斜,妙得俯仰。山未成,先思著屋,屋未就,又思其中之所施设,窗棂几榻,不事雕饰,雅合自然"。又说他砌筑时,"土石草树,咸能识其性情。每创手之日,乱石林立,或卧或倚,君踌躇四顾,正势侧峰,横支竖理,皆默识在心,借成众手。常高坐一室,与客谈笑,呼役夫曰:'某树下某石可置某处。'目不转视,手不再指,若金在冶,不假斧凿,甚至施竿结顶,悬而下縋,层寸勿爽,观者以此服其能矣"③。鬼斧神工,天然自成。康熙《嘉兴县志》卷七则记,当地原"以高架叠缀为工,不喜见土",而张涟"一变旧模,穿深覆冈,因形布置,土石相间,颇得真趣"。可见张涟园林砌筑自有一套,为人称赏。张涟长期在松江、嘉兴、南京、金坛、常熟、太仓、昆山等地营构,留下了诸多名园杰作,其中如李工部之横云、虞观察之预园、王时敏之乐郊、钱谦益之拂水山庄、吴吏部之竹亭等,最为有名。

张涟不独在当时独魁叠石,其四个儿子以及侄儿辈,均能承传其术,形成一个著名的砌园家族。晚年直隶相国请其筑园,张涟即遣其仲子承接。其子张轶凡,自崇祯十六年至顺治二年,屡屡与祁彪佳相过从,祁逐日记

---

① 张紫琳:《红兰逸乘》卷四《琐载》,《苏州文献丛钞初编》,王稼句编纂点校,古吴轩出版社,2005,第300页。
② 转引自陈植《园冶注释》,中国建筑工业出版社,1999,第41页。
③ 吴伟业:《吴梅村全集》卷五二《张南垣传》,李学颖等集评标校,上海古籍出版社,1990,第1060页。

录：崇祯十六年十月二十三日，祁见张轶凡所垒梅坡，"大得画家笔意"；十一月十三日，张轶凡垒石于归云寄起工；二十八日，又"删石于铁芝峰，筑墙静者轩，后游人隔绝，愈觉幽胜"。次年二月十七日，"迎张轶凡至，垒石于归云寄"；二十一日，"呼萧山竹工修笛亭，张轶凡删石于友石榭，傍垒高峰始竣"；三月初十日，"与张轶凡商内室及竹圃兴造之法……晚与诸友共酌瓶隐，赏牡丹，即钱别张轶凡"。顺治二年二月初十日，"张轶凡过访……从北塘抵密园，偕张轶凡指点修整之处"；十一日午后，"与轶凡至密园议改筑牡丹垒删湖石为寓园之用"；十二日，"送张轶凡至密园垒石"；十五日，"张轶凡垒石密园，竟邀出月下共酌，且商改虎角庵"；十六日，"张轶凡垒太湖石于瓶隐之南，而北则多种竹，东南杂植草花数十本，遂为园中之胜"；三十日，与蒋安然等到上方山登拱阳庵，看水仓石，仓石皆奇绝，"因欲张轶凡仿之于迥波屿，垒为千人座"。三月初三日，"是日，张轶凡垒石于试莺歌馆南窗"；十二日，"与张轶凡商更改曲廊"；十八日，"连日张轶凡删石于密园"。四月初四日，"与张轶凡屡屡商酌改旱桥……又以归云寄之廊移于竹林，而别以廊贯小浮幢，皆于是日兴之"；初七日，"同游天境园南华山馆陈氏之吾鼎堂，以张轶凡作法观之，皆不当意"。① 在祁彪佳笔下，张轶凡是砌园叠石的经典式标准，以祁彪佳之才情素养，园苑兴筑一切听其摆布。张涟另一子张然，京师瀛台、玉泉、畅春苑的不少名园，均出其手。康熙时秦松龄改建寄畅园，叠石凿洞者张鉽，可能是其亲族。后来秦德藻增筑寄畅园，叠山者即其侄儿张钺。

清嘉道时期的假山作手，则以阳湖人戈裕良最为出名。钱泳称其造亭台池馆，一切位置装修，亦其所长。并曾与其论及苏州狮子林石洞，戈认为界以条石不算名手，钱问其故，戈答称只将大小石钩带联络如造环桥法，可以千年不坏，说叠石"要如真山洞壑一般，然后方称能事"②。此番对话，令饱有学养于假山营造也算内行的钱泳大为叹服。同时人常州洪亮吉记，戈裕良世居常州东郭，"以种树累石为业"，曾为其营建西圃，泉石饶有奇趣，洪赋诗三绝以赠："奇石胸中百万堆，时时出手见心裁。错疑未判鸿濛日，五岳经君位置来。知道衰迟欲掩关，为营泉石养清闲。一峰出水离奇甚，此是仙人劫外山。三百年来两轶群，山灵都复畏施斤。张南垣与戈东

---

① 祁彪佳：《祁彪佳日记》卷一三《癸未日历》、卷一四《甲申日历》、卷一五《乙酉日历》，第704~819页。
② 钱泳：《履园丛话》丛话十二《艺能》"堆假山"条，中华书局，1979，第330页。

郭，移尽天空片片云。"① 同时期南京人甘熙也记，作假山石，阳湖戈姓最擅长，南京五松园、五亩园及冶城山馆，皆出其手；其家小园及西辕门口李氏继园、沙湾卢氏园、清溪里章氏园，也其所为。凡其所砌假山，"一丘一壑，结构天成，大小不同，各具胜趣，仿佛姑苏狮子林景象。穿池以砻糠灰、石灰、黄土研之极细，三合为一，铺而捶之，坚整如石，经久不裂。视用锡板、石板者，巧拙迥别"。② 除上述这些名园，戈裕良还堆砌了仪征之朴园、如皋之文园、虎丘之谢园、苏州城内汪氏耕荫义庄以及苏州孙古云家书厅前假山。单是耕荫义庄的假山，清末苏州人王同愈说："吴中第宅园林之胜，甲于他郡。垒石疏泉，洞壑毕具，名为假山。今申衙前汪氏耕荫义庄内山石，堆垛嵌空，天衣无缝，尤为一郡之冠。"③ 可见，只要是戈氏所作，均为经典，流传于后世。

（黄泳，苏州大学社会学院历史系博士研究生；
范金民，南京大学特聘教授、历史学院博士生导师）

---

① 洪亮吉：《洪亮吉集·更生斋诗集》卷七《西圃疏泉集》，中华书局，2001，第1378页。
② 甘熙：《白下琐言》卷二，南京出版社，2007，第27页。
③ 顾廷龙编《王同愈集·栩缘随笔》，上海古籍出版社，1998，第523~524页。

明清徽州才媛的地理分布与文化教育

俞晓红

摘　要：明清两代徽州才媛200人，其地理分布极不均衡，居处有较大的区域流动性，都受过良好的文化教育，多数才媛婚姻状况良好，且大多呈现"高嫁"的趋势，精神生活主要是吟诗、作文、绘画，以及与夫唱和、教育子女等，其诗文作品多借其夫其子之力集录行世，体现了徽州才媛文化的基本特征。

关键词：明清　徽州才媛　地理分布　文化教育

本文所论"明清"的时间段，概以明太祖朱元璋洪武元年（1368）在金陵登基建国时为上限，以清宣统三年（1911）辛亥革命发生为下限。所言"徽州"的范围，依据"一府六县"的历史区划：一府为徽州府，六县为歙县、休宁、婺源、祁门、黟县、绩溪。这一区划在唐代开元、永泰年间即已形成，至明清时未有变动，今日既论明清才媛，则仍遵从这一区划原则。所谓"才媛"的概念，则无论其出身高低贵贱，凡有诗词、小说、书画、艺文作品传世的女子，或其作品虽未能传世然被明清以降各类文献著录的女性作者，均属于这一指称范围。所谓"徽州才媛"的概念，则既包含了徽籍本土才媛在内，也涵括了诸多寄籍外地的徽籍才媛、嫁入徽州或嫁给徽人的外地才媛。曾有学者提出："徽州文化不能仅仅指在徽州本土上存在的文化，亦包括由徽州而发生，由本籍包括寄籍、侨居外地的徽州人创造从而辐射于外、影响于外的文化，这其中的关键是要有对徽州的强烈认同。"① 从这个意义上说，徽州才媛在其辗转流动至江浙皖地带生活的同时，也承载着将徽州区域文化传统流播开去的使命。

一 才媛的地理分布及其居处异动

根据前述原则，翻阅《众香词》《国朝闺秀正始集》《国朝闺秀正始续集》《名媛诗话》《国朝闺阁诗钞》《柳絮集》《国朝杭郡诗辑》《小檀栾室汇刻闺秀词》《香艳丛书》《晚晴簃诗汇》《清代闺阁诗人征略》《皖雅初集》《安徽名媛诗词征略》《安徽才媛纪略初稿》《徽州女子诗选》《历代妇女著作考》《徽州文献综录》等文献资料，检得明清两代徽州才媛共计200名。

1. 地理分布

本文以1644年为界，凡存世时间在明末清初、1644年已届15岁的才媛，概算在明代。由此析出明清两代徽州才媛的地理分布及其在整个徽州府所占比例的情况，析如表1。

表1 明清徽州才媛徽州府各县分布数量及比例

府县	才媛总数（人）	比例（%）	明代数量（人）	比例（%）	清代数量（人）	比例（%）
徽州府	200	100.0	18	9.0	182	91.0
歙县	119	59.5	13	6.5	106	53.0
休宁	45	22.5	4	2.0	41	20.5
婺源	22	11.0	1	0.5	21	10.5
黟县	7	3.5	0	0.0	7.0	3.5
绩溪	5	2.5	0	0.0	5	2.5
祁门	2	1.0	0	0.0	2	1.0

由表1可以看出，明清二百名徽州才媛，就总数而言，清代是明代的十倍。这说明由明而清，徽州女子的文化教育和文学创作越来越受重视，并在当时社会男性话语圈中得到越来越多的认可。就县域而言，两代歙县才媛均超过徽州府才媛总数的一半，比其他五县的总和还多，其次是休宁、婺源。才媛的地理分布极不均衡。

---

① 详见周绍泉《徽州文书与徽学》，载周绍泉、赵华富主编《'98国际徽学学术讨论会论文集》，安徽大学出版社，2000。

进一步考察明清徽州二百名才媛出身可知，她们大多生活在徽州区域的中上等家庭，有很大一部分出身于当地的名门望族或仕宦之家。明万历年间歙县才媛汪西池，是明代著名文学家汪道昆的孙女。汪道昆（1525～1593），初字玉卿，改字伯玉，号高阳生，别署南溟、南明、太函氏等，歙县西溪南乡松明山人。嘉靖二十六年进士，初任义乌知县，历官武选司署郎中事员外郎，襄阳知府，福建按察使，福建、郧阳、湖广巡抚等职，仕终兵部左侍郎。文武兼通，工诗文，与王世贞为诗坛领袖。有《太函集》120卷，杂剧有《高唐梦》《五湖游》《远山戏》《洛水悲》《唐明皇七夕长生殿》等，另有《北虏纪略》《数钱叶谱》。《明史》有传。清康熙年间，歙县潭渡黄家出了个黄克巽，她是学者黄曰瑚的女儿。黄曰瑚，字宗夏，号确夫，从李塨、刘献廷（1648～1695）问学，为刘献廷辑《广阳杂记》。刘献廷为讲《离骚经讲录》，黄曰瑚集录整理为书。后参少保张公幕，多有殊绩。黄曰瑚精通声韵，著有《新韵语》。事见清潘祖荫《广阳杂记跋》。《民国歙县志》有传。清代乾隆嘉庆年间才媛方掌珍（1783～1839），出身于歙县望族，父方鸿为太学生。歙县方筠英，系乾隆元年丙辰（1736）副贡、来安教谕、诗人方自华的女儿。著名作家方成培也出自这个家庭。方成培（1713～1808）精通诗词，酷爱戏曲，著作甚丰。他是方筠英的弟弟。乾隆三十六年，方成培客居扬州时，曾据旧本改定《雷峰塔传奇》，另有著述《香研居词麈》四卷、《香研居谈咫》（1卷）、《听奕轩小稿》（3卷）、《方仰松词榘》（16卷）等。此外，他还著有《双泉记传奇》《诵词记疑》《镜古续录》《记后岩学诗》等。《安徽文献书目》著录。《民国歙县志》有传。歙县江秀琼，是巡抚江兰之女。江兰，字滋伯、芳谷，号畹香，贡生出身，与江春为堂兄弟。乾隆四十四年（1779）前，江兰任大理寺少卿、太仆寺卿等，此后在河南、山东、云南任布政使、按察使、巡抚等数十职，乾隆六十年（1795）至嘉庆四年（1799）任兵部侍郎。擅诗文，精瓷器，好治园，有诗文集传世。歙县人何秉棠，字子甘，号南屏，深于诗学，著有《桐花书屋诗草》，官至两淮盐知事。他的三个女儿均能诗：次女何佩芬，三女何佩玉，四女何佩珠。

歙县而外，休宁也是出才媛的地方。清顺治、康熙年间人汪娴，是内阁中书汪文桂之妹。汪氏本为休宁望族，后迁至桐乡。汪娴的父亲和她两个叔叔，均为清代有名的学者、收藏家、鉴赏家。汪文桂著有《鸥亭漫稿》，与两弟合刻《汪氏三子诗》，黄宗羲为序。其弟汪森（1653～1726），本名文梓，康熙拔贡，官至广西桂林府通判，累迁户部江西司郎中，还知河南郑州事，会丁母忧未赴官，告归。弟文柏（约1662~1722），乃清代著名的收藏家、鉴赏家，康熙时曾官为北城兵马司指挥，工诗画，精鉴赏，家有古香楼，收藏书画作品甚丰，著有《汪司城诗集》《杜韩集韵》（3卷）、《柯庭余习》（12卷）、《古楼吟稿》。《国朝诗别裁集》《道光休宁县志》《光绪桐乡县志》《清诗纪事初编》有传。兄弟三人同因藏书而名盛，因文桂有裘杼楼、汪森有碧巢书屋、文柏有古香楼和澡之堂，收藏珍本秘籍达数万卷，被黄宗羲称为"汪氏三子"。金树彩（1831~1853）是武昌知府金云门的三女儿。金云门（1794~1853），字吉予，号菊轩，休宁人，道光十三年进士，官浙江云和知县，改任湖北，历天门、崇阳、随州，晋知州，擢安陆知府，署粮储道，护按察使，调署黄州。后太平天国陷黄州，云门死之，赠太仆寺卿，予骑都尉世职，谥"果毅"。《清史稿》有传。

2. 居处异动

细览徽州才媛行迹可知，她们并非全都终生定居于徽州区域之内，而是呈现出较大的区域流动性。为女者，有幼随父母迁居他乡的，如乾嘉时歙县人汪嫈，幼时即随父母侨居扬州；有嫁后随夫迁居任所的，如康熙时歙县人汪是，嫁同邑吴之騄为副室，吴之騄于康熙壬子年（1672）中举，官绩溪县教谕，后迁镇江府教授。这种流动一般趋向于金陵、扬州、镇江、钱塘、宁波等江浙地区，也有随夫赴北京任官的。

从已嫁才媛情况看，她们多为仕宦之妻。有原籍徽地、嫁在徽州区域之内甚或同邑的，如清顺治康熙年间休宁人程琼，嫁与歙县人吴祚荣为妻；同光时歙县人吴修月，嫁与同邑秀才汪定执为妻，其表妹张庆云亦歙人，嫁与汪定执为继室。也有嫁至外乡、远离徽地而居的，如清同光时歙县人周桂清，19岁嫁与合肥诸生阚潘鼎为继室，光绪四年27岁时卒于江宁。也有从江浙甚至更远的异地嫁到徽州或嫁与徽人的，如乾隆时徐德音，原籍浙江钱塘，嫁与歙县人许迎年为妻；同治时吴畴五，原籍河南固始，嫁与歙县人洪镔为妻，洪镔官江苏候补直隶知州；同光时龚自璋，原籍浙江钱塘，嫁与徽州人朱祖振为妻。

才媛因婚嫁而出现居地变化的，主要有两种情况。一是原籍徽州、嫁作徽妇，嫁后随夫籍或随夫任。歙县才媛张莅贞，嫁与山东候补知府鲍瑞骏。鲍瑞骏，字桐舟，号渔梁山樵，歙县人，道光癸卯年（1843）举人，力学能文，同治时以军功官山东馆陶知县，擢候补知府，历郑魏齐楚之郊，诗篇宏富，为时所称，著有《桐华舸诗集》《褒忠诗》《咏史诗》。书法欧阳，画与汪昉齐名。《歙县志文苑》《清画家诗史》有传。其兄鲍康（1810~1881），字子年，号观古阁主人、岩寺人，道光己亥（1839）举人，官至四川夔州知府，为清钱币学家、金石学家。其叔鲍桂星（1764~1824），字双五，一字觉生，嘉庆四年进士，历官工部侍郎、翰林学士，终詹事。师从姚鼐，诗古文并有法。歙县才媛吴淑娟（1853~1930），为著名画家吴鸿勋之女，嫁给江宁知府、黟县人唐光照为妻。

二是原籍外地，嫁入徽籍或嫁给徽人。嘉道年间才媛陆韵梅，原为江苏吴县（今吴中区）人，光禄寺典簿陆澧之女，嫁给歙县人潘世恩次子潘曾莹为妻。潘世恩（1769~1854），初名世辅，小字日麟，字槐堂，一作槐庭，号芝轩，晚号思补老人，室名有真意斋、思补堂、清颂堂。祖籍歙县，后迁居苏州。乾隆五十八年（1793）进士第一，授修撰，嘉庆间历侍读、侍讲学士、户部尚书；道光间至英武殿大学士，充上书房总师傅，进太傅。潘世恩为官50余年，历事乾隆、嘉庆、道光、咸丰四朝，因被称为"四朝元老"。著有《恩补斋集》。《民国歙县志》《清史稿》《歙事闲谭》有传。其子潘曾莹（1808~1878），字惺斋，道光二十一年（1841）进士，官至工部左侍郎，工史学，善书画。著有《鹦鹉帘栊词》《小鸥波馆词》。事见《憩园诗话》《歙事闲谭》《民国歙县志》。嘉道年间才媛康介眉，原为山西兴县人，乃知府康基渊孙女。康基渊，字静溪，乾隆十七年（1752）进士，次年任嵩县知县，官至江西广信知府。著有《南圃文钞》、《家塾蒙求》、《女学纂要》及《嵩县志》诸书。《清史稿》《清代七百名人传》有传。康介眉嫁给了歙县人鲍继培为妻。鲍继培乃道光十七年（1837）举人，历任刑部郎中、山西道监察御史、浙江道监察御史、陕西道监察御史、四川保宁府知府。

这两种情形在道光时婺源江家同时出现。婺源才媛戴烜姒（约1874~约1905），嫁给同邑江忠赓为妻。江忠赓（1874~1943），谱名孝璟，名大用，字焕其（一字叔莘），号菊圃（一作橘圃），婺源晓起人，亦出身于望族。其父江人镜（1823~1900），字云彦，号蓉舫，道光二十九年（1849）应顺天乡试中举，次年任镶白旗汉学教习，咸丰三年（1853）任内阁中书。江忠赓是江人镜的第三个儿子，由监生任工部都水司主事，员外郎衔，升用直隶州知州，加盐运使衔，官至浙江候补知府，民国期间曾任众议院议员。著有《乐知轩诗集》《耐庵小稿》《雪鸿蜀道》等诗词集。江人镜的第二个儿子江忠振，谱名孝琼，字采其（一字仲麟），号棣圃，婺源贡监生。他娶了道光二十九年举人、官至安徽布政使、通州人胡玉坦的女儿胡凯姒为妻，而胡凯姒亦一时才媛。江忠振为光绪二十四年（1898）进士，同年五月授江苏即用知府，胡凯姒诰封一品夫人。

徽州才媛也有嫁作徽商之妇者。康熙时歙县才媛程云（？~1770），字友鹤，号梅衫，嫁给清代著名的徽商兼藏书家汪文琛为妻。汪文琛，字厚斋，原籍徽州，寄籍仪征，历任候选道、盐运使、资政大夫。康熙年间，他在苏州开设"益美布号"，一年售布达百万匹，因而饶有资财，富甲诸商，布号遍行天下。汪文琛嗜好广收图书，为吴中藏书巨擘，与其子汪士钟先后收得黄丕烈、周锡瓒、袁廷梼、顾廷逵四大藏书家古籍，有藏书楼"三十五峰园"，著有《艺芸书舍宋元本书目》。乾隆五十三年（1788），汪文琛独力重修郡学；嘉庆十七年（1812），再修郡学。清顾震涛《吴门表隐》有传。

徽州才媛又多为令子之母。雍乾时期歙县才媛吴绣砚尤为典型。吴绣砚（1723~1784），乃太史吴华孙之妹，嫁给中宪大夫、歙县人洪琰为妻。吴华孙，字冠山，号翼堂，雍正四年（1726）丙午乡试举人，雍正八年进士，点翰林院庶吉士，雍正十一年四月翰林院散馆，授编修，乾隆六年（1741）十二月十九日以编修差授福建学政，乾隆九年离任。著有《翼堂文集》。绣砚为父亲晚年所生，福相端庄，面如满月，幼习诗礼，与侄绶诏、恩诏同塾。母程太夫人钟爱甚笃。12岁时父卒。数年后，兄吴华孙奉慈母之命，为妹择婿洪琰，两年后请假遣嫁。洪氏乃歙县望族，全家百口，钟鸣鼎食，绣砚以谦俭处其间，雍容大方，且侍奉舅姑甚谨。洪琰诗笔高古，然不耐场屋，困经岁，村居。绣砚诗亦隽永，遇花晨月夕，家庭角韵，极天伦之乐，为邑人所艳称。吴绣砚所生三子洪朴、洪榜、洪梧，少俱颖慧，吴绣砚因以相夫教子为己任。后三子均以奇才异能召试大科，均宦。长子洪朴，字素人，号伯初，乾隆二十六年（1761）中正榜，三十一年十月由内阁中书入直，复中辛卯（1771）进士，官至广平府知府。洪朴为人耿介，严气正性，出守畿郡，劾罢墨吏，震动朝野。次子洪榜（1745~1780），字汝登，一字初堂，年十五为诸生，乾隆三十年拔贡，举乾隆戊子（1768）乡试，四十一年应天津召试，授内阁中书。洪榜温良和厚，诸艺皆精，长于经学，誉流乡党，与戴震、金榜交好，惜英年早逝，35岁卒。三子洪梧（1750~1817），字桐生，一字植恒，乾隆四十五年举人，召试中书，乾隆五十五年进士，授翰林院庶吉士，散馆授编修，官至沂州府知府。乾隆六十年，任浙江副考官，嘉庆元年，充会试同考官。洪梧博古通今，兼工词翰，尤精经学。绣砚三子先后中举授内阁中书，时有"同胞三中书"之誉，称"同胞刺史"、歙县"三凤"。绣砚三媳，一为候补道程天健女，一为兵部职方司郎中汪启淑女，一为封太仆卿江长进女。四女，分别嫁徐士义、闵道恂、方椿、朱光达。二媳汪玉英、长女洪南秀均能诗，时人谓之一门风雅。

另如乾隆年间休宁人汪佛珍，嫁与通判松江张梦喈为妻。张梦喈，字凤于，号玉垒，华亭人，贡生。出身名家，有经世之才，然天性恬淡，不乐仕进，朝夕研讨百家杂艺，尤工诗弈，著有《塔射园诗钞》。黄俊《弈人传》、叶恭绰《全清词钞》有传。汪佛珍与张梦喈所生第三子张兴镛，字金冶，嘉庆六年辛酉（1801）举人，师从乾嘉时著名文人王昶，著有《红椒山馆诗钞》。同治年间才媛吴畴五，与夫洪镁常相唱和，然平时所作，罕存其稿，自以为妇人四德，文章不在其内，区区篇翰，何足存录。畴五殁后，其子洪汝怡掇拾其遗诗，仅得生前所作十分之一，集为《杏婉遗诗》。才媛诗作，因有子女集录、付梓而得以传世。

二 才媛的婚姻状况及其身份特征

就婚姻状况看，明清徽州二百名才媛，确知其婚嫁状况者170人，婚姻状况不详者19人，在室女11人。各类情况具体如表2。

表2 明清徽州才媛婚姻状况统计

已婚者	数量（人）	比例（%）	在室女	数量（人）	比例（%）	不详者	数量（人）	比例（%）
正室	135	67.5	未嫁而卒	6	3.0	未见记载	19	9.5
继室	16	8.0	未嫁夫卒	3	1.5			
侧室	19	9.5	侍亲不嫁	2	1.0			
小计	170	85.0	小计	11	5.5	小计	19	9.5

才媛既有良好的文化教养，又有文学艺术的作品传世，她们嫁作正室比较多见，且是很自然的事。然于徽州才媛而言，却多有例外。兹将上表中继室、侧室与在室女这三类情况胪列如下。

1. 继室

胡氏，明代湖南人，江学海继室。江学海，字相如，号海若，晚号鸿蒙山人，学富才雄，著有《瘖堂集》。

吴吴，康熙时歙县人，知州江闿继室。江闿，字辰六，号雏萱，别号垟峒生，晚号卤夫。原籍歙县，寄籍贵州。康熙二年（1663）举人，榜姓越，后复姓江。康熙十八年（1679）召试博学鸿词，因飞鸟污卷报罢，选授益阳知县，擢均州（今湖北襄阳）知州，署郧阳知府，调解州（今山西解州）知州，随署平阳知府，吏部考察为优等，升员外郎，未到任而卒。

曹贞秀，乾隆时休宁人，长洲王芑孙继室。王芑孙，字念丰，一字沤波，号惕甫，一号铁夫、云房，又号楞伽山人。早有诗名，精于诗文书法，然累次困顿场屋，公卿大夫重其才，咸与订交。乾隆五十三年（1788）召试举人，官华亭教谕。63岁卒。

陆青存，乾隆时钱塘人，徽州守备吴孔皆继室。

汪嫈，乾嘉时歙县人，同邑程鼎调继室。程鼎调（1767～1815），字梅谷，歙县人，贵州巡抚程鹤桥弟。屡试不中，遂务盐业。

殷德徽，乾嘉时歙县人，知县钱抚棠继室。钱抚棠（？～1815），嘉善人，乾隆五十四年己酉（1789）充江西副考官，嘉庆年间督学江苏。

王玉芬，嘉道时婺源人，严逊继室。严逊，字子高，号茗庵，东河总督严烺三子，仁和人，官南河同知。

孙采芙，道光至光绪时休宁人，绩溪胡培系继室。胡培系（1818～1888），字子继，号邠霞，绩溪人，宁国府教谕。

郑芬，咸同时歙县人，南昌通判天津王煊继室。王煊，字焕斋，宣城人，咸丰间入周天受（？～1860）营，官守备，加都司衔。

周桂清，咸同时歙县人，合肥诸生阚濬鼎继室。

张庆云，同光时歙县人，歙县汪定执继室。汪定执（1870～1955），字允中（一字慕云），别署旷公，善画梅，清末民初著名诗人。

吴畴五，同治时固始人，歙县洪镔继室。洪镔（1834～1881），字廉夫，号莲敷，一号念桥、行一，歙县廪贡生，同治辛未进士，充国史馆誊录、议叙盐大使等，光绪时官江苏候补直隶州知州。

程淑，同光时休宁人，绩溪汪渊继室。汪渊，康熙年间人，字时甫，一字诗圃。贡生，工词。又集宋元人词句，为《麝尘莲寸集》传世。

王纫佩，同光时婺源人，观察江峰青继室。江峰青（1860～1931），字湘岚，号襄柄，婺源人，能诗善画，画作笔墨超逸，画品较高。光绪十二年进士，成立对山亭文社，创建官药局。光绪二十年重修《嘉善县志》。后迁江西道员，宣统间任江西审判厅丞。

汪观定，光绪至民国时婺源人，溧阳狄葆贤继室。狄葆贤（1875~1921），溧阳人，字楚青、平子，斋名平等阁。擅诗文书画，与谭嗣同、唐才常交往甚密，戊戌后逃亡日本。光绪二十六年（1900）回国，参与自立军，事败后复走日本。1904年前后返上海，集资从事新闻业，创办《时报》。宣统三年（1911）在北京发刊京津版《时报》，又办《民报》，并设有正书局，任经理。后专攻佛学。

邵振华，光绪至民国时绩溪人，劳綗章继室。劳綗章（1874~?），字闇文，光绪二十七年入县庠，附生，宣统元年（1909）当选为浙江省咨议局议员。光绪二十六年，劳綗章与19岁的邵振华完婚于绩溪。

2. 侧室

佘五娘，明万历前人，原籍歙县，生于扬州，嫁与扬州盐商某为妾。

孙瑶华，明天启、崇祯年间人，金陵人。歙县汪景纯侧室。景纯，江左大侠，忧时慷慨，期毁家以纾国难，灵光多所佽助，景纯以畏友目之。

张启，明万历至崇祯时休宁人，汪汝萃侧室。汪汝萃，休宁人，侨居扬州。婚后不久，汝萃卒。

徐简，明末清初浙江嘉兴人，休宁吴玙侧室。吴玙，字于庭，明末国子监生。

洪元志，顺治时歙县人，太仆少卿胡文学侧室。胡文学，字道南，一字卜言，歙县人，顺治九年进士。

汪是，顺康时歙县人，吴之騄侧室。吴之騄，字耳公，歙县人，康熙十一年壬子（1672）举人，任绩溪教谕，迁镇江府教授。

陈玉，乾隆时休宁人，侨居长州，王鸣盛侧室。王鸣盛（1722~1797），字凤喈，一字礼堂，别字西庄，晚号西江。嘉定人。乾隆十九年（1754）榜眼，官侍读学士；乾隆二十四年，官至内阁学士兼礼部侍郎。

王碧珠，乾嘉时歙县人，休宁汪谷侧室。汪谷（1754~1821），字琴田，号心农，休宁人，候选道。

唐庆云，乾嘉时歙县人，阮元侧室。阮元（1764~1849），扬州仪征人，字伯元，号云台、雷塘庵主，晚号怡性老人，谥号"文达"，乾隆五十四年进士，官至体仁阁大学士，加太子太保。

陈绛绡，乾隆时长州人，先许字某氏，未婚，夫卒，后嫁为吴蘩孙侧室。吴縈孙，歙县人，光禄吴觐阳三子，监生，乾隆年间任直隶布政司理问、四川成都府汉州知州。

程蟾仙，乾隆时歙县人，朱燮侧室。朱燮，乾隆年间海宁人，官中书，精绘事。

胡佩兰，乾隆时人，原籍休宁，寄籍江苏太仓。汪启淑侧室。汪启淑（1729～1799），字慎仪，号秀峰，又号讱庵，自称印癖先生，歙县人，侨寓杭州，官兵部郎中。

邱卷珠，乾嘉时闽县人，婺源詹振甲侧室。

沈蕙香，乾嘉时钱塘人，婺源詹应甲侧室。

张绣珠，乾嘉时长州人，詹振甲侧室。

张喜珠，乾嘉时黄州人，詹振甲侧室。

王静兰，嘉道时苏州人，婺源张建亭侧室。

李淑仪，嘉道时歙县人，休宁黄仁麟妾。黄仁麟，号莲青主人，休宁人，著有《花隐香巢古今体诗》二卷、《花隐香巢试贴偶存》二卷。

盛丽珠，清代长州人。歙县郑元苍侧室。

3. 在室女

明清两代徽州才媛在室女11人，其中未嫁而卒者6人；未嫁夫卒者3人；侍亲不嫁者2人。具体如下。

陈同，顺治时歙县人，许字吴人，未嫁而卒。吴人（约1650～?），又名仪一，字舒凫，钱塘人。因居吴山草堂，故又字吴山。吴山髫年游太学，名满都下。尤工词，为王士禛所称，为西泠三子之一。著有《吴山草堂词》17卷，传于世。

汪娴，顺康时休宁人，许字戴判官之子，未嫁而卒，仅14岁。

吴氏，康熙时歙县人，许字歙县丛睦汪某，将嫁前一月，汪某病卒，女养亲终身，47岁卒。

叶氏，康熙时歙县人，许字黟县卢容。容弱冠时病，卒。至卢家，奉卢容木牌而居，三年服丧毕，请母相见，绝食十余日，卒。

汪桂芳，乾隆时歙县人，许字方芬，未几，方芬卒。桂芳闻讯，绝食而死，时年19岁。

黄嫆，雍乾时休宁人。父殁，侍母不字。

徐七宝，乾隆时歙县人，许字同邑曹榜，未嫁而卒。曹榜，字玉堂，歙县雄村人，善画花鸟，苍逸似八大山人，与曹鼎著有徽剧《双凤笺》。清蒋宝龄《墨林今话》《清代碑传全集》《民国歙县志》有传。

金树彩，道咸时休宁人，20岁时尚未字人，与长姊随侍母亲汪恭人于武昌寓所，咸丰二年壬子十二月初四（1853年1月12日），太平天国攻占武昌，与母、姊俱殉难。

金环秀，咸同光时期婺源人。金芳女，俞补之弟子。金芳，字永俅，与詹天佑祖父詹世鸾为同乡好友。环秀年未及笄，殁。

汪阿秀，光绪至民国时黟县人，因不堪流言，投黟县屏山村长宁湖而亡，年方23岁，尚未字人。

孙旭嫈，年代、生平不详，歙县人，侨居无锡。孙云朝女。无兄弟，家贫，侍亲不嫁。

三　才媛接受教育的主要途径

明清徽州的才媛诗人，一般都有中等及以上的家世背景和良好的文化教养，自小得到文学艺术的熏陶，所嫁非富即贵，或贾或儒，在夫家仍有较好的诗文书画氛围。她们接受文化教育的途径主要有家庭训育、塾师教导、名师授艺三大类。

1. 家庭训育

徽州才媛的家庭文化教育，最多也最直接的是幼承父训。

清代著名画家、歙县人罗聘之妻方婉仪（1732～1779），幼承家学，跟从父亲方愿瑛和姑母方颂玉学习诗画，闺中无事之时便习吟咏，长于半格体诗而短于律诗。歙县才媛吴淑娟（1853～1930）是著名画家吴鸿勋之女，幼承庭训，工山水、花鸟、人物、虫鱼，其绘画技艺"尽得其父笔法之妙，乃益肆力于六法，由平正之于神妙，由规矩以超乎奇杰"[①]，因有出蓝之誉。淑娟10岁时，曾随父亲从歙县流寓上海，作为父亲的助手，与父亲一道鬻画自给。歙县才媛江寄生，自幼从父亲江沐曾学习六经、四子书，能诗。歙县才媛汪景山，7岁即工诗。休宁才媛查士英，幼承父训，7岁即颖慧，读书破万卷。休宁才媛金树彩（1831～1853），武昌知府休宁金云门三女。金树彩少在家时，金云门曾以"吟风弄月"戏命其孙属对，金树彩在旁应声道："立地顶天。"云门出而叹之曰："惜哉，女子也！"休宁才媛程淑

---

① 恽茹辛:《民国书画汇传》，台湾商务印书馆，1986，第68页。

(1858～1899)，幼即聪慧，9岁即通晓四声，喜吟咏，其父程金鉴以为奇，深爱之，择偶甚苛。会汪渊受祁寿阳师知，连试皆冠军，程金鉴见汪渊文章，遂将女淑许字汪渊。绩溪胡培系继室孙采芙（1825～1881），幼即聪慧，父亲课读，经史而外，凡医卜、星算之书，均令采芙涉猎。采芙9岁辨四声，13岁能诗，尤工刺绣。婺源人俞富仪（1901～1927），幼即聪慧，3岁诵唐诗，10岁能吟咏，未出阁已积诗成帙。16岁归郎传仁为室。婺源人胡素芳幼聪敏，好读书，10岁知书算，诗学李杜，文爱韩苏。

父亲而外，母亲也是才媛们直接的教育者和训导者。歙县才媛黄之柔，亲自教育女儿吴吴。歙县叶氏，幼失怙，母教以字，好读书，学为诗，寡言笑，许字卢容。徐七宝（1735～1750）生时，母梦仙姬送铜雀砚、龙宾墨、琅玕纸、珊瑚架、玳瑁筒、水晶池、玉镇纸，曰：此七宝也，以供闲雅用。次日女生，因名"七宝"，字"雅闲"。因承母训，七宝3岁识字，5岁识至数千，并解字义。9岁熟读四书、毛诗、小学，教之以唐宋诗集，其天性尤爱宋诗。歙县鲍印，系随园女弟子之一，生女渊润，自幼从母学诗，13岁时即能作诗。歙县洪南秀，为吴绣砚之女，少承母训，工诗。龚自璋幼承母训，蕴藉风流，能诗，工书翰，书法娟秀；因自璋字"圭斋"，又常与母亲唱和，相得甚欢，母名"淑斋"，故其好友沈善宝有"羲之献之"之喻。李凤璋与戴恭谨之女李静淑（约1855～？），实承母训，著有《艺兰轩诗草》。休宁黄卷幼承母训，工吟咏，以为诗以道情，闺阁中语不可以外传，故姻娅亲戚之间罕见其诗。

在一些父亲缺席的家庭中，才媛的祖父或是伯父承担了她们的文化教育之责。休宁才媛汪亮（约1710～1760后），是汪文柏的孙女，才媛汪娴的侄孙女，幼时丧父，然聪颖好学，因祖父以诗画名天下，汪亮得以传承其学。有汪文柏的教导，汪亮多才多艺，能留心典籍，善诗，琴棋书画皆擅，尤以丹青擅名。康熙三十九年（1700）进士、内阁中书、歙县人许迎年，其妻徐德音（约1681～1761后）是顺治十二年（1655）进士、工部侍郎徐旭龄的孙女。德音父亲早卒，母亲楼餐霞亦工翰墨。徐旭龄制府淮南时，徐德音年六七岁。每当家中有长辈或是故人来访，德音就仿效男子衣裤装扮，行长揖礼，客人每每称道；女子所有的钗环耳坠等，德音均不佩戴。及遇到宾客幕僚赋诗，祖父就让德音侍立旁边，德音随即能作五言七言韵语，其意特别灵巧敏捷。祖父因此非常喜爱德音，以为生男如此，一定不会像韩愈之子那样发生妄改"金根"典故的谬误，只可惜德音身为女子，无法扬名。不久后，祖父亦殁，德音遂与家人持丧回杭州。后德音年稍长，便能涉猎群书；居住在湖山之间，每当烟云入户，鱼鸟近人，德音就流连忘返，吟诵小诗以自适。许承家为徐旭龄生前所得贤士，其孙许迎年亦一时俊才。徐旭龄病重之时，曾郑重嘱咐德音母楼恭人云，德音日后择婿，许生而外再无称意人选，当不计辈分，将德音许配之。以是之故，楼餐霞从其言，后乃以德音许字迎年。

道光时休宁才媛沈冬龄，亦幼时聪慧，伯父沈石坪钟爱特甚，常令随侍左右。冬龄得以常问字义，而颇有见识。后沈石坪殁，冬龄及笄，18岁方嫁方宗垻。

徽州不少才媛，素有慧根，在室时已有基础，出阁之后，因受夫婿的教引、鼓励或浸染、滋润，其潜在的才情也被激发出来，发为诗歌，或挥作丹青。歙县才媛唐锦蕙（1857~1881）是唐光照的妹妹，吴淑娟的小姑子。锦蕙生而秀慧，尝作蝇头小字，冰清玉润，秀色可餐。长大后，好读唐宋六朝诗，偶有会意，废寝忘食。光绪乙亥（1875）春，锦蕙19岁，嫁同邑名士张金榜。张金榜亦豪于诗作，见锦蕙闲暇时常常诵读古人诗句，于是便鼓励锦蕙学作诗歌。锦蕙即便习作，下笔便觉清爽洁净。每当花晨月夕，锦蕙与夫婿闺中唱和，长歌短咏，聊以自娱，一时传为佳话。唯诗稿留存不多。光绪七年因难产而卒，年仅25岁。张金榜从破箧中捡得诗草一卷，名《碧窗绣余贤课》，细细翻阅，均锦蕙生前亲手录制的得意诗作。于是唐光照为序，张金榜跋，光绪十三年将《碧窗绣余贤课》刊刻行世。

清乾隆年间，休宁人汪佛珍，嫁给通判张梦喈为妻。张梦喈出身松江名家，有经世之才，然天性恬淡，不乐仕进，朝夕研讨百家杂艺，尤工诗弈。佛珍15岁归梦喈，娟婉柔顺，孝事婆母，17岁生子兴载。兴载4岁时，张梦喈教之识字，而佛珍在旁，过目不忘，不过两月，点画尽熟，并晓文义。此后朝夕研究，渐能作诗词，最爱读唐宋人诗，亦留心经书，务明大义。子女未就塾之前，佛珍先自己教授；若师不在，佛珍亦代为约束之，并教以保家之道、处世之方。会梦喈外出，有小偷夜晚入室，佛珍佯为不知，故意说：今晚靠某某在家相护，可以高枕无忧矣！"某某"即其亲戚中有勇力者，小偷闻言而逃。其子兴载、兴铺与女玉珍，俱能诗。玉珍曾因诗进《随园诗话补遗》而以弟子礼见袁枚，不知均母训之功。又休宁人胡佩兰，为侨寓杭州的歙县人汪启淑侧室。汪启淑（1729~1799），官至兵部郎中，家有开万楼，藏书数千种，尤酷嗜印章，工诗好古，常与顾之珽、朱樟、杭世骏、厉鹗诸人相唱和。乾隆三十七年（1772）应诏，献书500余种。刻有《说文系传》《通志》《撷芳集》，著有《讱庵诗存》《水曹清暇录》《续印人传》等。佩兰幼攻经书，能小楷，15岁归汪启淑，汪氏教之以画兰竹，习声诗，移时即工。乾隆三十二年丁亥（1767），汪启淑时出夫妇唱和诗稿，请吴钧点定。乾隆五十年乙巳（1785），汪启淑回故里已两年，吴钧复馆其家，佩兰诗已成帙，集名《国香楼诗抄》，因请吴钧为序。又休宁人陈玉，其夫王鸣盛（1722~1797）乃是清代著名史学家、经学家、考据学家，以汉学考证方法治史，为吴派考据学大师。陈玉出阁后从夫学诗，王鸣盛以洪迈的《唐人绝句选》作为教材教陈玉，陈玉于是能写诗。后将诗作编为《散花室学吟》，郭邕为序。

  徽州也有婢女出身的才媛。她们为数不多，却也有属于自己的一片清亮的星空。春桃，是歙县才媛洪昌蕊侍婢，因与洪昌蕊朝夕相处故，春桃也有了一定的诗才。《撷芳集》收录其唯一诗作《答乩仙琳韵仙姑见赠之作》："菩提无树岂开花，香袭云衣也是瑕。优钵肯容桃影泊？自应拈献梵王家。"另一位歙县才媛梦云（1817~?），出身于一个普通的农家，幼时即思慕风雅，见村塾中少儿读书，心窃好之。后值年岁饥荒，家中贫困，无以存活，父母将她卖给当地李姓富户。梦云遂成为李恭人的随身婢女。李恭人知书善吟，十分喜爱聪慧的梦云，因小女淑懋与梦云同岁，遂将梦云当作自己女儿一样看待，为梦云取字淑仪，让她姓李，并在空暇之时教授梦云知识，口授唐宋元诗词。然因淑仪乃青衣身份，李恭人也只是私下里传授诗书知识，不敢令人知悉此事。道光十年庚寅（1830）春二月，淑仪14岁时，李恭人病逝，才43岁。她的亲生女儿淑懋该年也14岁，尚未出阁。李恭人留下遗言，以淑仪归黄仁麟，并再三叮嘱家人善待淑仪。黄仁麟此时19岁，方读礼，于是将淑仪寄养在仁麟叔母程太夫人处为侍婢。淑仪针黹之余，焚香独坐，始有机会致力作诗。道光十二年壬辰（1832）夏六月，淑仪于归。莲青主人亦一才子，与淑仪闺中唱和，其才情方始为人知晓。然黄妇好妒，日见摧残，淑仪无可申诉，为避雷霆计，离家至休宁城北15公里外松萝山别墅独居，临水照影、种竹莳花度日，遂为名花百咏，写忧解闷。道光十三年癸巳（1833）秋，淑仪《疏影楼名姝百咏》与《疏影楼名花百咏》《疏影楼吟草》合刊。《疏影楼名花百咏》前有毕怀珠序并自序，后有漫题小诗二首。《疏影楼名姝百咏》前有汪端序，吴藻、黄英玉等十名媛题词，并有自序，名姝百人，均有小传，后有漫题小词7阕。汪端序云:"今年夏,新安李女史梦云,以所著《名花百咏》、《名姝百咏》及《梦云吟草》寄余。焚香讽诵,近体则声情绵缈,如董双成吹云和笙;古作则音节苍凉,如婉凌华拊五灵石。以视韫玉楼、昙花阁诸诗,有加美焉。"

2. 塾学教导

明清徽州地区的教育机构有府学、县学、书院、社学、塾学、义学、书屋和文会等。由于时代与性别的局限,明清时徽州女子无法进入正规的学校接受系统的文化教育,但却有各种机会进入家塾或私塾,与男孩一起读书、学诗、学画。婺源才媛王纫佩(1862~1891),幼而聪慧,6岁入塾读书,过目成诵。稍长,习针线刺绣之余,浏览书籍,通文艺,旁涉相人之书。其书法明润秀媚,一如其诗。王纫佩未嫁时,不多下笔,也未留稿。20岁时嫁江峰青,有《韵珊学吟草》一册。江峰青能诗善画,画作笔墨超逸,画品较高。光绪十二年进士。成立对山亭文社,创建官药局。光绪十七年(1891),江峰青除嘉善令,王纫佩随任,因病驱荏弱,不耐作诗,笔墨渐至荒废,不久即逝。遗言以奁蓄二千金兴义学,峰青捐廉俸助成其美。

婺源延川人金环秀,父亲金芳与詹天佑祖父詹世鸾为同乡好友。环秀幼时从塾师俞补之学习《内则》,摒弃繁华,性情敏慧,能诗,父师兄妹均爱怜之。时与同为侨居扬州的同乡女伴张蕴之相酬和,凡见之者无不称赏。年未及笄,殁。弥留之际,环秀翻检其诗文稿焚毁,云,不让父师兄妹日后睹物思人、伤心痛苦。而后端坐合掌逝去。其师俞补之不忍环秀没世无闻,故节录环秀遗句,为序,行于世,名之曰《留香小草》,为惜其才华,兼悲其情志。

3. 名师专授

歙县人鲍诗,为鲍怡山次女,曾从徽州老诸生程立岩学花卉,程立岩传之白阳法。歙县人汪嫈(1781~1842),为名士汪锡维长女,幼即聪颖,过目成诵,随父母侨居扬州,从宿儒黄秋平及黄孺人张净因读书。另一位歙县才媛江月娥,亦同时从张净因读书学诗,因与汪嫈结下深厚情谊。休宁人金若兰,为知县金翀之女,是袁枚随园女弟子之一。歙县程绮堂室朱兰,父瑶襄与画家袁慰祖交好,朱兰少时从袁慰祖学书画,得其真传,花卉栩栩有生气;又从"京口三诗人"之一的丹徒人王豫学诗,并与王豫的妹妹王琼及其女儿王迺德、王迺容酬和最密。朱兰临殁,谓夫绮堂曰:遗诗必得王先生柳村选刻,吾目始瞑矣。绮堂诺,兰遂含笑逝。休宁人汪亮先得传祖父之学，后又师从"清初画圣"王翚、瓜田逸史张庚，得两位画界名师专授；又从钱陈群学诗，诗学益进。《国朝闺秀正始集》《安徽名媛诗词征略》都著录有其诗。

四　才媛文化的区域空间特征

徽州才媛以其秀美、婉约、灵动的文学身影，或深或浅，或长或短，鲜活地流动于明清两季江南的区域空间。她们的存在和创作，已然形成了徽州的才媛文化。它有以下四个特点。一是才媛在徽州的地理分布极不均衡，其居处有较大的区域流动性，且流向长江中下游一带城市为多。二是这些才媛都受过良好的文化教育，其授业老师或是父、母、祖父、伯父、兄、夫，或是私塾师，或是父母为她们延请的名师宿儒。三是才媛的精神生活主要是吟诗、作文、绘画，随父习画，与夫唱和，或教育子女；其诗文作品多借其夫其子之力集录行世。四是多数才媛的婚姻状况良好，且大多呈现"高嫁"的趋势，她们或为官宦之妻，或为徽商之妇，或为令子之母，尤其是那些为人继室、侧室的女子，其高嫁趋势更为明显；只有少数才媛没有婚姻生活，或未许字而身先卒，或已许嫁而夫先卒，或家贫侍母不嫁。概而言之，地理分布不均衡，文化教育程度高，日常生活文学化，夫家高门富户多，这是徽州才媛文化的基本特征。

有一个突出的现象：徽州才媛以歙县居多。这是因为歙县一直是徽州府政治与文化的区域中心，传统文化基因较其他五县更加密集。一是理学观念更为深重。程颢、程颐、朱熹祖籍均在歙县篁墩，朱熹母亲生于歙县城内，父亲曾于城南紫阳读书，朱熹曾三次回歙省亲讲学，南宋理宗在朱熹逝后追封他为徽国公，并题写"紫阳书院"匾额。二是读书重教风气更为浓厚。徽州书院林立，而以"紫阳"为大。儒与商并重的观念以歙县人为最强，藏书最多者出于歙县，刻书业最辉煌的是歙人。三是方音更易于交流。徽州五里一方音，作为徽州府治的歙县，城中方音融合了较多江淮官话的要素，在徽州区域内最为通俗淳雅，被视为徽州官话。四是望族数量居徽州之首。所谓"新安十五姓"，大姓以歙县为最多，休宁次之。从某种意义上说，徽州女子的文化教育是家族之事，名门大姓比普通百姓家庭更注重女儿的教育；出于诞育优秀的家族继承人的考虑，他们会在择媳、娶媳问题上，比一般家庭更重视候选对象的受教育程度。因此，徽州才媛以歙县为最多，就是可以理解的事了。

另一个问题也是需要深入思考的，就是徽州才媛既有才学，出身亦好，何以有那么多的人愿意嫁作继室甚或侧室？这自然也与徽州区域文化习俗有很大关系。徽州地处山区，地理环境较为封闭，交通极为不便，人多地狭，但竹、木、茶、果等山产品又极为丰富，与外界的贸易往来便成为一种必需。职是之故，徽州男子多在十四五岁时，先在家乡娶一门亲，随即去外地经商，四出经商者往往过半。他们有的往返于徽州和行商地之间；有的长期在外经商，十年二十年不归，所获财利寄回家乡置产。诸多在江、浙、闽等地经商的徽人，尤其是那些坐商者，为了生活的方便，会在当地另娶一妻，家产另置，其地位与家中原配同等，子女、财产彼此独立，互无纠葛。这种现象称作"两头大"。因有这样的文化氛围，徽州女子嫁作继室、侧室，并不见得就是有辱人格、低人一等的事。更何况，从前述材料看，嫁作继室、侧室的诸多才媛，夫家门槛多高于父家，是"高嫁"；除了个别才媛嫁后不久丈夫即殁之外，多数夫唱妇随，琴瑟和合。换个角度看，能够娶继室、侧室的男子，基本上都功成名就，或已发家致富，他们更希望有一位（或多位）拥有令人欣悦的文化品位、能产生精神和鸣的伴侣，为庸俗琐碎的日常生活增添亮色；一些颇有识见的父母，也愿意将有才学的女儿嫁给他们满意的官员或富商做继室、侧室。

总之，明清徽州才媛拥有丰富的文学书写能力和艺术表现技艺，其文化成因是多元的。明清徽州区域文化传统、徽商重教兴学实务、徽州刻坊业的兴盛、才媛的家族文化背景等，都对才媛群体精神世界的建构发挥了重要功能，为徽州才媛文化的生成提供了区域性的自然基因与文化基因。

（俞晓红，安徽师范大学文学院教授、副院长）

清乾嘉时期的浙江地方社会职役
——以刑科题本为基本资料

常建华

摘 要：乾嘉时期浙江地方社会职役的基本形态是地保，也有以保正名称出现的。地保、保正等地方社会职役的责任范围，主要是都或村庄，负责处理管区内纠纷。地保要接受事主投保，将案犯与作案工具起获，报送命案于州县，并接受官府的质询。职役不得隐匿案件，失察、失当、私和会受到官府惩罚。浙江有关惩处地保、保正的事例较多，可见官府未能有效发挥乡村社会地方职役的作用。浙江力行保甲是在雍正朝，其特色在于同时推行赋役改革的顺庄法，造成两种制度融合，为形成地保职役打下了基础。乾嘉时期以地保为标志的地方社会职役，混合了赋役与治安功能于一身。

关键词：地保 保正 保甲 顺庄法

清代刑科题本保留了报案的地方社会职役名称、姓名，甚至题本中出现这些职役的具体活动，对于我们了解地方社会职役的实态提供了珍贵资料。以保甲为特点的清代地方社会职役研究，往往依据政书，多以全国性的制度的制定与推行为主，比较缺乏不同时空地方社会职役存在状况的探讨。本文以浙江为例，利用乾嘉时期的刑科题本，探讨地方社会职役的形态。

一 乾隆朝刑科题本所见浙江地方社会职役

中国第一历史档案馆、中国社会科学院历史研究所编《清代地租剥削形态》(上、下)(中华书局,1982)、《清代土地占有关系与佃农抗租斗争》(上、下)(中华书局、1988)两书中,有50个浙江事例,从中找到25个地方社会职役名称,另在郑秦、赵雄主编《清代"服制"命案——刑科题本档案选编》(中国政法大学出版社,1999)找到1个乾隆朝浙江地方职役的记载,见表1(表中将上述三书分别简称《形态》《斗争》《命案》):

表1 乾隆朝刑科题本中的浙江地方社会职役

序号	时间	地点	名称与事由	出处
1	乾隆十二年	台州府临海县	乡总丁子孚令阿选向侯氏服礼	《形态》(上),第1页
2	乾隆二十一年	处州府遂昌县	随投保正王殿邦等验明	《形态》(上),第105页
3	乾隆三十一年	温州府永嘉县	据庄长陈昇臣禀称……身都无保正	《形态》(上),第148页
4	乾隆三十五年	嘉兴府嘉善县	地保费言珑	《形态》(上),第160页
5	乾隆六十年	杭州府钱塘县	据地保徐廷枚禀称	《形态》(上),第250页
6	乾隆四十四年	衢州府常山县	据地保童文盛呈报	《形态》(下),第460页
7	乾隆三十年	金华府永康县	据三十六都保正李云祥报称	《形态》(下),第562页
8	乾隆三十一年	处州府庆元县	据地保范子友供	《形态》(下),第567页
9	乾隆三十七年	宁波府鄞县	当投地保蒋圣美验控	《形态》(下),第582页
10	乾隆五十九年	宁波府鄞县	据地保邵添义报称	《形态》(下),第598页
11	乾隆二十一年	处州府松阳县	据十六都花田畈庄保正廖有生禀称	《形态》(下),第628页
12	乾隆二十二年	台州府黄岩县	保长任学太隐匿不报	《形态》(下),第635页
13	乾隆三十一年	金华府浦江县	同地保张以赞往理	《形态》(下),第650页
14	乾隆三十五年	绍兴府诸暨县	据地保王龙呈称	《形态》(下),第660页
15	乾隆三十五年	绍兴府诸暨县	据地保慎尚相呈称	《形态》(下),第662页
16	乾隆三十六年	台州府仙居县	并托地保张鉴科同李光祖、张士绪公议	《形态》(下),第667页
17	乾隆四十七年	台州府天台县	据地保谢清报称	《形态》(下),第698页
18	乾隆五十年	温州府瑞安县	据地保王宗辅禀称	《形态》(下),第700页
19	乾隆二十九年	湖州府长兴县	并据地保沈应元	《斗争》(上),第165页

续表

序号	时间	地点	名称与事由	出处
20	乾隆五十八年	台州府黄岩县	据地保牟显通禀报	《斗争》（上），第204页
21	乾隆七年	金华府义乌县	保正陈克献覆明在案	《斗争》（上），第323页
22	乾隆二十二年	杭州府海宁县	又据地保金永奇报同前由	《斗争》（下），第425页
23	乾隆三十六年	金华府东阳县	并据地保楼子合禀同前由	《斗争》（下），第499页
24	乾隆二十七年	嘉兴府海盐县	那陆南珍同保长先将陆大观拉出门外	《斗争》（下），第621页
25	乾隆三十四年	处州府遂昌县	据二十一都坑西庄地保黄仁瑞、周兆仁等禀称	《斗争》（下），第725页
26	乾隆三十五年	—	复向地保张士贵央恳周全	《命案》，第172页

我们对该表作一些简单统计，首先可以反映出地方社会职役名称以及数量，其中地保18件、保正4件、保长2件、乡总1件、庄长1件。可见地保数量最多，最为普及，其次是保正，再次是保长，最后庄长、乡总，这时出现的职役名称有5种。

这里对名称中的庄长做以解释。温州府永嘉县的这一事例，"据庄长陈昇臣禀称……身都无保正，事关人命，身系庄长，理合报明"①。可见案件本来应该是保正报案，因为所在的都未立保正，所以身为庄长的陈昇臣为了不耽误命案处理，才报案的。

地方社会职役的责任范围，刑科题本的记载或为都，或为庄。表格中第7例属于金华府永康县三十六都保正，第11例为处州府松阳县十六都花田畈庄保正，第25例是处州府遂昌县二十一都坑西庄地保。

地方社会职役处理管区内纠纷。乾隆三十二年，金华府浦江县傅之华出顶头钱转租张以法佃耕田地案件，张以法供，傅之华"他去叫了张以威同地保张以赞来与小的讲话"。② 所谓"讲话"，案中张陈氏称之为"往理"，其实就是调解矛盾。台州府仙居县张锡文因欠账将佃田转顶与郭炳章案中，乾隆三十四年张锡文曾"托地保张鉴科同李光祖、张士绪公议"③，

---

① 中国第一历史档案馆、中国社会科学院历史研究所编《清代地租剥削形态》（上），中华书局，1982，第148页。
② 中国第一历史档案馆、中国社会科学院历史研究所编《清代地租剥削形态》（下），第650页。
③ 中国第一历史档案馆、中国社会科学院历史研究所编《清代地租剥削形态》（下），第667页。

可见地保具有处理所在十二都事务的职责。

职役不得隐匿案件，否则会受到官府惩罚。乾隆二十二年，台州府黄岩县"保长任学太隐匿不报，应照地界内有死人不报官司检验律，杖八十，革役"①。乾隆三十五年张永圣殴伤胞叔张士占身死案中，"尸子张顺孙投保，欲行呈报。张永圣闻向，即向尸妻邵氏哀求，许以养赡并棺殓追荐，给地埋葬，欲图捏报自跌身死。邵氏当即应允，张永圣即出殓费钱四千四百文，又给谷百斤作为中钱付与邵氏收受，复向地保张士贵央恳周全，许谢银一两二钱，并邀伊母舅方景山，往挽张承昊商写报呈，捏作跌毙，交与张士贵投递"。地保"张士贵扶同捏报，方景山央挽写呈，应照不应重律，杖八十"②。

我们对表1中反映职役名称的地域分布以及数量做一统计：

杭州府2件。钱塘县、海宁县各1件地保。

嘉兴府2件。嘉善县1件地保、海盐县1件保长。

湖州府1件。长兴县1件地保。

宁波府2件，鄞县2件地保。

绍兴府2件。诸暨县2件地保。

台州府5件。临海县1件乡总，黄岩县1件保长、1件地保，仙居县1件地保，天台县1件地保。

金华府4件。永康县1件保正，浦江县1件地保，义乌县1件保正，东阳县1件地保。

衢州府1件。常山县1件地保。

温州府2件。永嘉县1件庄长，瑞安县1件地保。

处州府4件。松阳县1件保正、遂昌1件保正、1件地保，庆元县1件地保。

在浙江省的十一府七直隶州一直隶厅当中，③ 有十府（除了严州府）出现了地方社会职役的名称，比较具有普遍性。这十个府都出现"地保"一词，嘉兴、台州两个府出现"保长"一词，金华、处州个府出现"保正"

---

① 中国第一历史档案馆、中国社会科学院历史研究所编《清代地租剥削形态》（下），第635~636页。
② 郑秦、赵雄主编《清代"服制"命案——刑科题本档案选编》，中国政法大学出版社，1999，第172页。
③ 《清史稿》卷54《地理志·浙江》，中华书局，1976，第8册，第2127~2152页。

一词。十府中，台州、金华、处州各有四五件题本，数量较多，其他则为一两件。台州、金华、处州出现的职役名称，主要是地保以及保正。

《清高宗实录》也记载了乾隆时期浙江地保的一些情况。乾隆二年，"大学士管理浙江总督事务嵇曾筠疏请：定州县城门门军，禁止雇佣。临安等十一县地保承值、市民看守之处，一概革除，各拨民壮轮流看守"①。得到清廷议准。可见临安等十一县地保原来承值看守城门的差役。乾隆四十九年，嘉兴府石门县知县朱麟徵，"因地保张奕高承催钱粮多未完纳，令役责处。张奕高推诿不服，出言唐突，该令将张奕高重责三十板，旋因伤重毙命。"浙江巡抚福崧参奏朱麟徵，请将朱麟徵革职，乾隆帝不以为然，他说："今朱麟徵于地保征催钱粮多未交纳，且又挺撞本官，责处本属分内应办之事。而该地保既已承催不力，又复出言顶触，已有应得之罪。况该令将该地保责处三十板，亦系如法决责，不得谓之滥刑。若因此而概请革职，则将来州县所管吏役保约，皆得有所倚恃，挟制本官，于实力办公之道殊多未便。嗣后如挟嫌逞忿致毙人命者，仍照例办理外，如事属因公，按法责毙所属人役，该督抚止须奏请交部议处。部议时，亦不过议以降级留任，已足示儆，不得遽行革职，致启胥役刁恶之渐。所有此案朱麟徵应得处分，即照此办理。"②可知当时嘉兴府石门县设置地保，有承催钱粮之责。地保张奕高承催不力，又出言顶触，被知县打死。乾隆帝认为知县并未滥刑，只是执行公务发生意外，反对将知县革职，以便州县约束"吏役保约"。"保约"应是指类似地保的保甲、乡约。

关于浙江的保甲。乾隆九年三月，浙江按察使万国宣奏，他"督率属员，申明保甲，戢匪安良，地方稍为整顿"③。这是在推行保甲。乾隆二十六年，因移浙江青田县县丞驻龙泉县安仁庄，浙江巡抚庄有恭疏请："嗣后窃贼赌博保甲事宜，责成该县丞查办，移县审理。并铸给龙泉县驻扎安仁庄县丞钤记，其员缺定为在外调补。"④得到清廷同意。县丞有管理保甲的职责。乾隆三十三年十月，浙江按察使曾曰理奏称："僧道中现执牒照者寥寥，皆由地方官不实力稽查所致。请令各督抚转饬地方官申严禁令，毋许私行簪剃及违例招徒。至在籍僧道，应照保甲例，逐名造册，

---

① 《清高宗实录》卷39，乾隆二年三月丙辰，中华书局，1985，第1册，第704页。
② 《清高宗实录》卷1198，乾隆四十九年二月辛酉，中华书局，1986，第16册，第24页。
③ 《清高宗实录》卷213，乾隆九年三月下丁未，中华书局，1985年，第3册，第741页。
④ 《清高宗实录》卷648，乾隆二十六年十一月上壬寅，中华书局，1986，第9册，第254页。

每庙给门牌悬挂，同民户查点。"① 得到清廷准行。乾隆时期浙江是全国寺庙最多的省份，② 所以利用保甲管理僧道，受到重视，并推广全国。乾隆五十八年六月浙江巡抚觉罗长麟奏："大陈山沿海一带各岛因居民众多，向设保甲，然奉行未能尽善。现饬员确查，并出示晓谕，令其每一岛屿设岙长一人，每居民十家设甲长一人，每十甲设总甲一人。先令各出保结，如该甲内有通盗之人据实禀报，容隐者治罪。再查海洋内渔户看网诸人，皆非安分之徒，盗匪行藏，伊等必知详细现雇觅多人优给盘费，并悬重赏派委勇敢将备等暗藏兵械，分投带往，并令改装易服，前赴远山穷谷密访确查，仍派文武多员，于各海口堵截拿获。"③ 据此，则沿海岛屿也设置了保甲。乾隆五十九年正月，浙江巡抚觉罗吉庆遵旨查浙省海洋，上奏说："弭盗之法，全在编立岛岙保甲，使无处藏匿，以杜其踪。"④ 强调保甲的弭盗作用。

此外，还有乡保。乾隆四十八年，浙江巡抚福崧奏仁和县民人呈请自修范公土塘一折，乾隆帝指示："该处民人捐修自护己业，现在呈请合力赶修，事属可行，自应如所请办理。该抚仍饬司道等实力查察，毋使胥吏乡保人等借端侵派，致滋扰累。"⑤ 乾隆确知当地存在"乡保"一类职役。

二 嘉庆朝浙江刑科题本所见地方社会职役

（一）嘉庆朝刑科题本职役的统计分析

南开大学中国社会史研究中心暨历史学院、中国第一历史档案馆编《清嘉庆朝刑科题本社会史料辑刊》⑥ 收录93件有关嘉庆朝浙江刑科题本中，共计87件刑科题本记载了报案的地方官役名称，我们制成表2。

---

① 《清高宗实录》卷820，乾隆三十三年十月上戊辰，中华书局，1986，第10册，第1137页。
② 常建华：《乾隆前期治理僧道问题初探》，中国社会科学院历史研究所明清史研究室《清史论丛》（2002年号），中国广播电视出版社，2002；收入常建华《清代的国家与社会研究》，人民出版社，2006，第255页。
③ 《清高宗实录》卷1431，乾隆五十八年六月下辛卯，第19册，第140页。
④ 《清高宗实录》卷1445，乾隆五十九年正月下戊午，第19册，第283页。
⑤ 《清高宗实录》卷1172，乾隆四十八年正月上丁未，第15册，第725页。
⑥ 杜家骥主编，冯尔康、朱金甫、宋秀元副主编《清嘉庆朝刑科题本社会史料辑刊》，天津古籍出版社，2008。

表 2 清嘉庆朝刑科题本中的浙江地方社会职役

序号	时间	地点	名称	出处
1	嘉庆五年	衢州府龙游县	据地保乐忠太禀报	第一册，第 11 页
2	嘉庆七年	绍兴府诸暨县	据地保赵添佑禀报	第一册，第 39 页
3	嘉庆九年	杭州府昌化县	据地保毕魁禀报	第一册，第 60 页
4	嘉庆九年	绍兴府嵊县	据地保邢化良禀称	第一册，第 61 页
5	嘉庆九年	处州府龙泉县	据地保方明官禀报	第一册，第 63 页
6	嘉庆十年	严州府遂安县	据地保余仁让禀报	第一册，第 87 页
7	嘉庆十年	绍兴府诸暨县	据地保孟胜禀报	第一册，第 98 页
8	嘉庆十年	宁波府奉化县	据地保王兴加禀报	第一册，第 108 页
9	嘉庆十三年	绍兴府山阴县	据地保陈孝禀报	第一册，第 135 页
10	嘉庆十四年	金华府永康县	据地保周阿伟禀报	第一册，第 144 页
11	嘉庆十五年	衢州府江山县	据地保王殿标禀报	第一册，第 175 页
12	嘉庆十六年	台州府宁海县	据地保林光重禀报	第一册，第 192 页
13	嘉庆十八年	绍兴府诸暨县	据地保邵英禀报	第一册，第 242 页
14	嘉庆十八年	宁波府奉化县	据地保竺胜学禀报	第一册，第 248 页
15	嘉庆十八年	台州府黄岩县	据地保梁拢学禀报	第一册，第 249 页
16	嘉庆十九年	杭州府海宁州	据地保禀报	第一册，第 258 页
17	嘉庆十九年	衢州府江山县	据地保詹积富禀报	第一册，第 261 页
18	嘉庆十九年	嘉兴府嘉兴县	据地保禀报	第一册，第 273 页
19	嘉庆十九年	温州府泰顺县	据地保季帼茂禀报	第一册，第 276 页
20	嘉庆二十年	绍兴府诸暨县	据地保翁帼禀报	第一册，第 282 页
21	嘉庆二十年	处州府龙泉县	据地保禀报	第一册，第 295 页
22	嘉庆二十一年	温州府泰顺县	据地保夏梦球禀报	第一册，第 314 页
23	嘉庆二十一年	绍兴府萧山县	据地保徐光禀报	第一册，第 322 页
24	嘉庆二十二年	绍兴府山阴县	据保正徐良禀报	第一册，第 345 页
25	嘉庆二十三年	台州府太平县	据地保叶沅标禀报	第一册，第 366 页
26	嘉庆二十三年	绍兴府诸暨县	据地保楼琅禀报	第一册，第 373 页
27	嘉庆二十三年	台州府宁海县	据地保叶三星禀报	第一册，第 380 页
28	嘉庆二十三年	绍兴府嵊县	据地保钱三朋禀报	第一册，第 383 页
29	嘉庆二十三年	绍兴府诸暨县	据地保章联玉禀报	第一册，第 386 页

续表

序号	时间	地点	名称	出处
30	嘉庆二十四年	绍兴府诸暨县	据地保边林禀报	第一册，第394页
31	嘉庆二十四年	绍兴府诸暨县	据地保宗淙禀报	第一册，第395页
32	嘉庆二十四年	绍兴府余姚县	伊村地保悬缺	第一册，第397页
33	嘉庆二十四年	绍兴府诸暨县	据地保楼兰禀报	第一册，第404页
34	嘉庆九年	嘉兴府平湖县	地保朱幅	第一册，第423页
35	嘉庆九年	严州府淳安县	据地保江景美禀报	第一册，第425页
36	嘉庆十九年	绍兴府萧山县	据地保来忠禀报	第一册，第460页
37	嘉庆四年	台州府太平县	据保正王招行禀报	第二册，第501页
38	嘉庆十年	台州府临海县	据地保朱帼铨禀报	第二册，第584页
39	嘉庆十年	金华府金华县	据地保盛良志报	第二册，第586页
40	嘉庆十年	台州府宁海县	据保正陈可祥报	第二册，第591页
41	嘉庆十五年	衢州府龙游县	据地保徐万兴禀报	第二册，第618页
42	嘉庆二十一年	温州府永嘉县	据地保张兆发禀报	第二册，第710页
43	嘉庆二十三年	绍兴府新昌县	据地保杨虔沅禀报	第二册，第744页
44	嘉庆二十三年	宁波府奉化县	据地保葛方来禀报	第二册，第746页
45	嘉庆二十四年	绍兴府嵊县	据地保徐尚昌禀报	第二册，第773页
46	嘉庆二十四年	严州府建德县	据地保万高禀报	第二册，第776页
47	嘉庆十五年	绍兴府山阴县	据地保徐安禀报	第二册，第875页
48	嘉庆十五年	绍兴府嵊县	据地保张正昌禀报	第二册，第878页
49	嘉庆十六年	湖州府乌程县	据地保吴忝成禀报	第二册，第912页
50	嘉庆十八年	绍兴府上虞县	据地保王启昆禀报	第二册，第977页
51	嘉庆十九年	杭州府钱塘县	据保正禀报	第二册，第984页
52	嘉庆二十一年	衢州府江山县	据地保称凤先禀报	第二册，第998页
53	嘉庆二十三年	温州府平阳县	据地保余得恩禀报	第二册，第1017页
54	嘉庆八年	台州府天台县	据地保周沅禀报	第二册，第1048页
55	嘉庆九年	处州府松阳县	据地保吴士云禀报	第二册，第1051页
56	嘉庆十五年	绍兴府会稽县	据地保胡祥禀报	第二册，第1078页
57	嘉庆八年	台州府临海县	据地保黄汶昌禀报	第三册，第1131页
58	嘉庆八年	绍兴府诸暨县	据地保何庭玉禀报	第三册，第1133页

续表

序号	时间	地点	名称	出处
59	嘉庆十五年	绍兴府余姚县	据地保叶灿禀报	第三册，第 1146 页
60	嘉庆十七年	台州府黄岩县	据地保王敦良禀报	第三册，第 1159 页
61	嘉庆十八年	杭州府临安县	据地保俞士荣禀报	第三册，第 1164 页
62	嘉庆四年	温州府瑞安县	据地保柳全和禀报	第三册，第 1189 页
63	嘉庆八年	宁波府鄞县	据地保洪文甫禀报	第三册，第 1248 页
64	嘉庆九年	台州府临海县	据吴头庄地保朱沅林禀报	第三册，第 1254 页
65	嘉庆十年	温州府瑞安县	据地保林上进禀报	第三册，第 1258 页
66	嘉庆十年	嘉兴府海盐县	据地保罗玉祥禀报	第三册，第 1259 页
67	嘉庆十年	台州府宁海县	据地保葛振望禀报	第三册，第 1265 页
68	嘉庆十四年	处州府景宁县	据地保潘世金禀报	第三册，第 1272 页
69	嘉庆十四年	台州府仙居县	据地保李茂云禀报	第三册，第 1279 页
70	嘉庆十五年	绍兴府诸暨县	据地保傅学诗禀报	第三册，第 1284 页
71	嘉庆十九年	严州府淳安县	据地保禀报	第三册，第 1319 页
72	嘉庆二十五年	绍兴府嵊县	据地保屠□禀报	第三册，第 1364 页
73	嘉庆八年	杭州府于潜县	据地保徐世发禀报	第三册，第 1376 页
74	嘉庆十年	绍兴府山阴县	据地保徐清禀报	第三册，第 1394 页
75	嘉庆十四年	嘉兴府海盐县	据地保金德陇禀报	第三册，第 1413 页
76	嘉庆十六年	衢州府江山县	据地保周达三禀报	第三册，第 1425 页
77	嘉庆二十二年	杭州府仁和县	据地保徐华禀报	第三册，第 1471 页
78	嘉庆二十四年	嘉兴府海盐县	据地保刘新善禀报	第三册，第 1482 页
79	嘉庆九年	严州府淳安县	无牌保容隐	第三册，第 1507 页
80	嘉庆八年	杭州府富阳县	据地保孙沅禀报	第三册，第 1696 页
81	嘉庆十四年	宁波府奉化县	据地保宋万智禀报	第三册，第 1735 页
82	嘉庆十四年	绍兴府余姚县	据地保罗盛禀报	第三册，第 1739 页
83	嘉庆十五年	杭州府仁和县	旧地保王文祥，地保徐闻、沈淙	第三册，第 1759 页
84	嘉庆十五年	绍兴府诸暨县	据地保朱大杰禀报	第三册，第 1771 页
85	嘉庆十五年	严州府桐庐县	据地保姚兴达禀报	第三册，第 1785 页
86	嘉庆十九年	金华府汤溪县	地保苏帼华	第三册，第 1848 页
87	嘉庆二十一年	湖州府长兴县	据地保许万春禀报	第三册，第 1871 页

统计以上 87 件有地方社会职役名称的档案，其中地保 80 件、保正 5 件，此外，1 件记作"伊村地保悬缺"，1 件记作"无牌保容隐"。

南开大学中国社会史研究中心藏有《清嘉庆朝刑科题本社会史料辑刊》未收录的 1100 余件嘉庆超刑科题本，其中 58 件有关嘉庆朝浙江刑科题本中，共计 49 件刑科题本记载了报案的地方职役名称，我们制成表 3。

表 3 未刊清嘉庆朝刑科题本中的浙江地方社会职役

序号	时间	地点	名称	出处
1	嘉庆六年	绍兴府山阴县	据地保金茂禀报	第 4635 包
2	嘉庆二十四年	绍兴府嵊县	据地保徐尚昌禀报	第 5927 包
3	嘉庆十二年	宁波府奉化县	据地保王正豪禀报	第 5056 包
4	嘉庆十七年	嘉兴府桐乡县	据地保徐兆奇禀报	第 5320 包
5	嘉庆十二年	绍兴府山阴县	据地保张鹤禀报	第 5020 包
6	嘉庆十一年	金华府永康县	据地保孔傑仕禀报	第 5026 包
7	嘉庆十三年	台州府太平县	据地保潘绍鑑禀报	第 5029 包
8	嘉庆十年	嘉兴府桐乡县	杨与曾商同地保私自收殓	第 5042 包
9	嘉庆十一年	宁波府奉化县	据地保张显庭禀报	第 5034 包
10	嘉庆十一年	绍兴府余姚县	据地保张文清禀报	第 4936 包
11	嘉庆六年	台州府黄岩县	据地保胡亨辉禀报	第 4629 包
12	嘉庆六年	绍兴府嵊县	据地保郑裕魁禀报	第 4661 包
13	嘉庆十二年	金华府兰溪县	据地保盛兆坤禀报	第 5005 包
14	嘉庆六年	嘉兴府嘉善县	据地保李立冈禀报	第 4640 包
15	嘉庆二年	处州府青田县	据地保朱克名禀报	第 3155 包
16	嘉庆二年	处州府缙云县	据地保陈良朋禀报	第 3086 包
17	嘉庆二年	绍兴府嵊县	据地保竹施俞禀报	第 3194 包
18	嘉庆十一年	衢州府西安县	据地保魏章美禀报	第 5038 包
19	嘉庆十二年	衢州府江山县	据地保王日章禀报	第 4980 包
20	嘉庆十年	温州府瑞安县	据地保鲍鹤声禀称	第 4982 包
21	嘉庆十二年	严州府建德县	据地保许庭植禀报	第 4989 包
22	嘉庆十三年	嘉兴府石门县	地保沈纪名失于查察	第 5095 包
23	嘉庆十三年	绍兴府余姚县	据地保何焕林禀报	第 5095 包

续表

序号	时间	地点	名称	出处
24	嘉庆十三年	杭州府仁和县	据地保陈孙昊禀报	第 5095 包
25	嘉庆十四年	台州府仙居县	据地保李仲选禀报	第 5119 包
26	嘉庆十三年	金华府金华县	据地保邢士魁禀报	第 5126 包
27	嘉庆十四年	台州府宁海县	据地保葛泳文禀报	第 5131 包
28	嘉庆十五年	金华府义乌县	据地保吴汝魁禀报	第 5135 包
29	嘉庆十四年	绍兴府余姚县	据地保陈重辉禀报	第 5135 包
30	嘉庆十四年	湖州府归安县	据地保陈文禀报	第 5136 包
31	嘉庆十三年	衢州府西安县	据地保吴世沅禀报	第 5103 包
32	嘉庆十六年	绍兴府上虞县	据地保冯魁名禀报	第 5300 包
33	嘉庆十六年	严州府遂安县	据地保余张太禀报	第 5305 包
34	嘉庆十二年	温州府平阳县	据地保陈有芳禀报	第 5004 包
35	嘉庆六年	绍兴府上虞县	据地保王国昌禀报	第 5126 包
36	乾隆六十年	衢州府江山县	据地保胡详泰报称	第 3021 包
37	嘉庆元年	绍兴府山阴县	据地保李和禀报	第 3021 包
38	嘉庆五年	台州府黄岩县	据地保刘良栋禀报	第 4612 包
39	嘉庆六年	宁波府	据地保邱淙法禀报	第 4645 包
40	嘉庆六年	绍兴府诸暨县	据地保章彪禀报	第 4641 包
41	嘉庆七年	衢州府常山县	据地保姚祥进禀报	第 4682 包
42	嘉庆五年	湖州府长兴县	据地保施尔与禀报	第 4545 包
43	嘉庆五年	湖州府长兴县	据地保孙九乐禀报	第 4550 包
44	嘉庆五年	绍兴府嵊县	据地保郑裕魁禀报	第 4671 包
45	嘉庆六年	台州府临海县	据地保供应登池禀报	第 4658 包
46	嘉庆六年	金华府浦江县	据地保杨应凤禀报	第 4658 包
47	嘉庆七年	绍兴府萧山县	据地保韩申禀报	第 4661 包
48	嘉庆十一年	绍兴府会稽县	据地保陶言禀报	第 4963 包
49	嘉庆十一年	台州府临海县	据地保王子哲禀报	第 4968 包

表 3 中的 49 件刑科题本中，职役均为地保。将表 2、表 3 中地保名称相加，共计 129 例，可知嘉庆朝刑科题本反映的职役名称主要是地保，其次是 4 例保正。

清乾嘉时期的浙江地方社会职役　187

下面我们将表 2、表 3 中职役 136 件题本合起来考察其地域分布。

杭州府 9 件。钱塘县 1 件、仁和县 3 件、富阳县 1 件、临安县 1 件、于潜县 1 件、昌化县 1 件、海宁州 1 件，该府八县一州中有六县一州出现事例。

嘉兴府 9 件。嘉兴县 1 件、嘉善县 1 件、海盐县 3 件、石门县 1 件、平湖县 1 件、桐乡县 2 件，该府七县，仅缺修水县的事例。

湖州府 5 件。乌程县 1 件、归安县 1 件、长兴县 3 件，该府七县中有三县出现了事例。

宁波府 7 件，鄞县 1 件、奉化县 6 件，该府六县中只出现二县，且奉化县较多事例。

绍兴府 44 件。山阴县 7 件、会稽县 2 件、萧山县 3 件、诸暨县 13 件、余姚县 6 件、上虞县 3 件、嵊县 9 件、新昌县 1 件，该府八县均出现事例，诸暨县尤其集中。

台州府 20 件。临海县 5 件、黄岩县 4 件、天台县 1 件、仙居县 2 件、宁海县 5 件、太平县 3 件，该府六县均有事例。

金华府 8 件。金华县 2 件、兰溪县 1 件、义乌县 1 件、永康县 2 件、浦江县 1 件、汤溪县 1 件，该府八县中有六县出现了事例。

衢州府 11 件。西安县 2 件、龙游县 2 件、江山县 6 件、常山县 1 件，该府五县，仅缺开化县的事例。

严州府 8 件。建德县 2 件、淳安县 3 件、桐庐县 1 件、遂安县 2 件，该府六县缺寿昌、分水二县事例。

温州府 8 件。永嘉县 1 件、瑞安县 3 件、平阳县 2 件、泰顺县 2 件，该府五县一厅，缺乐清县和玉环厅的事例。

处州府 6 件。青田县 1 件、缙云县 1 件、松阳县 1 件、龙泉县 2 件、景宁县 1 件，该府有十县，其中有五县出现了事例。

在浙江省的十一府均有地方社会职役的刑科题本，绍兴府最多，为 44 件，台州府次之，为 20 件，其余则在 11 件以下，多为八九件。

（二）职役考述

地保要接受事主投保，将案犯与作案工具起获，报送命案于州县，并接受官府的质询。如表 2 事例 77 号嘉庆二十二年杭州府仁和县民言广聚因工钱伤帮工杨士贤身死案，言广聚投案，地保徐华"往查属实，理合报验等情到县"①。又如表2事例74嘉庆十年绍兴府山阴县民娄育初因被辞砍伤雇主致死案,由尸子孙谦"投保报验",据娄育初供,"地保把小的获住",据地保徐清禀称:"将娄育初并起获凶刀送案,理合报验"②。再如表2中的事例2,嘉庆七年绍兴府诸暨县民赵家庭因口角打死小功服叔案,赵宇光报案,地保赵添佑照依具报,又"细查"情委,经诸暨县知县质讯地保、尸亲、见证及余犯赵家庭等供,各相符,"录供通详,奉批确审"③。

地保办理案件不力,会受到惩处。如失察,嘉庆九年嘉兴府平湖县民褚庭书追赶其妻堂弟宋承烈落河身死案,留下了地保朱幅供词:"小的是乍西坊地保,六月初四日,宋承烈如何被褚庭书追赶落水身死,小的并不知情。到六月底查知,宋承烈于六月初四日向褚庭书借钱不允,两相争骂,被褚庭书追赶落河淹毙,隐匿不报。当向尸父宋丹五查问,据云宋承烈自行失足落水身死,并非褚庭书追逐落河,叫小的不用禀报。小的因尸亲说话,自然是真,不敢冒昧禀报。今蒙访闻,只求究问褚庭书们就明白了。小的实是失于查察,并没知情隐匿的事。是实。"④刑部会同吏部、都察院、大理寺的判决中称:"地保朱幅讯非通同隐匿,但失于查报,应照不应重律杖八十,革役。"⑤嘉庆十三年嘉兴府石门县民人蒋文陇殴伤陈大身死一案,"地保沈纪名失于查察,应照不应轻律笞四十,免其革役。"⑥

再如,失当。嘉庆十四年宁波府奉化县民江伦爵殴死差役宋云案,宋云充当县役,奉票协同地保江沅二往传江家受控江伦爵等殴伤一案,被江伦爵等殴伤致死。"地保江沅二虽讯无借差诈扰情事,但奉票传人,辄代原告索钱肇衅,殊属不合,除石伤江伦爵轻罪不议外,应照不应重律,杖八十,革役。"⑦值得注意的是,办案中县里的差役宋云与地保江沅二合作,可以被称为"差保"。

又如私和匿报。嘉庆十五年杭州府仁和县朱玉秀等共殴曹三身死私和匿报案,尸母正要投保报验,地保王文祥走来拦阻说,是人命必要等尸父

---

① 《清嘉庆朝刑科题本社会史料辑刊》第3册,第1471页。
② 《清嘉庆朝刑科题本社会史料辑刊》第3册,第1394~1395页。
③ 《清嘉庆朝刑科题本社会史料辑刊》第1册,第39页。
④ 《清嘉庆朝刑科题本社会史料辑刊》第1册,第423页。
⑤ 《清嘉庆朝刑科题本社会史料辑刊》第1册,第425页。
⑥ 南开大学中国社会史研究中心存未刊嘉庆朝刑科题本抄件,中国第一历史档案馆原藏土地债务类,第5095包。
⑦ 《清嘉庆朝刑科题本社会史料辑刊》第3册,第1736页。

回家禀报。尸父就去投保。王文祥又来说，人命重情，若验无伤就要坐诬，劝尸父免报。他去叫金玉殿出钱棺殓，还替死者追荐。尸父因儿子尸身已经腐变无从验伤，恐怕坐罪，误信应允。王文祥随送来洋钱十六元，尸父就拿去买棺将尸收殓。所得洋钱，因已棺殓用完。结案时地保们受到一定处罚，"地保徐闻、沈淙发事后分得洋钱，徇隐不报，虽讯无串同私和情事，亦有不合，各照不应重律，杖八十，革役。王文祥、徐闻、沈淙发各得洋钱，同金玉殿本利照追充公。无干省释"①。

还有，嘉庆十九年金华府汤溪县客民曾森林被苏岳秀等共殴身死犯父私和匿报案，犯父收钱六十千文私埋未报，"地保苏帼华事后知情不首，应照不应重律，杖八十，革役。"②

除了上述两例私和事例外，还有3例。其一是嘉庆二十一年湖州府长兴县民邱炳球殴伤小功堂弟邱炳珏身死私和匿报案，据邱炳球供："许给王维乔们洋钱七十元，免报了事。当时先付洋钱四十元，还少三十元没有付给。"③ 其二系嘉庆十五年严州府桐庐县姚佳连殴伤邱楚升身死案，据邱映汉投称，其侄邱楚升被姚佳连殴伤身死，姚文沛等向邱楚升寡嫂林氏贿和棺殓。他"闻知赶至，姚文沛等复送给钱票央求免报，伊收票不敢隐讳"④。其三为嘉庆十年嘉兴府浙江桐乡县民钱三拖拉沈桂方碰伤身死案，"有归叙目击可证濮襄之妻父杨与曾商同地保私自收殓"⑤。看来民间案发，私和是常有的，案犯为逃避抵偿出钱，苦主则颇为现实，人死不可复活，得到补偿实惠，也是熟人社会出于情面而息事宁人。地保面对私和，将经受考验。

地保实际上属于保甲系统。嘉庆六年熊枚奏筹办灾赈各事宜折，"据称抚恤灾民仿照保甲旧例，责成地保造册存记，大赈时可省查造之繁并杜滥邀之弊"⑥。可见地保属于保甲。嘉庆二十四年湖南湘潭客民土民互斗互控，谣言四播。"讯系已革府书梁金堂、保正唐日新造播"，被认为是"地保书役从中串捏"，⑦ 书役指已革府书梁金堂，地保则是保正唐日新。保正可以

---

① 《清嘉庆朝刑科题本社会史料辑刊》第3册，第1759页。
② 《清嘉庆朝刑科题本社会史料辑刊》第3册，第1849页。
③ 《清嘉庆朝刑科题本社会史料辑刊》第3册，第1872页。
④ 《清嘉庆朝刑科题本社会史料辑刊》第3册，第1785页。
⑤ 南开大学中国社会史研究中心存未刊嘉庆朝刑科题本抄件，中国第一历史档案馆原藏，第5042包。
⑥ 《清仁宗实录》卷85，嘉庆六年七月庚辰，中华书局，1986，第2册，第111页。
⑦ 《清仁宗实录》卷365，嘉庆二十四年十二月乙未，第5册，第823页。

和地保通用。

嘉庆时期，浙江仍在编立保甲。嘉庆二十一年，御史王耀辰奏，浙江长兴之四安合溪棚匪奸淫攘夺、积案累累。嘉庆帝谕军机大臣等："该棚民等聚处山场，与居民闲隔，且多系外方之人，往来无定，最易藏奸。全在地方官严密稽查，务使奸宄息迹。浙省棚民，从前本定有章程。著该护抚即饬该管官按照旧章实力奉行，将准其入籍之棚民，一体编立门牌保甲，严行查察。其原编各户棚民之外，不准再添一户，以杜聚集日多，滋生事端。不可因循息玩，为目前苟安之计也。将此谕令知之。"① 这是对垦山的棚民编立保甲。嘉庆二十四年正月，浙江巡抚程国仁奏覆查保甲民数丁口。嘉庆帝谕令："良法宜久，随时抽查，若限定日期，成具文矣。"② 强调日常对于保甲的管理。

三　余论

综上所述，我们在26个乾隆朝刑科题本中得到地方社会职役的名称，地保18件、保正4件、保长2件、乡总1件、庄长1件。在136例有地方社会职役名称的嘉庆朝刑科题本，地保为129例，保正是5例。充分说明乾嘉时期浙江地方社会职役的基本形态是地保，也有以保正名称出现的。事实上，保正作为保甲制度中十甲为保的保长名称，应统辖地保。

地保、保正等地方社会职役的责任范围，主要是都或村庄，负责处理管区内纠纷。地保要接受事主投保，将案犯与作案工具起获，报送命案于州县，并接受官府的质询。职役不得隐匿案件，失察、失当、私和会受到官府惩罚。浙江有关惩处地保、保正的事例较多，一般来说，可以看作当地此类事情较为普遍，也可视为官府对于地方社会职役违法行为及时处分。虽然二者中何者正确未必能有定论，但官府未能有效发挥乡村社会地方职役作用应当是事实。值得注意的是，命案集中发生在绍兴府，该如何看待嘉庆朝由地方社会职役报案的40件刑科题本，是当地社会经济矛盾突出？抑或另有隐情？有待继续深入研究。

清代里甲制向保甲制过渡，二者职能融合，是地保产生的基本原因。

---

① 《清仁宗实录》卷316，嘉庆二十一年二月丙辰，第5册，第195页。
② 《清仁宗实录》卷353，嘉庆二十四年正月壬戌，第5册，第665页。

萧公权认为："保甲承担了里甲的职能，是导致'地方'或'地保'这类乡官产生的部分原因。我们并不晓得'地方'是在什么时候、怎样开始出现的。但在18世纪中叶，清帝国许多地区，'地方'已经成为常设的乡村控制工具，同时承担了治安（保甲）和税收（里甲）的双重任务。"① 刘道胜指出："地保乃清代保甲组织负责人之俗称，有的场合即指原来的保正或保长，有的场合亦包括甲长、牌头在内。在清代康熙年间，地保作为一种俗称开始出现于一些地方官员和幕僚的政书中。雍正年间，地保已较多地出现在官府的文件中，且正式场合已被承认。乾隆以降，保甲负责人之地保化趋势日益明显，在不少地方，地保或地方之称逐渐代替原来保甲组织中的保正、保长、甲长、牌头等。……清代地保的普遍出现，究其原因，乃与雍乾以降里甲向保甲嬗递所带来的乡里职役变化有关。"②

　　基于这些认识，我们有必要回顾浙江在乾隆朝之前推行保甲的基本情况，以便更准确把握对于地方社会职役的认识。

　　清朝入关后虽然不断推行保甲，但较有成效是在康熙四十七年保甲令之后。我们看到浙江地方官在康熙后期的保甲推行。浙江是沿海地区，面临海防问题。康熙五十年（1711）正月，浙江巡抚王度昭奏陈浙省地方情形，着重报告治理江湖盗劫问题，说沿海奸民阳借捕鱼砍柴之名，阴行劫夺接济之计。他严饬各县将濒海居住军民，照依联络保甲之法，实心力行。

　　康熙四十九年，浙江温州镇标左营水师年满未咨千总郭王森条陈海防十事折本。其中一条是"请行严查居民出入之法，以塞盗源也"。康熙帝命将该折发与浙闽总督范时崇逐一详议，康熙五十年三月范时崇缮折具奏，范时崇认为郭王森条陈保甲之法新意不多，不出已有保甲制范围，关键是推行保甲要选择好人选。同年六月范时崇上奏，提出自己的海防计划，具体陈述了保甲用人的考核制度，以使保甲发挥作用。不过康熙帝的朱批对此评价并不高，说："览尔数款亦不过平常纸上议论。"康熙五十一年（1712）二月，闽浙总督范时崇奏闻劫匪案件，说道："臣查此等奸民图劫则聚，被逐即散，又未可全恃于兵威，除行各县着落保甲房族长密行举报，

---

① 萧公权：《中国乡村——论19世纪的帝国控制》，张皓、张升译，台北，联经出版公司，2014，第78页。
② 刘道胜：《清代基层社会的地保》，《中国农史》2009年第2期，第92页。

匿则连坐，首则赏给，不难搜捕净尽。"① 可见依靠的是地方上的保甲，说明保甲在当地已经实行。康熙五十五年闰三月，因为严查私盐而推行保甲。②

浙江力行保甲是在雍正时期。雍正元年八月，雍正帝提出用三年的时间推行保甲与社仓。浙江巡抚黄叔琳进奏解决民间贩卖私盐问题，称："于现行保甲督查窝顿，如有违犯，保甲连坐，地方有司照失察例参处。"③ 可见浙江已经设立了保甲。雍正二年七月二十四日浙江按察使甘国奎奏称，为在浙省移风易俗，"遵旨严督各属力行保甲……其台、处、严、衢等府山内种麻种靛流寓闽人，亦皆酌编保甲，按户可稽，逐渐而行，庶奸良易于区别"④。雍正帝在"力行保甲"旁朱批："以实力奉行，庶几有益。"

试行保甲活动到雍正四年八月期满。雍正四年七月，清廷正式公布了保甲条例。这一保甲令要点有四：一是十进制的牌、甲、保设置，逐级分别设置牌头、甲长、保正；二是畸零村落、苗、壮一体编排；三是督责地方官实力奉行；四是立民间劝惩之法。从雍正四年八月起的一年，是雍正帝要求各省建立保甲制度的期限，雍正五年初，浙江观风整俗使王国栋奏称，浙江保甲有名无实，决心实力奉行。雍正五年闰三月，浙江巡抚李卫谨奏报推行保甲、社仓情形，说他上年正月到任至今，"而保甲、社仓二项虽尽力行催，尚不能汇齐底绩渐有成效者，其保甲则如杭嘉湖三府，实人烟稠密户口繁多，除绅衿有业，商民余多五方杂处，时复迁徙莫定；宁、台、温、处四府则山海交错居址零星，不能集成村落，且有闽省流寓之人往来不一，又编查之所难定者；至于绍兴一府，虽原有保甲其中尚有未妥，每牌必有一二狡点好事之徒，巧借保甲名色，遇事科敛，联络公呈，即匪类犯出，亦必代辨称为良民，甚有搬移入甲者，无论奸良，惟饱其欲，便可安插，此一府属颇有受保甲中棍徒之累者，虽屡经查拿，尚难尽除其弊；

---

① 中国第一历史档案馆编《康熙朝汉文朱批奏折汇编》，第1037号《闽浙总督范时崇奏报延平府属有伙盗行劫情形折》，康熙五十一年二月二十六日具折，档案出版社，1984，第4册，第9页。
② 常建华：《清顺康时期保甲制的推行》，《明清论丛》第十二辑，紫禁城出版社，2012，第331~332、339页。
③ （清）鄂尔泰等编《朱批谕旨》卷十七，"朱批黄叔琳奏折"，《钦定四库全书荟要》第2册，吉林出版集团有限责任公司，2005，第229页上。
④ （清）鄂尔泰等主编《朱批谕旨》卷七十二，"朱批甘国奎奏折"，《钦定四库全书荟要》第4册，第473页下~447页上。

惟金、衢、严三府较之他郡尚属易行，但知县一官职司通邑钱谷刑名，多有不能亲身分往村镇稽查，未免有假手于吏役，不无滋扰，而知府又所辖宽广恐虚名无实，故各属亦曾有申覆遵奉者，但以奉旨力行之事，臣何敢仅凭一纸空文遽为轻信"①。他将浙省十一府分杭嘉湖、宁台温处、绍兴、金衢严四种情形，汇报编查保甲的难处，反映出保甲已经有了相当的推行，但是处于不太稳定的状态。接着李卫提出，为了使保甲、社仓"二事必期果有实绩，方不虚应故事"。建议饬令观风整俗使王国栋顺道就近查考。

浙江推行保甲的特色在于同时推行赋役改革的顺庄法，造成两种制度融合，为地保职役打下了基础。所谓顺庄法，即要求以现居人户编查田亩粮额，概于其户主名下登册纳粮。雍正五年三月间，李卫在浙江"先行设立顺庄滚催之法，令通省各县照依保甲烟户册内人户查其所有田地粮额，归入本户的名造册，于各里就近用滚单传催，限以年终完竣，并着杭嘉湖道徐鼎遵照办理"②。七月二十四日，杭嘉湖道徐鼎奏报将编造保甲的经费在养廉银支付。又就浙西民户丛杂田粮滋弊，奏请就保甲以寓顺庄，靖地方以便征输。对于钱粮包揽飞洒以致历年拖欠，认为"亦由户名不清，村庄不顺"造成，"若果按保甲之实户问田产之坐落，以田产之名编行粮之图甲，挨庄顺叙，户户可稽，则钱粮何从，诡寄抗欠何难追比乎"③。十月初二日，徐鼎奏报说，其保甲顺庄等事，具折之后，即令派到试用知县徐元肃、葛大梁就近先于嘉兴、秀水二县试行。④ 由上可知，雍正四年、五年正是浙江全力实行保甲之时。九年李卫追述五年的顺庄保甲之事说："臣查浙省地方从前以里书管册催粮，弊端百出，积欠累累。臣因此竭力访察，设法清厘，于雍正五年间题明饬造顺庄，一并交与清查官，会同有司，于保甲烟户的名住址册内，将本人产业在各图各甲瓜分办粮诡名寄户者，一并归入本户，挨顺造册，发单滚催，使同里熟识之人彼此传知，依限完纳，则户册了然，完欠分明。数年以来，各属亦有实力奉行者，钱粮于奏销前

---

① 中国第一历史档案馆编《雍正朝汉文朱批奏折汇编》第9册第264号《浙江巡抚李卫奏报保甲社仓情形折》，雍正五年闰三月初一日具折，江苏古籍出版社，1989，第363~364页。
② 《朱批奏折》卷一百七十四之五，"朱批李卫奏折"，《文渊阁四库全书本》第423册，第128页下。
③ （清）鄂尔泰等主编《朱批谕旨》卷九十六，"朱批徐鼎奏折"，《钦定四库全书荟要》第5册，第293页上。
④ （清）鄂尔泰等主编《朱批谕旨》卷九十六，"朱批徐鼎奏折"，《钦定四库全书荟要》第5册，第294页上。

通完甚多。"① 说明雍正五年始浙江保甲制在配合顺庄法征收赋税方面发挥了作用。雍正六年四月二十八日，浙江观风整俗使许容奏称："各属保甲，臣仰遵圣谕，不敢责其速效，每到一处，必饬令印官实力奉行，不得虚应故事，亦不得扰累里民。"② 反映出许容实力推行保甲的情形。③

到了乾隆初年，浙江的保甲、乡约与地保已经普及地方社会。闽浙总督德沛与浙江巡抚卢焯于乾隆五年八月二十八日奏覆浙江省对应朱熹《社仓事目》的情况，第一条指出："查浙省各属毋论城乡，皆设十家牌，编排保甲，互相稽察，年年清查，册报具在。……浙省向设社仓乡约，专司出纳。"④ 浙江编立保甲，同时设立乡约，拟采取乡约专司出纳置簿管理借贷。第九条说："查编查烟户保甲册内，人户之姓名、住址与丁男、生理等项详载无遗，毋庸重造。"第十条指出："查浙省经理社仓，现设正、副社长，兼有乡约、地保协查，足敷董理。"第十一条记载："查簿书锁钥，浙省均属社长、乡约公同经理，应仍其旧。"⑤ 这三条主张，利用现存的保甲、乡约、地保、社长制度就可以推行好社仓，充分证明乡约、保甲制度已经普及，可以发挥应有的作用。

乾嘉时期以地保为标志的地方社会职役，混合了赋役与治安功能于一身。

（常建华，南开大学中国社会史研究中心教授、主任）

---

① （清）鄂尔泰等主编《朱批谕旨》卷一百七十四之十三，"朱批李卫奏折"，《钦定四库全书荟要》第9册，第362页下。
② （清）鄂尔泰等主编《朱批谕旨》卷二百十二上，"朱批许容奏折"，《钦定四库全书荟要》第11册，第407页下。
③ 详见常建华《雍正朝保甲制度的推行——以奏折为中心的考察》，《故宫学刊》总第十辑（2013年第2期），故宫出版社，2013，第93、98~99、112~113页。
④ 《乾隆朝整饬社仓档案》（上），《历史档案》2014年第3期，第36页。
⑤ 《乾隆朝整饬社仓档案》（上），《历史档案》2014年第3期，第37页。

晚清西学东渐的文化传播学研究概论

欧阳跃峰

摘 要：西学东渐发生在中国落后于西方之际，西方文化带有明显的先进性质，一代代先进的中国人也曾孜孜不倦地学习西方。改革开放后，这一课题研究取得了相当丰硕的成果，但仍然留下了极大的学术空间，尤应以传播学理论做深入研究。西学东渐作为一种文化传播现象，必然要借助于载体来实现。至今尚未见有专门研究西学东渐载体的成果。晚清传承西方文化的不同载体在性质和功能方面都存在着差异，可以也应该将其列为专门研究对象加以考察。

关键词：西学东渐 传播学 载体

一

中国古代曾长期走在世界文明的前列。但是，个体农业与家庭手工业结合的自给自足的自然经济、历代王朝奉行的"重农抑商"政策、长期积淀于人们脑海中的"重义轻利"观念全面地遏制了商品经济的发展；高度集权的专制统治、"罢黜百家，独尊儒术"的思想钳制、以儒家纲常名教为核心的传统文化极大地制约了思想文化的繁荣；传统社会等级制度下形成的"官本位"思想、"学而优则仕"的教育理念、科举制度中以儒家经义为标准的人才观严重地禁锢了知识分子的聪明才智。这一切都决定了中国社会只能在传统体制内踯躅前行，而难以发生质的突破。

当西方国家于13世纪末开始文艺复兴、16~17世纪进行宗教改革、18世纪掀起启蒙运动之际，中国的知识精英们却在高谈"道""数""气""理""心""性"，或倡言"人伦者，天理也"①；或宣称要"存天理，灭人欲"；或认为"宇宙便是吾心，吾心即是宇宙"②；或坚信"心外无物，心外无事，心外无理"③。宋明理学虽然标志着中国文化发展到了一个新的高峰，却主要是对因受佛教、道教冲击而一度趋向没落的儒学的复兴，未能突破传统文化的窠臼。

经过一系列思想解放运动之后，西方国家相继爆发资产阶级革命，先后确立资本主义制度，并陆续通过工业革命步入了机器工业时代；而中国社会只是在一步步完善着传统体制，尽管清朝前期也出现过骄人的"康乾盛世"，但这种建立在自给自足的自然经济基础之上的农业文明与西方以蒸汽机的发明与使用为标志的工业文明已不可同日而语。历史无情地宣告了中国已经落后于西方这一严酷的事实。

能够比较直观地反映中西落差的历史事实是：17世纪40年代在世界的东方和西方几乎同时分别发生了一件具有划时代意义的重大事件——在西方，英国于1640年爆发资产阶级革命，随即建立资产阶级政权，这一事件不但标志着英国由封建社会进入了资本主义社会，而且曾长期被史学界作为世界近代史的开端④；在中国，偏居山海关外的满族政权乘李自成起义之机于1644年挥师入关，取代了大明王朝，中国历史由此进入大清王朝统治时期。大约两个半世纪之后，中国才于1911年爆发辛亥革命、建立民主共和政权。若有人据此认为：清王朝统治的260余年就是中国落后于西方先进国家的时间差距，虽不够十分确切，大体上也相差无几吧。

---

① （宋）朱熹辑《河南程氏外书》卷七，传经堂清光绪十八年（1892）刻本。
② （宋）陆九渊：《陆九渊集》卷二十二《杂著》，中华书局，1980，第273页。
③ （宋）王守仁：《王文成公全书》卷四《与王纯甫书之二》，中华书局，2015。
④ 关于世界近代史的开端，史学界有多种不同看法。20世纪70年代以前我国史学界一直是以英国资产阶级革命作为世界近代史开端的，80年代以后有些学者提出应以爆发于16世纪60年代的尼德兰革命作为世界近代史的开端。参见崔树菊《关于世界近代史的开端问题》，《天津师院学报》1980年第1期；郑昌发《十六世纪尼德兰革命是世界近代史的开端》，《世界历史》1980年第4期；阎广钰《关于世界近代史开端问题的辨析》，《松辽学刊》（社会科学版）1993年第1期；申晓若《世界近代史开端之管见》，《吉林师范学院学报》（哲学社会科学版）1994年第1期等。

二

在中国逐步落后于西方的过程中发生的西学东渐现象，一开始就带有向落后地区传播西方先进文化的性质。随着中西差距的日益拉大，西学东渐的这种进步意义也越来越重要了。及至鸦片战争爆发，西方列强用坚船利炮打开中国的国门，强行把中国纳入世界殖民体系之后，中国落后于西方的事实使中华民族迭遭屈辱。为了挽救民族危亡，使中华民族走上自强自立的道路，学习西方成为一代代观念超前的中国人孜孜不倦的追求，西学东渐更是一度被视为紧扣时代脉搏、关系到国家前途民族命运的热门话题。

如此重要的历史课题，却一度因为与社会现实联系不够密切而被漠视，受到冷落。20世纪80年代改革开放大潮涌起、国门全面敞开之后，这一课题的价值日益彰显，越来越多的学者开始投入这方面的研究，至今已经取得了相当丰硕的成果。据不完全统计：近30余年在报纸杂志发表与收录相关学术会议论文集的论文，以及硕士、博士研究生的学位论文，以西学东渐为题者已有600余篇，内容涉及西学东渐的更是多达50000余篇。[①] 另外，宗教文化出版社于2003年9月出版了卓新平先生主编的《相遇与对话——明末清初中西文化交流国际学术研讨会文集》。广东人民出版社于2005年7月出版了章开沅先生的《传播与植根：基督教与中西文化交流论集》。商务印书馆于2008年4月、2009年12月、2010年1月、2013年11月分别出版了中山大学西学东渐文献馆主编的《西学东渐研究》第一、二、三、四辑。上海人民出版社于2012年6月出版了由北京外国语大学中国海外汉学研究中心与出版博物馆合编的论文集《西学东渐与东亚近代知识的形成和交流》。2012年8月出版了邹振环先生的论文集《疏通知译史》。这一时期我国内地学者出版的以西学东渐为主要研究内容的学术著作有40余部，具体情况可参见表1。[②] 此外，日本学者增田涉著《西学东渐与中日文化交流》

[①] 2017年9月16日通过"中国知网"（http://epub.cnki.net/kns/default）检索，题目含有"西学东渐"字样的论文共609篇，以"西学东渐"为主题的论文共4359篇，内容涉及"西学东渐"的论文共54590篇，但其中有少量的重复。

[②] 其中《西学东渐：中日近代化比较研究》（中国社会科学出版社，2008）是由中日学者合著的。

一书，经由其民、周启乾翻译，由天津社会科学院出版社于 1993 年 12 月出版，增田涉的另一部著作《西学东渐与中国事情》同样经由其民、周启乾翻译，由江苏人民出版社于 2010 年 11 月出版。意大利学者马西尼的著作《东亚与欧洲文化的早期相遇：东西文化交流史论》由华东师范大学出版社于 2012 年 1 月出版。

表 1　西学东渐研究书目

序号	书名	作者	出版社	出版时间
1	《西学东渐与自由意识》	易升运	湖南人民出版社	1988 年 12 月
2	《西学东渐与明清之际教育思潮》	白莉民	教育科学出版社	1989 年 9 月
3	《西学东渐与中国近代医学思潮》	李经纬、鄢良	湖北科学技术出版社	1990 年 6 月
4	《西俗东渐记——中国近代社会风俗的演变》	严昌洪	湖南出版社	1991 年 1 月
5	《西学东渐》	赵颂尧、吴齐	甘肃教育出版社	1993 年 3 月
6	《西学东渐与晚清社会》	熊月之	上海人民出版社	1994 年 8 月
7	《西方文化与中国社会——西学东渐史论》	宝成关	吉林教育出版社	1994 年 12 月
8	《影响中国近代社会的一百种译作》	邹振环	中国对外翻译出版公司	1996 年 1 月
9	《西学东渐与中国高等教育近代化》	朱国仁	厦门大学出版社	1996 年 11 月
10	《西学东渐——东方近代思想史话》	万方（主编）	四川大学出版社	1997 年 12 月
11	《西学东渐与东学西渐》	刘登阁、周云芳	中国社会科学出版社	2000 年 1 月
12	《西学东渐——科学在中国的传播》	樊洪业、王扬宗	湖南科学技术出版社	2000 年 3 月
13	《晚清西方地理学在中国——以 1815 至 1911 年西方地理学译著为中心》	邹振环	上海古籍出版社	2000 年 4 月
14	《清初士人与西学》	徐海松	东方出版社	2000 年 12 月
15	《西学东渐与中日两国的对应：中日西学比较研究》	赵德宇	世界知识出版社	2001 年 6 月

续表

序号	书名	作者	出版社	出版时间
16	《西风东渐——中日摄取西方文化的比较研究》	于桂芬	商务印书馆	2001年7月
17	《天文西学东渐集》	江晓原、钮卫星	上海书店出版社	2001年11月
18	《西学东渐与中国近代教育思潮》	栗洪武	高等教育出版社	2002年1月
19	《〈万国公报〉与晚清中西文化交流》	杨代春	湖南人民出版社	2002年9月
20	《康雍乾三帝与西学东渐》	吴伯娅	宗教文化出版社	2002年12月
21	《西学与变法——〈万国公报〉研究》	王林	齐鲁书社	2004年4月
22	《西学东渐与明清实学》	李志军	巴蜀书社	2004年8月
23	《魏源与西学东渐——中国走向近代化的艰难历程》	彭大成、韩秀珍	湖南师范大学出版社	2005年10月
24	《西方传教士与晚清西史东渐——以1815至1900年西方译著的传播与影响为中心》	邹振环	上海古籍出版社	2007年12月
25	《传教士与西学东渐》	尚智丛	山西教育出版社	2008年1月
26	《西学东渐：迎拒与选择》	邹小站	四川人民出版社	2008年4月
27	《西学东渐：中日近代化比较研究》	渡边与五郎、李素桢、田育诚等	中国社会科学出版社	2008年6月
28	《左图右史与西学东渐——晚清画报研究》	陈平原	三联书店（香港）有限公司	2008年10月
29	《洋务教育与西学东渐》	刘虹	辽宁师范大学出版社	2008年12月
30	《异文化博弈：中国现代留欧学人与西学东渐》	叶隽	北京大学出版社	2009年4月
31	《冲突抑或融合：明清之际浙江学人与西学东渐》	贾庆军	海洋出版社	2009年7月
32	《晚清之"西政"东渐及本土回应》	孙青	上海书店出版社	2009年10月

续表

序号	书名	作者	出版社	出版时间
33	《西学东渐与清代前期数学》	赵晖	浙江大学出版社	2010年5月
34	《西学东渐之序章——明末清初耶稣会史新论》	黄正谦	中华书局（香港）有限公司	2010年6月
35	《中国早期马克思主义的传播——梁启超与西学东渐》	郭刚	人民出版社	2010年11月
36	《王徵与晚明西学东渐》	毛瑞方	华东师范大学出版社	2011年3月
37	《晚明汉文西学经典：编译、诠释、流传与影响》	邹振环	复旦大学出版社	2011年11月
38	《近代汉译西学书目提要（明末至1919）》	张晓	北京大学出版社	2012年9月
39	《西学东渐与中国近代教育变迁》	孙邦华	中国社会科学出版社	2012年11月
40	《西学东渐与教材引进史研究》	杨启宁、李平	中央广播电视大学出版社	2013年7月
41	《漫说中国历史·西学东渐》	《漫说中国历史》编委会	航空工业出版社	2013年7月
42	《西学东渐在肇庆》	刘明强	暨南大学出版社	2014年5月

表1所列以西学东渐为主要内容的42部著作，多以西学的某一领域及其对中国社会影响的某一方面为主题，具体情况大致可以概括如下：（1）可以归属于自然科学范畴的有5部，其中总体介绍自然科学的与分别专门介绍数学、天文学、地理学、医学的各1部，约占11.9%；（2）可以归属于人文社会科学范畴的有11部，其中研究教育思潮与教育状况的有5部，研究历史学的2部，研究政治学、自由意识、东方近代思想、社会风俗的各1部，约占26.2%；（3）论述学术流派、历史人物（团体）与西学东渐关系的有10部，其中有关各种学人群体的3部，有关教会组织与传教士的2部，有关明清实学、康雍乾三帝、王徵、魏源、梁启超的各1部，约占23.8%；（4）将中日两国所受西学东渐影响加以比较的有3部，约占7.1%；（5）专门研究《万国公报》在华影响的有2部，约占4.8%；（6）侧重于研究中西文化交流与国人

对西学态度的 2 部，约占 4.8%；(7) 分别研究晚清画报、教材引进与某一地区西学东渐的各 1 部，约占 7.1%。上述各类著作一共为 36 部，约占总数的 85.7%。另外有 3 部介绍汉译西学书目和内容的，尽管编著者在广泛搜集资料的基础上做了大量的研究工作，但基本上属于资料性的。从总体上全面介绍或系统论述西学东渐及其对中国社会影响的仅有 3 部，约占 7.1%。

西学东渐研究领域或专题的多样化，从一个侧面反映了西学东渐内容的广博。晚清时期传入中国的西学可以说是无所不包的，对中国社会的影响也几乎是无处不在的。这种状况决定了这一课题内涵的博大精深，要从整体上进行全面、系统、深入的研究是相当不容易的，在这方面所取得的足以称道的成果应数熊月之《西学东渐与晚清社会》与宝成关《西方文化与中国社会——西学东渐史论》。

熊月之先生的《西学东渐与晚清社会》一书由上海人民出版社于 1994 年 8 月初版，全书 64.3 万字。该书"以西学东渐与晚清社会的关系为研究对象"，尽管由于当时输华西学门类过于庞杂，"不可能对每门学科传入中国的情况都细加研究，而只能选择其中与中国文化反差较大、对中国社会影响较大的部分进行研究"，作者还是将西学传播所涉及的"传播主体（中外译员、学校教习、报刊编辑）、传播机构（译书机构、新式学校）、传播内容、传播方式、传播过程、受传对象、受众反应"都列为该书的"主要研究对象"[①]。"这部著作内容丰富，资料翔实，在不少问题上都提供了新的资料或提出了作者自己的学术见解。"[②] 为了广泛搜寻资料，作者通过不同的渠道"不仅充分利用了国内图书馆、大专院校和科研机关的藏书，而且利用了美国、英国国家图书馆和大学收藏的文献档案"[③]；为了更好地阐释西学东渐这一文化传播现象，作者在运用传播学原理方面尽可能地做了有益的尝试。在对人类文明进程的总体把握上，作者认为"人类对文明的判断和追求，有相同或相通之处"，"追求真善美是人类的通性，人类对真善美的理解也有相通的地方。事实上，任何文化交流，都是以交流双方对真善美判断的共同性、互通性为前提的"，"对真善美认识和追求的逻辑，才

[①] 熊月之：《西学东渐与晚清社会》，上海人民出版社，1994，第 2 页。
[②] 王扬宗：《一部瑕瑜互见的西学东渐史——评熊月之〈西学东渐与晚清社会〉》，《近代史研究》1996 年第 2 期。
[③] 周育民：《从世界的角度看西学东渐——熊月之〈西学东渐与晚清社会〉读后》，《开放时代》1996 年第 1 期。

是西学东渐的内在逻辑"①。尽管有学者对此发表了不同看法，还是应该承认：这一观点为研究晚清时期的西学东渐、贯穿古今的中西文化交流乃至于世界各民族间的文化交流与融合提出了一个新的视角。由于该书在学术界产生了较大的反响，很快由中国人民大学出版社于2011年3月重出了修订版。

宝成关先生的《西方文化与中国社会——西学东渐史论》一书由吉林教育出版社于1994年12月出版，全书42.8万字。作者在"前言"中开宗明义地宣布：该书以"1583~1919年间西方文化在中国的传播"为研究范围，"在撰述上严格按其历史演进与逻辑发展，着重考察：一、每个时期究竟输入了哪些西方文化？二、中国从中摄取了什么？产生了哪些影响？三、它同中国传统文化的关系怎样，发生了哪些冲突？又怎样融合起来的？四、当时的文化政策或朝野文化观念对西学输入有哪些影响，其利弊得失如何？在以上四个方面进行实证研究的基础上，最后大体揭示出300余年中西文化交流的轨迹，进而摸索出其间的发展规律，以利于正确处理中西文化关系，促进现代化建设"②。"从总体上讲，书中考察的范围不仅囊括了自然科学与社会科学两大门类，而且包含了中国政府的文化政策、中西文化的冲突与融合等内容。具体而言，涉及了近代自然科学的各个门类，资产阶级社会政治学说的各种分支，中西文化冲突的一些重大事件以及西学影响下近代中国各种社会思潮的形成与演化等等"，"内涵的广博充实"成为该书的一大特色；作者不但"非常注意吸收已有的研究成果"，而且"在许多问题上又不囿于成说，而是通过自己的深入研究，提出了独特的见解"；"从事这样的研究，不但需要有不畏艰辛、勇于探索的精神，而且需要有贯通古今、融合中西的文化素养。正是在后一个方面，作者显示了厚实的学术功力"③。

毋庸讳言，正如世界上的任何事物都不可能是尽善尽美的一样，上述两部著作在标志着西学东渐研究取得重大进展的同时，也存在着美中不足的缺憾。仅就内容安排而言，"中国近代外交使臣、出国游历考察的官员有关西方政治制度、风物人情的日记、奏报也是一批很有价值的资料"，两书

---

① 熊月之：《西学东渐与晚清社会》，第734页。
② 宝成关：《西方文化与中国社会——西学东渐史论》，"前言"，吉林教育出版社，1994，第2页。
③ 欧阳跃峰：《厚重有赖真知　质朴不掩灼见——评宝成关著〈西方文化与中国社会〉》，《近代中国》1997年第7辑。

基本未涉及;熊月之先生的《西学东渐与晚清社会》对"二十世纪初西学涌来的叙述分量则略显薄弱"①;宝成关先生的《西方文化与中国社会——西学东渐史论》对近代以后西学输入的次要方面"明显未能兼顾","戊戌以后书中基本上就未再提及自然科学输入的情况了";清末新政"客观上毕竟变动了政权组织形式,在中央成立了资政院,在各省设立了咨议局,还制定了具有近代性质的'癸卯学制'和新军编制等等,这些当然也是西学东渐的一种反映,作者显然忽略了制度层面西方文化的输入和影响。而在重点论述各种资产阶级社会政治学说的传播时,书中也未涉及西方教育思想、军事理论等传入中国的情况"②。

这种缺憾也从另一个侧面反映了西学东渐课题内涵的广博,穷一人之力很难面面俱到、巨细无遗。于是,更多的学者是选择西学的某一领域进行专题研究的,尽管一部部力作相继问世,仍远不足以涵盖晚清输华西学之全部,仍然给后来的研究者留下了极大的学术空间,在今后相当长的一段时间里,西学东渐依然会是部分史学研究工作者所热衷的课题,相信会有更多的青年史学工作者陆续步入这一研究领域。

三

西方近代文化输入中国,最早可以追溯到意大利籍天主教耶稣会传教士利玛窦(Matteo Ricci)1583年9月抵达广东肇庆时。"利玛窦明万历时航海到广东,是为西法入中国之始。"③ 此后西方的近代自然科学、人文科学以及各种社会政治学说陆续传入中国,诚如宝成关先生所言,西学东渐的历程"实际上至今尚未结束"④。

漫长的西学东渐历程充满了艰难曲折,很自然地呈现出不同的阶段性。就其客观的延续过程而言,清朝雍正年间实行严厉禁教政策,一度使西学东渐历程中断了80余年,明显地将其划分为前后两个时期。但是,英籍基督教新教伦敦会传教士马礼逊(Robert Morrison)于1807年9月再至广州

---

① 周育民:《从世界的角度看西学东渐——熊月之〈西学东渐与晚清社会〉读后》,《开放时代》1996年第1期。
② 欧阳跃峰:《厚重有赖真知 质朴不掩灼见——评宝成关著〈西方文化与中国社会〉》,《近代中国》1997年第7辑。
③ (清)阮元:《畴人传汇编》卷四十四《西洋二附》,广陵书社,2009,第507页。
④ 宝成关:《西方文化与中国社会——西学东渐史论》,"前言",第1页。

后，承续的依然是明末清初来华传教士未竟的传教之业，西学东渐的性质和内容都没有什么明显的变化，将其截然分开又难以概括出二者有何不同的阶段性特点。对此，一些学者对西学东渐提出了不同的阶段划分方法，如：宝成关先生认为，"从1583年利玛窦来华开始的西学东渐，至今400余年间，实际上是经历了两个阶段：第一阶段，从1583～1919年，这300余年的文化交流，是以资产阶级'新学'为主要内容；第二阶段，从1919年至今，则以马克思主义为主要内容。这两大阶段之间，前者是后者的先导或准备，后者则是前者的发展和继续，并且是在更高水平上的继续，即通过对'西学'优秀成果的真正吸收消化，进而与中国文化优秀传统结合，再创建出中国新文化的继续"①。熊月之先生则将晚清时期的西学东渐划分为1811～1842年、1843～1860年、1860～1900年、1900～1911年四个历史阶段，并对每个阶段的特点进行了比较全面的概括和分析。② 这些划分方法各有所长，都有利于人们对于西学东渐进程的理解和把握；但又各有局限，前者主要是以输入中国的西学内容不同为依据的，后者虽然考虑到了多方面的因素，却仅限于1811～1911年的100年间。

传播学认为："传播者处于信息传播链条的第一个环节，是传播活动的发起人，也是传播内容的发出者"；他们"掌握着信息呈现形式（或文字，或声音，或影像，或图片），把持着信息的流量、流向、性质和覆盖面"；"因此，传播者不仅决定着传播活动的存在与发展，而且决定着信息内容的质量与数量、流量与流向，还决定着对人类社会的作用与影响"。③ 由于传播者在传播活动中具有主动、主导和决定性的地位，我们在考察西学东渐这一文化传播历程的阶段性时，理所当然地应该充分考虑传播者的因素。从传播者的角度出发，笔者以为，整个西学东渐的历程应当以1860年第二次鸦片战争结束为界限划分为两大时期：1860年以前为前一个时期，这一时期的传播者主要是西方来华的传教士，他们为了"让中国看到西方科学所取得的成就"，改变中国人"轻视欧洲的态度"④，同时也是为了"利用西洋科学"为自己博取"非常博学的声名"⑤，采取了"以学术

---

① 宝成关：《西方文化与中国社会——西学东渐史论》"前言"，第1~2页。
② 详见熊月之《西学东渐与晚清社会》，第7~15页。
③ 邵培仁：《传播学》，高等教育出版社，2000，第9、72页。
④ 马燕摘译《〈南怀仁书信集〉序言》，《中国史研究动态》1983年第2期。
⑤ 〔法〕裴化行：《利玛窦司铎和当代中国社会》第二册，王昌社译，东方学艺社，1943，第258页。

收揽人心"①即以科学辅助传教的策略,传播的主要是西方的自然科学知识;1860年以后为后一个时期,这一时期先进的中国人取代了西方来华传教士而成为西方文化的传播者,他们出于挽救民族危亡、振兴伟大祖国的目的,传播的主要内容也改变为西方的社会科学知识。在后一个时期,依据传播者身份的不同,又可以划分为三个阶段:第一个阶段是1861—1895年,以1861年恭亲王奕䜣等人奏设同文馆为起点,部分中国人开始认识到西方国家的先进性,学习西方一度成为时代的主题,官僚士大夫中的洋务派(包括出使人员和所谓早期维新派)逐步成为西方文化的主要传播者(西方来华人员在传播西方文化方面仍然扮演着重要角色);第二个阶段是1896—1919年,以1896年严复翻译《天演论》为起点,资产阶级立宪派、革命派先后登上社会历史舞台,为促使清政府实行立宪或建立民主共和政权而积极宣传西方的国家社会学说,成为这一时期西方文化的主要传播者;第三个阶段是1920年以后,以1920年陈望道将《共产党宣言》由日文译成中文出版为起点,中国共产党人所代表的最进步势力开始传播马克思主义,作为指导中国新民主主义革命和社会主义建设的理论基础。从自然科学知识的零星介绍到社会科学理论的系统引进,从西方资产阶级各种社会政治学说的传入到马克思主义扎根中国,西学东渐几乎伴随着中国社会近代化的全过程,对于中国社会由传统向近代转型产生了不可低估的作用。

西学东渐并非始于晚清,却以晚清时期最具典型意义。从时间上讲,它跨越了西学东渐的前后两个时期,清晰地展现了中国人对西方文化由排拒到接受进而积极追求的转变过程;从内容上讲,西方的科学技术、政权体制、民主思想、人文理念先后成为在华传播的热点,体现了一代代先进中国人的不懈探求和思索。

晚清时期,西方各种社会政治学说大量涌入中国。一方面,这一时期输入中国的西学新旧杂糅、真伪难辨、精华与糟粕共存;另一方面,在根深蒂固的传统文化制约下的大多数中国人对西学不但有一个从排拒到接受的过程,而且他们在接受西学时也有一个理解问题,西学东渐总体上是一个中西文化冲突与融合的过程。观念超前、思想先进的中国人通过反复比较,最终选择了马克思主义,走上了社会主义道路。研究晚清西学东渐的历程可以客观地展现几代中国人锲而不舍地追求真理的可贵探索精神。系

---

① 〔法〕费赖之:《在华耶稣会士列传及书目》(上册),冯承钧译,中华书局,1995,第32页。

统地探讨西方各种社会政治学说是在什么样的社会环境下、以什么样的传播模式、通过哪些传播渠道和借助于哪些载体传入中国的，尤其是这些载体在传承西学时是否真实地反映了其原貌，在哪些方面存在着"失真"现象，西方近代文化与中国传统文化是怎样通过冲突与整合而融为一体的，有助于我们正确地认识晚清社会历史、准确地理解中国社会近代化起步阶段的艰难曲折，科学地总结出经验教训，成为今天与世界接轨之借鉴。

四

文化传播学认为，人类一切与精神活动或精神文化有关的历史都是传播的历史，而任何一种文化传播行为都是借助于一定的载体完成的。西学东渐作为一种文化传播现象，当然也要借助于一定的载体才能实现。大多数学者研究西学东渐的成果虽然涉及了传播者、载体、受众等文化传播学的要素，但是，已有的成果所关注的主要是在华传播的西学内容及其对中国社会的影响，却很少有人将西学东渐的传播者、载体、受众列为专门的研究对象，从而在很大程度上限制了研究的深度和广度。在晚清西学东渐的进程中，传承西方文化的载体在性质和功能方面存在着较大的差异，将其列为专门研究对象加以考察，是很有必要的。

"传播学中的载体，应是指能传播或运载（特定）符号（或信息）的物质实体。"[①] 在西学东渐过程中，这些物体承载着西方文化，成为沟通传播者与受众的传播媒介。"物体、符号、信息三者是构成传播媒介的核心要素，它们相辅相成，缺一不可。当然，将符号转移、负载、录制到物质实体上的技术（印刷技术、录音和摄像技术等），将信息载体加工、转变为便于使用和接收的技术（如装帧技术、接收技术）等，也是构成传播媒介尤其是现代媒介的基本条件。"[②]

晚清时期，尽管西方随着第四次传播革命已进入电子传播时代，但中国仍然停留在第三次传播革命即印刷术的传播时代，对于西方文化的传播主要是通过报刊、书籍和学校等媒介进行的，传播符号主要是文字和语言。晚清西学东渐的载体主要包括：西方传教士在华创办的澳门花华圣经书房、

---

① 明安香：《关于传播学几个基本概念的界定》，《新闻界》1994年第6期。
② 邵培仁：《传播学》，第148页。

香港英华书院印字局、上海墨海书馆、广学会等出版机构所出版的书籍，《格致汇编》《万国公报》《益闻录》等介绍西学知识的刊物，教会学校使用的教材、开设的课程；鸦片战争后经世致用派"开眼看世界"所撰写的《海国图志》《康輶纪行》《瀛环志略》等著述；京师同文馆、上海广方言馆、福州船政学堂、北洋水师学堂和武备学堂等洋务学堂的教材与课程；洋务运动时期中国人创办的《循环日报》《汇报》等报刊；洋务派创办的江南制造局翻译馆等译书机构和各地官书局出版的书籍；斌椿、张德彝、志刚、曾纪泽等第一批出国人员海外之行的笔记；冯桂芬、王韬、薛福成、马建忠、郑观应等洋务理论家的著述；戊戌维新时期的强学会、保国会等学会，《中外纪闻》《时务报》《湘报》《国闻报》等报刊；严复翻译的《天演论》《原富》《群学肄言》《群己权界论》《社会通诠》《名学》《法意》《名学浅说》等八大名著；20世纪初留日学生翻译的日本学者介绍社会主义学说的著作和《译书汇编》《开智录》《游学译编》等报刊；立宪派的著述与所办《清议报》《新民丛报》等刊物；革命派的著述与所办《民立报》《民报》等刊物。

传播载体在文化传播过程中具有十分关键的中介作用，传播者要借助它来表述自己所要传播的思想，受众则只能在它所限定的范围内接受传播内容，通过载体来研究晚清的西学东渐不但是一种新的视角，而且易于抓住西学东渐的关键环节。对晚清西学东渐载体的研究，大致包括以下内容。

首先，是要弄清这一时期西学是通过哪些载体在华传播的，考察的对象主要包括传播者撰写的书籍和文章以及译书出版机构、登载文章的报刊、开设西学课程的学堂，以及它们承载和传播了哪些西方文化，在不同的历史阶段传播的重点有什么不同等。

其次，文化传播学认为：传播载体在很大程度上决定了传播的范围、速度和效率。通过对相关出版机构的内部组织结构，相关书籍、报刊的印刷质量与装帧技术、发行渠道与传播范围等方面的考察，了解不同的载体承载和传播西方文化的主要方式，以及载体本身因技术含量等因素而对所传承的内容加以过滤的状况，借以说明相对落后的载体决定了晚清时期西学在华传播既不够迅速也不够直观的基本道理。

再次，文化传播与商品传输的最大不同在于前者不能像后者那样将传播客体原封不动交给受众，经过传播者的理解、消化之后，载体所传承的客体会有不同程度的变异。通过对西学书籍作者或翻译者,重要报刊创办人、撰稿人,近代学堂创办人、教习身份、地位的考察,分析晚清时期人们受时代的、阶级的局限以及他们自身素质的制约,对于西学认识的准确性,出现过什么样的偏差,为什么会形成这样的偏差,进而了解晚清西学在华传播是否有"失真"现象,"失真度"有多大,以及这种"失真"带来了哪些负面影响。

最后,在文化传播过程中,本土文化对外来文化具有一种"维模功能",外来文化必须适应本土的背景才能正常传播,从而决定了传播者必须对传播客体加以选择和调适。在晚清西学东渐的各个场景中,中国传统文化时时刻刻有形或无形地发挥着"守门人"的作用,因而西学东渐的过程实质上就是中西文化冲突与融合的过程。探究晚清西学东渐传播载体的变化,特别是传播者选择或设置这些载体的价值标准,在哪些方面体现了中西文化观念的差异,这些载体自身的变化反映出中西文化在哪些方面进行了整合与调适,可以客观地展现中国人学习西方经历了怎样的"文化融合"过程。

当然,由于目前研究工作要受资料与研究手段等多方面的限制,要在短时间内将晚清西学东渐的每一种载体都研究得相当透彻几乎是不可能的。但是通过对一些典型案例的解剖,虽不足以窥一斑而见全豹,至少可以加深人们对晚清西学东渐历程的传播学认知。筚路蓝缕,浅尝亦有益;深入发掘,尚有待来者。

(欧阳跃峰,安徽师范大学历史与社会学院教授)

文化创新

符号经济与徽州文化品牌发展策略研究

秦 枫

摘 要：从符号经济的视域下探究徽州文化品牌的构建策略，将徽州文化资源分为三大类：历史文化资源、生态文化资源和地方文化资源。阐述了符号经济与徽州文化资源结合的合理性，分析徽州文化品牌的发展策略，即提炼徽州文化符号、进行意义编码与品牌构建、运用数字技术、加强个性体验、推进产业整合与多元联动，同时强调符号化的场域性与文化的特殊性。

关键词：符号经济 徽州文化资源 品牌 发展策略

一 时代：消费社会与符号价值

自从人类社会步入20世纪，伴随着后工业经济的发展，文化的地位越发重要，文化已俨然成为与政治、经济并驾齐驱甚至大有超越二者的趋势。随着后现代主义社会的到来，这个时代最重要的变化就是"消费社会"的出现。法国著名哲学家、后现代主义的理论宗师让-鲍德里亚（Jean-Baudrillard）提出，消费社会不同于以往社会的显著特点就是，在传统的使用价值和交换价值之外，聚焦于商品的"符号价值"。后现代社会的关键词是"仿真"，在仿真的逻辑支配下，社会组织的性质转向非物质劳动的符号开发层面,也就是今人所说的追求产品文化附加值。①

当然,在后现代社会注重"仿真"逻辑的价值,符号消费下注重"符号"的价值,这并不是在文化产业的发展中反对"生产"和"物质"的价值(笔者本身对法兰克福学派的"文化工业"一说持中立态度),反而在文化产业的发展中依赖于工业的生产基础,这里一方面可以理解为在物质本身的价值上追求潜在的符号价值;另一方面是在无形的符号价值中结合物质产品创造出更高的经济价值,总之符号消费下的符号必须有一个"载体"来承担其所需要表达的文化价值,或再造或复制,不断延伸文化的价值链。

同样,后现代主义的到来,文化的不断深入发展,促进了符号学与人类学的不断碰撞与融合,在人类学家与符号学家的不断努力下,符号人类学应运而生,并在20世纪后期取得了快速的发展。人类社会现状昭示了"符号"对于社会文化发展的决定性地位。② 这些在文化领域的创新,为文化发展注入了新的活力,为社会经济带来了新的增长点。

纵观国外文化,当中充斥着"星球大战""哈利波特"诸如此类的文化符号,这些成功的文化符号构建,不仅为人类的生活烙上了思想的印记,为文化的传播提供了平台,更是获取了巨额的经济效益。它们"均是借用人气指标和知名度的符号能指,采用一种类似去伪存真的探索程序去改变符号所指"。因此,本文以徽州文化资源作为研究对象,从符号经济的视域探究文化品牌的构建策略。

二 概述:符号经济与徽州文化资源

(一)符号经济

恩格斯说:每一次重要的观念革新都必然会伴随有术语的革命。鲍德里亚在1972年出版的《符号政治经济学批判》一书中提出"符号的政治经济学"理论,开辟了符号经济的视野;后来由美国经济学家彼得·德鲁克于1986年正式提出了符号经济的概念。他将经济系统分为两种,即实物经济和符号经济。

---

① 叶舒宪:《文化与符号经济》,广东人民出版社,2012,第174页。
② 叶舒宪:《文化与符号经济》,第10~11页。

以文化的角度来看符号经济，按当今学者的观点，即是非物质经济，是指商品作为符号的价值上升，以至超过了商品本身的使用价值，经济活动围绕着商品的符号价值展开，引导与欲望的合谋造就了一个由符号构成的消费神话。[①] 简单来说，符号经济也就是以符号的生产、交换和消费为基础，在现代化走向终结之际来替代工业、制造业而成为新的经济引擎。

当代的消费社会，在符号经济视域下，开拓文化产业并取得一定成绩，不论其是隐喻的符号渗透还是符号旗帜的高调打出，其实质也都是以提高文化产品的附加值从而促进经济的高速发展，最后获得成功。同时，以信息时代的角度来看待符号经济的发展，将会拓展出更大的潜在增值空间。符号经济集合了非物质化的信息、媒介、生态、都市、文化、环境、旅游、休闲、形象等经济的典型信息系统要素与创新元素，尤其是数字化、数字文化组合后的数字制造业、信息产业核心技术的进入，全球化信息社会的形成，市场经济信息传播力、文化博弈力的组合，更使其在本土文化资源整合的文化资本扩张中有着国家战略产业与核心竞争力的主导力量，形成知识服务业的国家创新系统，深刻地改变着商业模式与商业资本。[②]

（二）徽州文化资源

徽州文化资源，简称为徽州文化。徽州文化是一个极具地方特色的区域文化，其内容广博、深邃，有整体系列性等特点，涉及社会民间经济、社会、生活与文化的基本内容，被誉为是后期中国封建社会的典型标本，是中国三大地方显学之一。

一方面，本文主要以狭义的徽州文化为主，既有一定的空间范围，又含一定的时间界限，提炼其独特的文化资源作为研究对象。

另一方面，本文所涉及的文化资源在一定程度上更加注重旅游文化资源，将着重强调徽州文化资源中的旅游文化资源，以其作为符号经济与徽州文化品牌发展结合的切入点。寻求正确的符号化方式，以期为徽州文化符号化之路提供新的思路。

---

① 黄悦：《符号经济与消费神话》，《江西社会科学》2005 年第 11 期。
② 皇甫晓涛：《符号经济与数字文化的国家创新系统》，《江西社会科学》2005 年第 11 期。

三 现状：徽州文化符号利用分析

(一) 徽州文化符号利用的现状

关于文化符号，笔者倾向于学者左薇薇的分类方法。她将文化符号大致可以分为五类，即地标符号、节事符号、标语符号、代言符号、地域文化符号[①]。徽州文化符号的利用主要表现在以下几点。

(1) 地标符号，即最具代表性、最体现当地特征的建筑、景区，是旅游中介者使用频率最高的形象宣传符号。在黄山风景区，有天都峰、莲花峰等这些山峰作为代表，而在天都峰中，又有"鲫鱼背""天桥""百步云梯""松鼠跳天都""天上玉屏""童子拜观音""金鸡叫天门"等景点。

(2) 节事符号，它是一种形象塑造的过程，它可以包括节庆和盛事两个方面。可以说它是一个动态的过程。徽州的节事符号一般可以包括三类：即农事性节事符号、祭祀性节事符号以及庆贺性节事符号。

(3) 标语符号，它是一种象征符号，其所指需要在建立之后被大众所接受，并且具有较高的传播性，包括标语、宣传口号等。如"一生痴绝处，无梦到徽州"、"黄山甲天下，松与石最奇"、"任他五岳归来客，一见天都也叫奇"。

(4) 代言符号，实际上也就是形象代言人。如徽州名人："新安理学"开创者朱熹、珠算大师程大位、"红顶商人"胡光墉（雪岩）、中国铁路创始人詹天佑、现代著名山水画家黄宾虹、现代著名学者胡适、徽派朴学领袖戴震。

(5) 地域文化符号，指具有某种特殊内涵或特殊意义的标示，是文化内涵的重要载体和形式。广义上来说，上述四种符号均可理解为文化符号，即包括：地标符号、节事符号、标语符号、代言符号。狭义上来说，即被认为是承载徽州特定文化类型的符号。

关于徽州文化资源这五大文化符号所涉内容非常丰富，本文因篇幅所限只讨论最后一类。

---

① 左薇薇：《基于符号感知的上海都市旅游形象研究》，硕士学位论文，上海师范大学，2011，第32~34页。

（二）徽州文化符号利用的不足

众所周知，徽州文化资源在地域上大多集中在古徽州，即一府六县，但实际在发展文化产业的过程中却一直面临着地域的局限。大多数人除了去看看"五岳归来不看山，黄山归来不看岳"的黄山风景区和中国美丽乡村的两个代表西递、宏村等外，对中国三大显学之一的徽州文化并无过多的涉猎。

以由徽州区和中国青年报社所联合举办的"中国梦·浪漫红"大型旅游推介活动为例。这是一次徽州乡村旅游符号化建构，以"中国梦·浪漫红"为主题，全新亮出了文化新符号。内容有"走进呈坎·一生无坎"的神秘八卦古村——呈坎；人面茶花相映红——国内最大的生态茶花园；"丰乐游歌·放飞心情"——丰乐湖；"观皇宫去北京·看民宅到潜口"——潜口民宅；探寻黄山毛峰之源——谢裕大茶博馆；住徽派民居、吃农家土菜、品徽州文化——徽州农舍等。①

无疑上述的符号化建构是专业的，可是并不能完全评定其非常成功。因为它相对于公众的影响力并没有得到很好的发挥，人们对其所投入的关注度依旧不高。虽然举办了如此规模的旅游推介会，可是公众对徽州文化的认识并没有因此而得到深入的提升。为了在一定程度上改变这样的现状，需要对徽州文化资源进行符号化。可以通过控制文化符号，用符号展现、编排生产徽州文化资源的行为和产品，将一切具有旅游价值的徽州文化"意义"具体化，同时辅之以一个完整有效的营销方案，对来往的旅游者进行徽州文化资源的文化渗透，在无形中影响其对徽州文化的看法与印象，进而影响更多的消费群体，从而建构一个操纵利益的符号话语体系，并逐渐形成一种符号经济的生产与消费范式。

四 策略：符号经济与徽州文化品牌发展

文化资源的本身并不是一种符号经济体现，具有文化特质的东西需要经过创意和编码转化成文化符号。符号经济本质上是文化经济，文化资本

---

① 黄山市旅游委员会：《徽州区旅游委员会 中国梦·浪漫红徽州旅游文化亮出新符号》，http://www.hsta.gov.cn/xinxi/html/13/130518145445.html，最后访问日期：2013 年 5 月 18 日。

的一种重要表现即为文化品牌。① 因此，徽州文化资源符号化的进程首先需要提炼代表性的文化，再对文化特质进行创意性编码，最后对其进行符号化营销，方可使其转化为具有符号价值的文化资源。

（一）符号提炼：徽州文化资源的代表性符号

挖掘有利于产品及品牌形成和发展的形象符号要素，对徽州文化资源进行细分，提炼具有代表意义的文化符号，将多样化的徽州文化资源进行新组块的整合，实现部分之和大于整体的效果，最终提升徽州文化的思想内涵，是促进徽州文化资源的品牌发展之路形成的必要途径。

1. 徽州文化资源的分类

本文将徽州文化资源分成三大类，即如表1所示。

表1　徽州文化资源分类

类别	徽州文化资源的内容	代表符号
历史文化资源	徽派建筑（古建三绝：古民居、古祠堂、古牌坊，徽州三雕：石雕、木雕、砖雕）、徽州村落等	徽园
生态文化资源	黄山、齐云山、新安江、情人谷、太平湖等	徽景
地方特色文化资源	徽州民俗、徽州方言、徽菜、新安画派、新安医学等	徽风

我们将徽州文化资源分为三大类别进行分类的符号化探讨，即概括为历史文化资源、生态文化资源、地方特色文化资源。

第一类：历史文化资源。即人类可供现在和今后人们开发利用的人类历史遗存，从广义上来说，它可分为物质的历史文化资源和精神的历史文化资源。

第二类：生态文化资源。即具有一定文化意义的生态自然风景资源。如黄山、齐云山、新安江、情人谷、太平湖等自然风景区。

第三类：地方特色文化资源。即由徽州人民在其历史发展过程中创造和发展起来的具有徽州地方特点的文化。作为徽州文化资源中的地方特色文化资源，本文将其细分为：徽州民俗、徽州方言、徽菜、新安画派、新

---

① 陈亚民：《符号经济时代文化产业品牌构建战略》，《经济社会体制比较》2009年第4期。

安医学等。

虽然从一定意义上我们将徽州文化资源进行了分类，但并不是主张对徽州文化资源进行独立的个体发展，而是以徽州文化资源作为徽州文化的发展中心，对不同资源进行不同的符号化发展，运用品牌的联想力，将各个组块进行整合加工，利用符号的连带性特点实现整体徽州文化符号的构建，打造徽州文化图腾，从而催生出更高的经济价值、文化价值等。

2. 徽州文化资源符号提炼

徽州文化品牌的宣传和传播，需要运用不同类型的符号、从不同的方面引导人们对徽州文化资源的感知，人们往往是透过这些符号才逐步形成对整个徽州文化本体形象的感知。本文主要探讨的是狭义的文化符号构建，提炼徽州文化资源的文化符号。

关于历史文化资源，以"徽州园林"（简称：徽园）作为其代表符号，其不仅代表着园林本身，更代表着园林中的建筑、雕刻、布局技巧等。实际上，整个徽州也就是一个大的园林，一个"中国画中的乡村"。因此，用"徽园"作为徽州历史文化资源的代表符号，最为贴切。

谈及生态文化资源，以"徽州景观"（简称：徽景）作为其代表符号，顾名思义，"徽州景观"即是徽州地域中的文化景观资源。在此，提取其狭义的概念将其作为生态文化资源的代表，着眼于两个特点：一是具有文化意义，二是具有自然景观的特点。用"徽景"这一符号作为代表，更加显示出自然景观的文化特性。

对于地方特色文化资源，是以"徽州风貌"（简称：徽风）作为其符号的代表，徽州风貌可以分为徽州的风土人情、徽州的地方特色、徽州的文化创造等。

（二）意义编码：徽州文化资源符号的深化

所谓意义编码，就是对文化资源进行深层次的信息处理，对所提取的符号赋予信息元素的过程。意义编码必须具有可识别性，合理的意义编码是关系文化资源符号成功打造与否的重要因素。成功的文化符号，或寓人哲理，或振奋人心，或影响久远，等等，总之可以在人们心中烙下深刻的印记。对于品牌来说，并不是等待消费者前来消费，而是要运用自身的符号价值激励消费者进行消费。因此，徽州文化资源的品牌化需要对其进行深刻的意义编码。

1. 徽州文化符号标识的设计与色彩化

人们对徽州文化的感知是通过徽州旅游文化所传达出的各种信息形成的，不仅包括徽州本身所展现的一切景观和设施，还包括了用以描述徽州的文字、图像、声音等各种信息，它们都赋予一个共同的所指——徽州文化资源的整体形象。

因此，徽州文化资源的符号化需要对其代表性符号进行深化，或创新或再造其代表性符号的形象标识。鉴于此，本文提出从"色彩"着手，为徽州文化资源符号标识的设计提供些许思路。

（1）"黑白·徽园"——历史文化资源

历史文化资源是重要的徽州文化资源，也是古人留给我们最为直观的物质财富。选取"徽园"作为徽州历史文化资源的代表符号，一方面是因为徽州园林是徽州建筑的典型代表；另一方面，其园林中的雕刻作品正体现了徽州三雕的艺术特性；同时选址与设计正凸显了徽州村落的布局、选址、设计等价值。为了给人们带来视觉冲击，加强感观效应，为"徽园"这一符号加以色彩渲染，选取"黑白"一词作为其颜色基调。

"黑白·徽园"一词来源于对徽州建筑的评价，即：粉墙黛瓦，雪白的墙壁，青黑的瓦。粉墙与黛瓦错落交叉着，在青山绿水间，有着强烈的色彩冲击。青绿的山水与黑白的村落，色调上形成极大反差，这几种略显单调的颜色，组合在一起构成了美学的轮廓。这便是江南古建筑最经典的特色。一方面"黑白·徽园"作为一种审美符号，给人以对徽州建筑的直观印象；另一方面"黑白"作为一种强烈对比型色彩，有利于加强人们的感观记忆。

（2）"青绿·徽景"——生态文化资源

"徽景"即具有文化意义的自然景观，在人们赋予了生态自然资源一种独特的文化含义之后，便形成了独具人间特色的生态文化资源。将徽州的独具一格的山山水水——迎客之黄山、道家之齐云山、山水画廊新安江、瑶池仙境情人谷、江南翡翠太平湖等纳入徽州生态文化资源之中，以其直观的生态颜色特点，以"青绿·徽景"作为徽州历史文化资源的色彩代表符号。

"青绿"是绿色植物描述词，徽州生态文化资源不仅有青山绿水的大好风光，更是有极具代表性的黄山松，以之青绿的颜色来概括生态景观的最大特点，一方面给人以直观的视觉感受，另一方面隐喻了徽州文化中独特的黄山松不屈不挠、勇于拼搏、胸怀博大、生机勃勃的精神。

(3)"驼红·徽风"——地方特色文化资源

"徽风"即徽商在徽州地区所形成的风貌与风俗,现称其为徽风皖韵,将其作为徽州民俗、徽州方言、徽菜、新安画派、新安医学等徽州区域特色文化资源的代表。"驼红"即驼红色,这一词来源于形容徽商的"徽骆驼"一词,是描述沙漠骆驼吃苦耐劳的形象颜色,是对徽州人的一种象征:历史上的徽州人正是以"徽骆驼"的吃苦耐劳精神和其贾道儒行的特点在明清时期构筑了一代徽商帝国。因此提炼出"驼红·徽风"这一符号颜色代表徽州地方文化资源。"徽风"使人联想到徽州的地方文化,其独特的文化吸引着国内外学者、文人墨客前来欣赏研究。"驼红·徽风"一方面是对徽州人品质的一种形容,另一方面是对徽州独特的地方文化资源的一种再现。

运用了"黑白""青绿""驼红"这三种颜色,"徽园""徽景""徽风"这三个词语作为徽州文化资源分类的符号色和徽州文化的分类形容,虽然在每类资源中强调了此类资源的特殊符号性,但并不影响徽州文化资源的整体符号打造,反而是为徽州文化资源的整体开发提供契机。

2. 徽州文化符号的意义编码与品牌构建

(1)"黑白·徽园"——历史文化资源的神话赋予

在消费时代下,人们对物质的要求逐渐减少,而钟情于精神性的感受。对于历史文化资源,如徽州三雕,人们不只希望可以细细观赏三雕的技艺,更希望能在精湛的雕刻背后发现那一缕或称赞或凄美或可歌可泣的徽州故事。这就需要徽州文化学者们对历史文化资源进行一种创意式的开发,为"黑白·徽园"——历史文化资源进行一种神话赋予,为历史增添一种故事性魅力,加强徽州文化符号意义的编码,给徽州历史文化资源增添另一种文化附加值,延长文化产业链,从而拉动经济的增长和文化价值的提高。

(2)"青绿·徽景"——生态文化资源的品牌识别

在这三类徽州文化资源中,生态文化资源是目前开发相对较好的一块。因其具有不可复制性,是一种非常独特的资源。如黄山,头戴世界自然遗产、世界文化遗产、世界地质公园三项世界性桂冠的人类生态第一山,它不仅以其鳞次栉比的奇峰怪石见长,而且因为人们对其赋予的多样性情而取胜。提及迎客松,众人均知其不仅代表着黄山,代表着徽州,更代表着徽州人民对世界人民的热情欢迎和包容的态度。这就是一种成功的品牌文化符号的构建。除却黄山的成功打造，徽州其他的生态文化资源的品牌符号打造就显得任重而道远了。因此，加强生态文化资源的符号再造，提高资源的品牌识别度，将为徽州文化资源的开发提供更宝贵的发展契机。

（3）"驼红·徽风"——地方特色文化资源的融入发展

地方文化资源的适宜发展是徽州文化品牌成功打造的推动器，这是一个地方最具代表性的文化资源。地方性民族文化如何走出发源地，走向世界一直是非物质文化遗产学家们研究的重点。徽州民俗、徽州方言、徽菜、新安画派、新安医学等徽地特色文化元素大多情况下虽以精神的形式存在，但是它们终将需要依靠某一物质载体向人们展现。

在此，需要对地方特色文化资源进行一种再融入式的发展：一方面需要对其进行扬弃，摒弃封建腐朽思想，弘扬孝义行等儒家思想，取其精华，去其糟粕；另一方面需要为其融入时代的新鲜血液，创新地方文化的展现形式。建立、发展、巩固特色徽州文化品牌，使人们在潜意识中牢牢记住其文化含义，实现由符号向整个社会意识形态的转变，最终将促进地方文化资源的弘扬与传播。

（三）数字技术：增强徽州文化品牌符号构建的影响力

在整体的徽州文化资源中，不论是作为一个区域不可再生的文化名片——历史文化资源，还是具有极大自然力的生态文化资源，抑或是地方特色文化资源等，随着时代的发展，它们都面临着一定的发展风险与发展契机。如徽州历史文化资源的代表——徽州三雕（这里不是指代雕刻的技艺手法，而是仅将历史遗存的徽州三雕作品作为研究对象），随着时间的推移，保护措施的有限，面临着损坏消失的极大风险。又或者是作为地方文化资源的代表——徽州民俗，随着外来文化的冲击，本土文化不断朝着一元化的方向发展，将面临地方文化被同化的风险。

运用数字化高新技术手段和信息技术对徽州文化资源进行整合，将其转化为图像、文字、影像、语音等内容，形成一个历史文化典型信息的数据模型与演示符号表达体系，不仅可以对保护实物起到一定的作用；另一方面也激发起了人们更大的兴趣，从而促进徽州文化品牌的全新建构。运用数字技术，增强高新技术在徽州文化品牌符号构建中的影响力，一方面可以最大化地促进资源的保护；另一方面可以借助数字技术开发历史文化旅游、个性化旅游创意与策划、按游客需求的个性化旅游产品的生产等，来促进新一轮徽州文化资源的开发。

（四）个性体验：拓展徽州文化消费路径、提升品牌联想力

消费社会注重个人感受，从一定程度上说这是一个体验时代。对徽州文化资源的开发不可忽视一点：即创造和设计徽州文化体验，以独特文化符号内涵和足够新奇的文化体验吸引旅游者，并形成一种品牌式的文化发展模式和文化消费路径。这种强调个性化感受的经济，把个性体验作为一种商品来出售的经济类型便是体验经济，它是消费结构向高层次转变的标志。而品牌联想是指一切可以让顾客联想到的某个品牌的因素，它能够影响消费者的购买心理和购买动机，是品牌内涵塑造和个性强化的结果。作为历史文化资源代表的徽州村落，其中西递、宏村两大古村落声名在外，人们慕名前往村中并不只是希望能一睹徽州古村落美丽的山水风景，更想通过特定的方式来体验徽州古村落生活方式，领悟一定的历史沉淀和文化涵养。徽州文化的个性消费体验，其实质就是消费者对徽州文化资源的一种"符号"意义的解码和传递。

因此，符号经济形态下消费者的符号消费行为，虽然具有"能指"消费与"所指"消费两个维度，但两者之间不再是必然的对应关系。在现代背景下，徽州文化资源的符号化就是要求以徽州文化资源为载体和平台，不断扩展消费者对徽州文化个性化、差异化的消费体验，引导其尽可能地将徽州文化资源深厚的文化内涵和其外在产业品牌符号联系起来，进而建立起品牌联想力，形成一种文化认同的多重体验。从而一方面满足消费者对徽州文化的特殊需求，一方面拉动当地文化产业的发展，推动区域经济的可持续发展。

（五）多元联动：寻求符号载体、推进产业融合、形成规模效应

首先，后现代社会认同生产的价值，一方面在物质本身的价值上追求潜在的符号价值；另一方面是在无形的符号价值中结合物质产品创造出更高的经济价值；总之符号经济下的符号必须有一个载体来承担其所需要表达的文化价值，或再造或复制，不断延伸文化的价值链。所以，在探寻徽州文化品牌的发展之路中，不仅需要提取徽州文化资源的代表符号，运用色彩加强符号的冲击力，更需要为每类色彩符号寻找适合的载体进行发展。以"黑白·徽园"——历史文化资源为例，可对其进行旅游纪念品的再造，

为这类文化资源定制特殊的纪念品，不仅需要在颜色上强调黑白色，更需要以徽园作为纪念品原型。以此为产业思路，为每类文化资源量身定制特色产品，以旅游业带动其他产业的发展，不仅可以带来更大的经济效益，更可以增强人们对徽州文化的解码，逐步形成对整个徽州文化本体形象的感知。

其次，人们对徽州文化资源的消费仅局限在几个非常著名的旅游景区之内，多集中于历史文化资源和生态文化资源这两大方面，一方面是因为这两大资源具有较大的可观赏性，同时具有不可再生性；另一方面是因为地方文化资源相对于前二者而言，其与消费者的联系度不够高，品牌符号化构建程度没有后者开展得深入。因此，为了徽州文化资源的全局发展，对三种文化资源进行产业融合，形成徽州文化资源发展的规模化效应显得尤为重要。可以将这三大资源看作一种商品，将其理解为捆绑式销售。不断促进三大资源的融合发展，消费者将领悟到不同载体所呈现的不同的徽州符号意义，为消费者营造一种"来到徽州不体验全这三种文化资源，则无法真正体会到徽州文化的精髓"的直观感受，以旅游文化资源为中心，从创意的角度开发徽州文化资源符号，结合不同文化内容，发挥符号的连带性，增强符号与产业的融合，将看似独立却又相互联系的各类符号关联起来，组成一个完整的徽州文化符号，实现对徽州文化资源多元联动式的规模化开发，最终促进徽州文化符号品牌的成功构建。

五 结语

在符号经济时代，在世界文化不断朝着多元化、开放化、融合化方向发展的浪潮下，人们如何有效地提炼本土文化的符号性，创新本土文化符号的意义，并挖掘这些潜在的无形资产，带动经济的发展，复兴弘扬本土文化显得越来越重要。

同时，值得注意的是：在整个徽州文化资源符号化的道路上，必须考虑文化符号的场域性，这在整个徽州文化资源符号化之路上是一个至关重要的节点。正如法国社会学家、哲学家皮埃尔·布尔迪厄（Pierre Bourdieu）提出的场域理论所说，场域里活动的行动者是有知觉、有意识、有精神属性的人，每个场域都有属于自己的"性情倾向系统"即惯习。每个场域是具有惯习的，每个惯习只能在场域中存在，并且每个惯习和产生它的场域是对应的关系。把此场域形成的惯习简单地"移植"到彼场域中去必然会造成不合拍的现象。场域和惯习之间不是简单地"决定"与"被决定"的关系,而是一种通过实践为中介的"生成"或"建构"的动态关系。① 徽州文化资源已是一种世界化的资源,在对其符号化的过程中,应该注意多元文化在碰撞与融合中所产生的可能性,注意不同文化的消费者在接触徽州文化资源符号时所可能面临的排斥性与误解性。

最后,徽州文化符号品牌的构建还需要辅之以合适的传播方式和传播工具进行推广,发挥符号在文化资源发展中的作用。同时,也需要考虑品牌符号的时效性和时代感,进行不同程度的品牌符号的更新,祛除其不合时代的元素,以保持徽州文化资源符号的时效性和新鲜感,保证品牌符号的生命活力。

(秦枫,安徽师范大学新闻与传播学院副教授)

---

① 李艳培:《布尔迪厄场域理论研究综述》,《决策与信息》2008年第6期。

特色史料

整理说明：本资料系安徽师范大学图书馆收藏，清抄本1册，册籍封页题有"入清源约出晓起约叙记"。对资料内容整理需要说明的是：1. 异体、俗字或歧义的文字在"（）"中校正；2. 缺略内容在"［］"中标注；3. 涉及人名、户名于名称下加"～～"标识；4. 本册籍内容多涉合同等文书，每份文书前加"※"予以标示；5. 整理一律采用标准简化字，并加标点；6. 稀俗名词利用页下注稍作释义。

入清源约出晓起约叙记[*]

刘道胜 整理

※四图约记

盖自十都四图,升于大明万历十九年始。既升四图,即立四图乡约。因烟村涣散,分立两乡约,一清源[①],一晓起[②],各五排为一约,以人烟均,统属易也。一甲洪芳生、二甲洪胡、三甲洪遇春、六甲曹启先,九甲吴汪詹,五排联合为清源约。四甲孙国用、五甲孙义兴、七甲江永兴、八甲叶洪鼎、十甲胡先,五排联属为晓起约。历今百有余岁,世守无异。自立晓起约之后,而有下村汪姓,附入本图约内。平均烟灶,编定四甲。一甲湖村、里湖坦、新屋里;二甲即下村汪姓;三甲枫树下、枧坞、下门、芦头;四甲湖边、榨下、大碣、井坞、东西岸、半山,均成四甲。孙、叶、洪、胡、江、汪、周,是为七姓。向来约正,由七姓公举一人承充,不得私报,此则前人至公之良规也。惟二甲内,向未举其约正,因江公展,嘲其原非本图约共立,永不得为约正。因此一言,两家构讼,争踞(踞)约正,以

---

[*] 综合册籍中《四图约记》等内容记载,大体可以断定册籍抄录于清代康熙间,抄录者当为胡佽让。

[①] 清源,又名清石滩,婺源县村落名称,系明初洪姓所建。参见婺源县地名委员会办公室编印《江西省婺源县地名志》,1985年印行,第55页。

[②] 晓起,今分为上、下两村,下晓起相传是唐代汪姓建村,上晓起晚建于下晓起,主要姓氏有洪、孙、叶、江等。参见婺源县地名委员会办公室编印《江西省婺源县地名志》,1985年印行,第70页。

是因循，亦未曾审结。其后约众立墨，照依四甲轮充。自一甲起至四甲止，每甲轮充三年，周而复始。不敷烟灶，各甲自理。此则今时拥立之新例也。及至公展物故，后辈不识升图立约之本义，肆欲妄行，而有一甲孙锡元、三甲江自汉等，倒戈助焰，左袒二甲汪征等，一、二、三甲连名出呈，呈摈四甲，另报一约，不与共编保甲。杜拆胡姓，路隔二十余里，任其从便，其势必衅，难与其合。若与之讼，更不能合，然则如之何其可？本族商曰：清源约乃本图同立，出此入彼，仍属一家，又何得与他争论是非耶！于是上诣清源约内，遍达诸宅亲友执事者，即日咸集，举于铭一先生上宅席，聚酌乐从。即日三面立议合同，编定保甲，仍以老约名洪华生，各甲顶名轮充，无得更换。自约自保，如有飞差重费，非一木所支。通约会议津贴，命盗重情，各甲自理。此则康熙四十二年菊月，入清源约之初也。予窃以升图立约，至今岁远年深，墨迹遗忘，口传失真，皆莫知升图立约之大义。故有横逆之频加，以致两相矛盾，故力采前由，潜心后议，略叙而识之，以俟后之来者有鉴焉。

康熙四十三年甲申之岁仲秋月炫让草集

※ 本家约记

谨按：本家乡约，乃一族之统也。惟有巨鸟垓詹姓、杨梅山曹姓、与石镇源迁居程垓路胡姓者，原附本家约属，另外勇（敷）閗。迨今本家入清源约之始，不能无费，其巨鸟垓与镇源分居来者，情愿照本家一样出费，一例平充，编入保甲。独杨梅山未曾出费，情愿仍照上例，逐年在外敷閗公用。即今现充康熙四十三年清源约正，顶名乡约洪华生，保长胡勋。自约自保，承役应官，轮充一年。其公私各项约内费用，悉照本家约内锅头多寡均派。① 四股各议一人，承值共理约务，均勇（敷）烟灶，② 眼同支用。庶事有责成之望，以期光祖之名。嗣后若以里甲轮充，即系六年轮充一年。若照保甲册户数轮充，即以十年轮充一年半。其半年与清石滩合编

---

① 锅头，即房派房支俗称。在传统社会，分家俗称分爨，也意味着新的房派产生，因此，从分家各爨衍生出来的房派俗称"锅头"。

② 烟灶，或称烟户。据《清会典·户部·尚书侍郎职掌五》载："正天下之户籍，凡各省诸色人户，有司察其数而岁报于部，曰烟户。"因此，烟灶指特定区域无分高下贵贱，无论本贯客居的诸色人户，不仅包括一般庶民百姓，而且乡绅、举贡、生员、庵观、寺院乃至畸零人户等尽在其中，其有别于明代至清初黄册以及编审册中与赋役相关联的田丁、粮丁、朋丁等丁户。

保甲一甲，亦合轮充一年，周而复始，此皆共见共闻之事，故会其说而录之。

仝仲秋月记

※晓起约议单抄白

立议单乡约孙文成、孙贵忠、江应轮、洪良知、洪仁、周文广、胡宗、孙贵德、叶国祯等。原于远年共立晓起堡乡约，世守至今。内胡先甲下约名胡宗住居龙尾东岸、半山西岸，向共立约。凡县官老爷及巡司查乡，一应俱照锅头供解。恐后人心不一，推故不出，今本约三面共立议单，通公为照。凡本县正佐老爷亲临查约，一应公务，并照锅头均出。如巡司及查乡公差，递年贴银一钱，付约正收公用。倘邻约欺凌生端，约众自当相护。此系共图共约，并无异议，胡先甲下，永远存照。

天启六年三月廿四日立议单晓起堡乡约约正：孙文成；约副：孙贵忠；约赞：江应轮、洪良知；约讲：洪仁、周文广、胡宗；老人：孙贵德；堡（保）长：叶国祯；前约正：生员孙大鼎；里长：孙义兴；书人：叶祥

此墨系时旦边收执。

※本甲晓起约议约抄白

立议约晓起堡第四甲孙、叶、洪、胡，今因本堡晓起乡约，迩来照甲轮充，三年一换。本甲四姓共编晓起约第四甲。今值本甲承充，佥议孙、叶、洪、胡四姓朋充，轮流值月。孙姓孙国晋，叶姓叶正英，洪姓洪梦凝，胡姓胡佲让同赴官承认。日后约内凡有不法事情，众己有议，各甲各姓自理。如本甲内有等情，亦系各姓自理。其宣讲圣谕及飞差支费，照依甲内现在锅头敷闰，毋背前议，有妨公事，立此合墨一样四张，各执一张为照。

第一龟（阄）洪梦凝承值，一年起，该九个月止；第二龟（阄）孙国晋承值，计九个月；第三龟（阄）叶正英承值，计九个月；第四龟（阄）胡佲让承值，计九个月。

胡姓因住居弯远，孙、叶、洪三姓谊属同舟，约务代为料理，再批。

康熙四十二年八月　日立合约人：洪梦凝、孙国晋、叶正英、胡佲让；仝议人：孙霖若、胡坤成、洪其章、孙嘉奇、叶班五、胡君仁、孙于兆、洪茂文、胡荣先、叶文怀；书人：叶玉书

此墨系佲让边收执。

※本家议墨抄白

立议墨人胡兆兴、胡达售、胡容祖、胡佲遌等四公支孙。今有乡约一事，原共立晓起约编甲，本家与孙、叶、洪、胡共编第四甲。今因一、二、三甲恃衣衿之势，将本家胡姓原编二户烟灶，与一、二、三甲瓜分，意图欺剥苛敛。是以合族人等忿思祖墨尚存，岂忍坐视欺凌。特此议墨，倘日后启讼之时，无论呈告本家何人名字，一并出官各项公私费用，俱系照本族锅头均夐（敷），不致累及出身之人。自今议墨之后，务要同心竭力，以光前志，不得推诿怀私。如有执拗不遵等情，查出公罚，仍以不孝罪论。今欲有凭，立此议墨一样四张，各执一张为照。

康熙四十二年　月　日立议墨人：胡佲让、士弘、大安、大生、时得、时初、茂贵；书：时旦

※晓起一、二、三甲连名呈词抄录

具禀东乡十都晓起生监汪征、周珂、江自汉、汪跃予、孙之斌、汪雄著、江自济、孙锡元，耆民汪肇、汪星、孙德言、汪国云、江必遴、周珙，抱呈人汪象，呈为实行保甲等事。本月二十八日奉读老父台牌行前事，内有"迁移他处者，另户补入；零星居住者，令附左右邻村"等情。洞悉民隐，罔敢不遵。切生等晓起地方，原注四甲一约一保，惟第四甲孙、叶、洪、戴，人烟繁杂，又兼龙尾胡姓，东西两岸及半山、低文、程周路、水底擂等处，距晓起二十余里，仅注二户附入第四甲册内。其余隐漏不报，一以烟繁涣散，一以难查约束，波累情弊，致本乡舆情不服。今儿奉实行保甲，原为附近就便，俾乡约、保长不时盘察。今生等一、二、三甲士民集议，编造人户清册，另报一约一保。至于四甲孙、叶、洪、胡、戴，听各附近另编，任其从便。则彼此相安，公私两利。是以生等公举一甲孙湖，齿德兼优，承宣约务。二甲汪先，诚实练达，充值保长。为此，连名具陈，吁叩老父台俯察舆情，准敕孙湖具认约务，汪先具认保长，以便遵式填写保长户册，投送钤印。不特永无误公之患，而士民咸籍得以安枕矣。连名上呈。

※官批呈抄录

经制命有司择民间高年老人、公正可任事者理其乡之词讼、户昏

（婚）、田宅、斗殴，老者会里首决之事，涉重者始必于官。若不由田里处分而径诉县，此之谓"越诉"。律云"越诉笞五十"。越诉者非不诉县官而诉府，诉道之谓也。近见尔婺民纤微细事，辄诉县控。本县每批约保理明，约保竟不为理明。揆厥所由，皆系每村自联一乡，自号一保，名虽公报，实则私举。每每徇情匿弊，欺异唉远，其害不可枚数。今本县另编保甲，必要照例而行。十家为一甲，十甲为一保，十保为一乡。约长公举，保甲、甲长编着当之。零星居住者必要附在两邻，每约每保均挨编定，不许缺少一户。查出未便，生等所言不行，不得自相取便，乱我成规。尔等知之通邑之人咸共知之。

※入清源约合同抄白

立议合同十甲甲长洪年、洪德、洪春、曹君德、洪土德、胡勋、洪应成、洪廷、吴廷周、洪壬等。向来图内人烟涣散，分为两约。清源约原编保甲册只有三甲，送官轮充约务。今奉县主蒋老爷清编保甲，必使以近附近，毋许遗漏。以十甲为一约保，诚属盛举。今将原编三甲与半山、东西岸胡姓附近共编为十甲，举报约保、甲长应官，此系大众佥议，遵奉县主明文，各相允服。倘日后如有飞差费用，仍照十甲，敷出烟灶，不得执拗。其命盗各事，各管各甲。今恐无凭，立议合同一样十一张，永远存照。

康熙四十二年九月初十日立议合同人吴廷周、洪年洪春、曹君德、洪土德、胡勋、洪应成、吴廷、洪壬、洪德；依众议书：汪斌

此正合同本甲原领有二张，因在低源众屋内抄写不见了一张，只有正合同一张，系大杞边收执存照。其后复又寻出一张，系仁先手收执。

※立议合同新编十甲等，原因康熙四十二年遵奉县主老爷蒋新编保甲，十门为一甲，十甲为一保，十保为一约，故将原议合同阄定，周而复始。今将各甲甲名述此：一甲洪芳生，编定甲半；二甲洪胡，编定四甲；三甲洪遇春，编定一甲；六甲曹启先，编定一甲；九甲吴汪詹，编定一甲；十甲胡先，编定甲半。今将新编十甲拈阄定后，自乙酉年起方思山、洪应成阄得；丙年城口洪连清、石滩洪壬阄得；丁年城口洪年；戊年龙池土太曹君得；己年东溪洪德；庚年九土太洪土德；辛年山背洪春；壬年清石滩洪廷、半山东西岸胡勋、癸年吴汪詹，甲年半山东西岸胡勋。自今阄定之后，各照此议永远为照。其各甲花押原有前议合同，不必复押。悉将自立合同粘附前照。

康熙四十四年又四月十一日十甲众立

所有当约事务，仍照众议合墨充当。其丙年原阄定清石滩与城口执年，其壬年清石滩与半山东西岸共役。今三处议定，丙年清石滩独任一年，壬年以近附近，半山与城口独当一载，俱属情愿。日后执此存照。

四十四年十月十一日洪辑五、胡坤成等；洪铭一、洪我周等批押

※胡先与城口洪芳生两半甲甲长名洪岸共充一年合同抄白

立议墨洪芳生、胡先等同属四图户籍，一里十排轮充。盖为人烟涣散，分为两约摄当，近于康熙四十四年遵奉新例颁编约式，以近附近，听从民便，并不得挟故扰拦出入。是以胡先甲下与城口相近，宜归清源约内。曾于前岁上五甲各宅集齐会酌，复另编甲。其山背龙池土太吴汪詹仍旧各编一甲，其清石滩等处编为四甲，城口编为一甲半，胡先编为一甲半，共满十甲。图册以成一约，俱各阄定每甲轮充一年，独任以支约务。其胡先与城口两半甲甲长名洪岸，共充一载。今两甲面议，应充之年，胡先阄得上半年承值，城口阄得下半年承值。其甘结、小费、值月据充支登账。倘遇行约及往邑举报，一应重务，每家着一人赍费同往料理，并不得以上春下季推诿。其一年支费总候封印后清算，两家各支若干，俱系两半均派均认。庶轻重均膺，毋致独亏之弊也。凡事秉公，不得徇私。今欲有凭，立此合同一样二张，各执一张，永远为照。

康熙四十九年庚寅岁正月十五日立议墨人：洪芳生押、胡先押；经议人：胡仁先、胡荣先、胡以干、胡辑五、胡坤成、胡道三、洪尧如、洪永康、洪圣言、洪赐圭；书：洪云章押

※清源约议本家轮充乡约议约抄白

清源约洪华生，今奉蒋老爷另编保甲，曾已清造保册送官。今会议胡姓甲下胡勋轮充康熙四十三年约保，应官承役，不致误公，以光前烈。其约内成规，照依前墨为定无异，立此议约为照。

康熙四十三年二月初六日立议约洪华生；仝议：洪惟静、洪于今

此议约一张，即支付西岸茂贵收执存照。

※康熙四十二年十月初五日通族均点烟灶单于后：

东岸兆兴公枝[支]下计开：炫让、炫金、炫榜、炫生、炫时、炫新、

俊香、俊能、思武、时转、时德、时荣，共计十二灶，内俊生系众闱无妻者，仍十一灶均派。

远售公枝［支］下计开：时元、时日、时旦、时早、时佑、时行、士高、士宏、士鸿、士鹄、士鹃、士良、士乾、士奇，共十四灶均派。外俊佑、时芬、士虎、士魁共四灶系众闱，系无妻者。

西岸容户枝［支］下计开：有利、有福、有德、茂富、茂蕃、茂椿、茂贵、民杞、民秀、德臣、德宜，共计十一灶，内茂秀一灶系众闱无妻者，仍计十灶均派。

程垓路祖计开：大安、大贵、大兴、大龙、大旺、大有、大德、连生、应道、应敷、应寿、德法，共计十二灶，内连生、德法二灶系众闱无妻者，仍该十灶均派。

低源高户、半山显户二处计开：大义、大生、大富、大杞、大根、大树、茂盛、茂益、民虎、大盛、大华、大节、大旺、大寿、大贵、大兴，共计十六灶均派，外大酉、大圣、茂龙三灶系众闱无妻者。

巨鸟垓：詹京福、希叙、希志、茂成、茂贵，共计五灶均派。

杨梅山：曹金元、金宝、金有，共三灶，系本家约内逐年照上例敷闱约务公用。

胡姓通点七十三灶，内有十一灶无妻者，俱量力众闱，仍正灶六十二灶均派；詹姓五灶均派；德禄一灶众闱；曹姓三灶，系逐年众闱公用。

通约共计八十二灶。

※本家入清源约合同抄白

立议合同胡兆兴、远售、胡容祖、高显、社禄、詹祖春等。原自万历年间升十都四图已定，续已共立四图约堡，因烟村涣散，分为两约，上下各五甲为约。本家系十甲胡先，向与晓起四甲、五甲、七甲、八甲共联一约，本家约名胡宗，历守无异。约例：七姓共举年高有德之人为约正，各甲各姓锅头俱付约正收用无异。近因康熙三十二年因江、汪两家相讼，新议有合墨，各甲轮充硬驮，不得敷闱别甲。自一甲充起，三年一换。该康熙四十一年九月，三甲充满，轮该本甲第四甲承充之期。因张老爷丁艰，延至四十二年，蒋老爷新莅，行编保甲。本甲以孙、叶、洪、胡四姓于八月二十五日同往邑承接轮充乡约。因有本约二甲汪征、一甲孙之斌、三甲江自济等连名出呈，呈禀本家胡姓住居路隔二十余里，灭胡姓之约名，必要年年贴众，递年派敛银若干，以致本家不服。切思四图原共立两约，出此入彼，避重就轻，以免苛求。佥议本家同人本图清源上约，现奉蒋老爷清编保甲，严行盛举，会众编入清源保甲清册，送官承充约务，宣讲圣条，并无遗漏。倘日后晓起约仍有垂涎不餍之心，构衅之来本家，并依前议，务要同心协力，无得畏缩。其公私费用俱照锅头均敷，毋得推诿。其出官人名不得怀私，期脱虎狼之口，同乐和气之风。恐后无凭，立此合同一样五张，各执一张存照。

日后承充乡约之年，四股抽阄轮流值月。一应公私飞差各项费用，悉照锅头，各股料理之人敷出，付众眼同公用，无得推捱。如有执拗误公者，罚银一两。再批。

康熙四十二年十二月　　日同立合同人：胡

今将四十三年承充乡约抽阄于后：兆兴股值五月九月十二月；远售股值三月七月十月；容祖股值二月六月八月；高显股值正月四月十一月。

无论大小事务，四股同理，再批。

※保甲牌文录

婺源县正堂加二级蒋，为实行保甲以靖地方、以安民生事。照得本县莅任伊始，矢志实行保甲，务期尔百姓安居乐业，鸡犬不惊。为此，给牌该甲甲长，须要遵守成规，将本甲门丁开写牌上，随便公出器械四件置之牌旁，俟本县不时查察。甲中如有暮出晚归，行踪诡秘，交结匪人，聚散不时，游惰无业者，尔即报明保长转报。若面生可疑，来历不明之人，即行盘诘，必有公保，始行释放。如无人识认，立刻禀知该地方巡司查解。其人命盗逃重情，仍许尔不时申报。至于拐略［掠］摸窃，盗坋［坟］越界，斗殴打降，赌博以及沿山沿溪斫放赃木等事，尔会同乡约、保长查明，填入循环簿上，按月呈报，以凭究治。如敢怠玩容隐，甲中有事，一并连坐不宥，须至牌者

计开：

东乡清源约约长汪邦贤、洪华生，保长洪叙，第十甲甲长胡勋

一门胡炫让，本县人，年六十岁，训蒙生理，男妇共十名口

二门胡炫熊，本县人，［年］三十七岁，耕［生理］，［男妇］共七名口

三门胡时行，本县人，［年］五十一岁，耕［生理］，［男妇］共七

名口

四门胡元佑，本县人，年六十八岁，在家生理　男妇共七名口

五门胡一旦，本县人，[年]四十九[岁]，耕[生理]，[男妇]共七名口

六门胡有利，本县人，[年]五十四[岁]，耕[生理]，[男妇]共八名口

七门胡安贵，本县人，[年]六十一[岁]，耕[生理]，[男妇]共五名口

八门胡兴贵，本县人，[年]五十七[岁]，耕[生理]，[男妇]共六名口

九门胡起生，本县人，[年]五十三[岁]，耕[生理]，[男妇]共七名口

十门胡华树，本县人，[年]五十六[岁]，耕[生理]，[男妇]共十名口

器械四件

康熙四十二年九月十九日给

仍有各家门牌十张在外

仍有五家与清石滩第一甲共编一甲，洪姓五家半甲　胡姓五家半甲，以十家编一甲

婺源县东乡清源约乡约长汪邦贤、洪华生，保长洪叙，第一甲甲长洪廷第一甲内

一门胡德禄，年二十三岁，耕生理，户内共男妇七名口

一门胡应敖，[年]五十二[岁]，耕[生理]，[户内共男妇]五名口

一门胡应寿，[年]六十[岁]，耕[生理]，[户内共男妇]六名口

一门胡应周，[年]三十五[岁]，耕[生理]，[户内共男妇]四名口

一门胡，其门牌显其担去未上

此系原与清石滩共编一甲，后与城口三处面议，以近附近，其丙年清石滩独任，其壬年本甲与城口两半甲共任一年，有议约存照。

※本图册书自万历二十年间造解皇册起，至康熙二十三年甲子岁，该七甲江永兴承充。因洪贞生上手出牌，捉江永兴承认，是以互口相讼。身

以书达七甲江公展先生，江枚云丈调释，终止，通会下五干（甲）另议书手合同五张，每甲执一张为照。本甲合同系西岸尔绥收执。今轮七甲册书系西岸尔绥代充一轮。再照，合同承充即廿三年甲子，尔绥承充系代七甲江永兴充当一轮。

※里长总记

本图自升图起，孟勋公身房充当二轮；孟熹公思达叔房充当二轮；孟照公佉、琏兄房充当二轮；茂棣公下望股充当一轮；金泽、金华房共充一轮。

康熙十年，金谟房充一半，棣公下佉养、佉相共充一半，三人共充当一轮。谟贴工食银五两付养兄弟代充一半。

康熙二十年，孟炫公金善叔房充当一轮，系佉相弟代充，善边贴工食银十两。

康熙三十年，佉相、佉养、佉榜兄弟佉时、佉新、佉生、金华，共议工食银十两，贴出相兄弟充当。念才力不能充当，业充一轮，已前认过，已后再又照祖例轮充无异。

康熙四十年，孟勋房佉让承充，众贴工食银十两。因晓起七甲、八甲钱粮不交，三年不能当完，众议贴银十两。身仍实赔银四两。此轮算在众当，其后轮充者不得私贴。

康熙四十九年正月初二，算年头账，本门三面众议催头遵依祖例轮充，三面拈龟（阄）为定，开述于后。

康熙五十年辛卯岁起，一龟（阄）佉熊；二龟（阄）佉兰；三龟（阄）佉时；四龟（阄）时荣；五龟（阄）佉让；六龟（阄）时德；七龟（阄）佉金；八龟（阄）时连；九龟（阄）时辗；十龟（阄）时初。在外居者时华兄弟、时柱兄弟、时遇兄弟、时桂、时云兄弟。

※辛卯岁四图合同抄白

系各甲自纳，其正合同付时旦边收执。

立议合同十都四图十排人等，今轮遵奉县主蒋大老爷示谕颁行。为图甲赋役不均，各甲钱粮多寡不一，无如每甲择粮多之户，点一名为甲催，各催各甲之粮，劳逸均平之政。此系爱民之至意，征纳之良规，重担轻分，则无拖累之苦，民心悦服，诚为百世不易之善政也。是以通图会集，立议成规，其各甲承充应催之年，凡催办米荳、上号落号，供应一年等项事例，俱系现年应催承当料理，不得贻累众甲。其递年粮编，俱系各甲催率各户之粮，照依官限赴县上纳，不得贻累现年应催。自今议立之后，各甲遵依点定甲催，齐赴县报明，投递承认，各催各甲之粮，悉照官限完纳。倘有飞差重任，举报事情，现年应催通图会议，不得私举妄报，以滋多事。凡有违拗者，即会十甲公举呈究。事在必行，立此合同一样十张，各执一张为照。

此例久行，无容再议。倘遇新例，变更私议，亦遵此例合同为率。周行十载至二轮九甲止，再通十排酌议。其营米、黄豆，自一甲为始，十甲止，各甲办纳，永远遵行。各甲照粮算与经催上纳毋辞。再批。

康熙四十九年腊月初三日立议合同十甲人名：一甲洪芳生押；二甲洪胡押；三甲洪遇春押；四甲孙国用押；五甲孙义兴押；六甲曹启先押；七甲江永兴押；八甲洪叶鼎押；九甲吴汪詹押；十甲胡先押。

各甲轮充值年各处述后：甲年：东岸、半山；乙年：思源洪胡；丙年：清源洪胡；丁年：城源；戊年：龙源；己年：东溪洪胡；庚年：斗土太；辛年：星源；壬年：城口、东岸；癸年：桃源吴汪；

※因石镇源私卖祖坟畔地，六派共立合同戒后抄白

立议合同延昇公六派支孙人等。今因镇源胡德广不合将祖坟山已开生基，土名烧庄溪西硼，出卖与汪姓。干违祖训，致动公忿，本应重惩，姑从薄罚，以警其后。《谱例》："凡有坟山众业，子孙不得出售外姓，如有以不孝罪论"。自今立墨之后，恪遵谱意。本族各处祖坟山业，毋得恃顽阘刁，出卖外姓，以兹（滋）多事。如有蹈踵前辙，责令本派退赎，毋得推诿，仍以不孝罪论。自兹以后，各派各责遵守，务俾一族之和气，敦伦之厚道。立此合同一样六张，各执一张，永远存照。

康熙五十四年六月　日立议合同延昇公六派枝孙开列于后：镇源：胡应科（押）、德福（押）；方思山：胡贤义（押）、德永（押）；青源：胡爱生（押）、永茂（押）；城源：胡香（押）；高源碧窑：胡大生（押）、大郎（押）；西岸：胡大兴（押）；龙尾东段：胡俉让（押）、时行（押）

※**因康熙丁亥年请佛之后，人心不一，元宵不出，各神醮俱废，以致时岁不丰，故有此议墨**

香岩禅院，志来远矣。龙尾上社，自昔于兹，民俗贫朴，耕务为生。所供阆峰七佛如来，乃本家万年香火，纪年一请，福国祈丰。每逢轮请之期，庙前演戏平台，俗子还戏两棚，不花不彩，惟敬惟诚。敷掠轻而费用廉，并无外侮之欺扰。此古人经制之美，立法之常如此，故能悠久而无疆。今时则不然，人事好胜，自顺治己亥，轮首迁立棚场于洲上，楼基彩绚，远接梨园，招摇四方之观游。平敷十户之重敛，户甲不均，费用什倍，一轮胜一轮，于兹惟盛。近于康熙丁亥年轮首请之期，不亿势焰之毗连，炒闹棚场，现捉宋某、陈某扛轿，仍复当场罚戏一棚。一社之羞何忍，而四方观者难堪。然则种瓜之人而被偷瓜之汉所缚，由是不得已而忿懑辍社，烧毁棚架。数年以来，散慢神祇之弗福，追思古意之攸存，是以通村佥议，以方以社，爰立春祈秋报之常典，祈丰祈保，永咸乐育之神庥，庶遂人心奠安。

神座众议成规，分班轮首。

此议墨有三张，时早收执一张，时行收执一张

康熙五拾年正月十五日同会议人：胡佲让（押）、时元（押）、佲相（押）、时行（押）、佲熊（押）、时早（押）、时富（押）、士鸿（押）、洪观护（押）

※**为丁亥年轮请佛头首散社合同　詹文旦　陈廷值　叶尚青　宋子宾　胡长木　汪昌吉　胡子吉　惟兆　申公**

龙尾上社立议合同人胡佲让、大贵、时行、茂富等。原有阆山古佛，同宋、詹、陈、叶、汪众姓纪年一请，祝国保民，历守无异。迩因康熙丁亥年轮请之期，不意有外社强邻闯棚欺侮，堪为太息。头首畏焰，不可胜言。曾立誓愿忿毁棚架，未编甲簿，辍社数年，神典荒替。切思强可凌弱，神必福善。是以本家胡姓合议：各供元宵以保人丁，各做木醮而祈丰稔。至于轮请之年，酌量公议，亦照本家胡姓亩角、锅头派敛，迎神赛愿以答神庥，则神天锡庆，黎庶安康。敬神则以诚为本，仪礼则以俭为本，不得重敛浪费，以滋多事。自今立墨之后，倘有外侮之来，务要同心协力以全

其议。今欲有凭，立此合同一样四张，各执一张为照。

康熙五十四年正月　　日立合会人：胡侅让（押）、大贵（押）、时行（押）、茂富（押）、大兴、侅相（押）、时旦（押）、茂椿（押）、士奇（押）、士乾（押）、士鹄（押）、茂柏（押）、士衍（押）、现武（押）、士宏（押）、茂贵（押）

第壹张，兆兴公收执；第贰张，远售公收执；第叁张，里湖武公收执；第肆张，外湖程垓路收执。

※立合同兆兴公、远售公支下子孙等

自明初彭祖公卜居龙尾东岸，历今三百有年，世守耕读，而烟不满四十，男丁亦常百余。文风不振者，皆由宅基高露，水口低旷，源头坳风，龙身受伤，兼杂寅甲之故。以致男寿不永，妇多寡而子多孤，有坚节抚子，亦有招夫育子者。前代有之。经今七十余年，未有此举。今金泽次子玄锡早丧，任意身老孙幼，遂将媳詹氏私招姚福先，顾徇一己之私。且曰姚福先休邑淳厚，独不思后来效尤者，而有强邻暴戾之渐，微宗弱族之破局，气数代夺之即由也。是以众罚金泽备酒，集众严立合同，日后招夫抚子之说，永远一概再不得开端。如有强梁图财，灭众横为者，通众严行惩罚，不得私徇，仍照此为定。亦不许招留异姓，起造烟灶居住，如有招留者，与前同议。再八股里松树岭后龙山，乃基人之命脉。黄土岭外山寒坞各处坟山，乃祖宗之灵寝，子孙性命攸关。朗山寺、天井观乃万年香火，神庇人依。此三者乃祖宗之创业垂统，子孙当以继述为先，世守为念。日后倘有不肖子孙，或贪财私卖，或强债勒写外人者，必要亲房名下严责卖主取赎，毋得推捱延迟。如有不遵者，通众理论，责赎取回，仍以不孝罪论。自立之后，两房子孙等务要同心一气，以门户乡局为重，永远遵守，毋得异说。恐后无凭，立此合同一样四张，各执一张为照。

康熙十三年甲寅太岁七月十七日众立合同抄白

兆兴公房合同二张系时玉侄写；远售公房合同二张系侅让写。第一张槐公房思龄收执；第二张钟公房守信收执；第三张棣公房玄望收执；第四张，文旦公房时亨收执

书 评

重新发现淮河之美

——评《走读淮河——淮河南北过渡带文化考察》

高 旭

作为生活于淮河流域的文化学者，始终对这条自古以来就以"四渎"著称的大河有着深厚的感情，对它绵延千里、东流入海的宏伟气魄有着由衷的赞叹。也因此，对关于研究和描写淮河的学术文化书籍，产生极为浓厚的阅读兴趣，渴望从中不断发现淮河更多的自然之美、人文之美，能够更为深入地与之相交为友，在人、河相亲中获得心灵上的充实愉悦。由安徽省文史研究馆馆员、原蚌埠市社科联主席郭学东所著《走读淮河——淮河南北过渡带文化考察》（以下简称《走读淮河》）一书（黄山书社，2017），便能给人以如此的精神享受，让人在娓娓道来的生动笔触中，再次走近浩浩荡荡的淮水长河，重新发现它缤纷多彩的历史文化蕴涵，体验其中无穷无尽的自然人文魅力。通读之后，抚卷而思，深感该书具有四个"有机统一"的著述优点，令人印象深刻。

一 图文并茂，可视性与可读性有机统一

《走读淮河》一书给人以最直接的印象就是不仅有着流畅生动的文字描写，更是配有大量彩色的摄影照片与历史图片资料。作者从淮河源头——河南桐柏县，顺流而下，一直走到江苏滨海淮河入海口及扬州三江营入江归海口，并在此考察过程中，亲自实地拍摄了淮河沿岸的大量自然、人文

景观的照片。这些第一手的摄影照片以及其他图片资料，经过精审的选择，与书中各章节的内容有机结合，相互照应，成为对淮河及淮河文化最为直观的介绍呈现，带给人亲切直观的现场感，使人如临其境，引人入胜。在笔者读过的同类著作中，《走读淮河》一书的可视性与可读性的结合可谓上乘。这为该书增色不少，确为一大亮点。

二 行知结合，实地考察与文献研究有机统一

作为一部对淮河南北过渡带地域进行全面文化考察的专著，《走读淮河》不仅具有深厚坚实的典籍文献与地方史料的研究基础，而且能在最大程度上体现出作者从事田野考察、民俗采风的实践努力。因此，不夸张地说，这是一部充分体现"行知结合"特点的有价值的学术文化著作。在作者笔下的淮河沿岸，不论是在上游河南境内的淮源桐柏山，中游安徽境内的双墩、蒙城尉迟寺、涂山、正阳关、寿春、大泽乡、灵璧、凤阳，还是下游江苏境内的泗州、淮安、扬州，无一不显现出作者亲身考察后的真知灼感。正因如此，书中所使用的典籍文献与地方史料也能得到作者更为深入的考辨分析，与其田野实践形成良好的互动印证，得出更具有学术性、说服力的结论。如对桐柏山淮源的探讨，即是如此。在结合各种文献史料与实地勘察结果的基础上，作者方才认同和采纳"淮河发源于桐柏山太白顶主峰西北河谷"的观点。再如，为探明天津与蚌埠两地方言口音和词汇的历史关联性，作者到蚌埠淮河北岸至宿州一带进行采风式考察，并从明初凤阳西北乡的蚌埠、淮河以北的王庄、固镇等地有大量人口移民天津的史实记载着眼，进而揭示出"凤阳府方言和民俗文化就成了现代天津文化之根"的重要结论。这种实地考察与文献研究相结合的著述优点，既让《走读淮河》一书充满来自淮河两岸民间的活泼的乡土气息，使人不由产生亲切熟悉之感，也让书中原本严肃的学术观点变得兴味盎然，不再枯燥呆板，而更具有感染力。从中可看出作者在学术功底、社会阅历与著述能力上有着良好的综合素养。

三 雅俗共赏，学术性与通俗性有机统一

《走读淮河》一书有着较强的可读性。作者十分注重对淮河文化的学术

内涵进行深入浅出的通俗表达，尤其是能有效发掘利用淮河流域的神话传说、历史典故、风土民俗等内容，在写作中赋予其一定的故事性的表现手法，由此产生出跌宕起伏、生动有趣的叙述效果和阅读魅力。但是，作者这种通俗化的写作方式，并未脱离淮河文化研究的严肃的学术前提，而是始终坚持和体现出学术性第一的著述立场，注重突出对前人研究成果的吸收化用，以及对自身独到看法的精当表述。对涡淮水神"巫支祁"的来历及其与明代吴承恩所著《西游记》的历史关联的叙写中，作者便结合了历史文献、地方传说、石刻遗存、田野考察和研究论著等多种因素，在此基础上展开辨析讨论，并提出自己的具体认识。这种既体现学术性又凸显通俗性的著述语言，使得《走读淮河》一书在阅读上能取得雅俗共赏的良好效果，让人在思考中也能获得轻松惬意的精神愉悦。可以想见的是，作者这种大众化的著述方式会让更多人对淮河文化产生浓厚的兴趣，进而发生潜移默化的影响，让他们成为热爱和推动淮河文化发展的新的社会基础和重要力量。

四　以古鉴今，历史兴衰与现实反思有机统一

《走读淮河》一书并非单纯意义上的淮河文化普及读物，而是在溯源淮河流域历史变迁发展的过程中，着重于反思和总结其中的经验教训，力求为淮河的现代治理以及淮河两岸人民的更好生活发挥出有益的促进作用。因此，对历史上古圣先贤与社会民众在淮河治理和沿岸经济开发中曾展现出的聪明才智，作者不吝赞美，给予积极的肯定。如孙叔敖开发江淮水利，淮南王刘安创制豆腐，淮上花鼓灯、泗州戏"拉魂腔"的产生，明清淮扬菜系的形成等，无不显示出淮河两岸人民在特殊自然环境中勇于抗争、善于创造的勃勃生机与活力。与此同时，对淮河历史上曾经有过的发展教训，作者也没有忽略或回避，而是深入思考，试图为现代淮河流域发展提供重要的借鉴。如对明初朱元璋罢建凤阳中都皇城、明代中后期泗州古城在洪水中逐渐沉沦等，作者都在历史兴衰的生动叙事中，深刻揭示出其中发人深省的教训所在。可见，《走读淮河》一书具有深刻的历史思维。人们在阅读过程中，不但能获得来自淮河相关文化知识的愉悦，更能感受到其间兴衰演变的时空冲击，产生关注和思考淮河治理发展的强烈的现实意识。以古鉴今，知古明今，《走读淮河》称得上一部有着"历史之美"的文化

杰作。

书无尽善，任何著作都会由于客观或主观条件的限制，存在一些局限不足。《走读淮河》一书尽管优点突出，但同样也有可以改进的地方。书中对淮河流域发展历史的叙写，在个别章节的安排上或可商榷，有所调整，避免时空上的交错冲突，而能让读者产生更为清晰的历史脉络认识。对淮河流域上、中、下游之间的文化差异比较，以及淮河与黄河、长江等其他大河流域文化发展的历史比较，书中可以更加充实一些，以凸显出淮河文化的多样性、独特性。对一些学术界已有新的研究认识的内容，书中也应有所及时关注和吸收，关于豆腐的起源问题便是如此。

瑕不掩瑜，总的来看，《走读淮河》一书是近年来并不多见的淮河文化研究的力著佳作。因为正如书名所言，这部图文并茂、精彩纷呈的学术文化著作，乃是作者"读万卷书，行万里路"后的精神产品，其中蕴含承载着作者身为"淮河人"对浩荡雄浑的千里淮河的亲近之情，对丰富博大的淮河文化的热爱之意。这既让每一位与之相同的"淮河人"在阅读中感同身受，心情激荡，也让那些并不生活于淮河流域的人们能不禁产生走近淮河，了解淮河的内在冲动，渴望与无数淮河儿女们一同重新发现千里长淮风光无限的文化之美。

（高旭，安徽理工大学楚淮文化研究中心副教授）

征稿启事

《中国区域文化研究》是安徽师范大学高端科研平台"中国区域文化研究院"主办、安徽省重点智库"安徽省文化发展研究院"和安徽师范大学历史与社会学院协办的学术辑刊，每年出版两辑。刊物由中国社会科学院中国历史研究院古代史研究所所长卜宪群研究员担任主编、国内著名专家学者担任编委，主要刊登中国区域文化研究相关前沿成果，努力为学术界提供交流对话平台。

本刊热忱欢迎广大专家、学者赐稿，就中国区域文化研究的相关问题提出新观点，做出新阐释，公布新史料，推动中国优秀区域文化的创造性转化和创新性发展。

《中国区域文化研究》对所有来稿实行三审制，由责任编辑初审，同行专家复审，主编终审。请勿一稿多投，来稿请自留底稿，2个月内未收到录用通知者可自行处理。本刊投稿邮箱为：zgqywhyj@163.com；纸质投稿地址为：安徽省芜湖市九华中路189号安徽师范大学历史与社会学院《中国区域文化研究》编辑部，邮编241002。

一 主要栏目

笔谈：每辑邀请3~5位学界名家撰写一组每篇3000字左右的主题笔谈。

理论反思：刊载对中国区域文化进行理论探讨与学科建设的理论性文章。

专题研究：刊载中国区域文化专题研究论文。

特色史料：选载稀见中国区域文化研究资料。

二　投稿要求

1. 文章必须未曾在其他正式刊物发表。

2. 文章篇幅原则上控制在 20000 字以内，重大选题稿件字数不限，需附中、英文标题、摘要、关键词，摘要 200 个字左右，中、英文摘要内容对应。

3. 文书文献、档案史料类投稿，建议采用 word 文档，并附分辨率较高的照片或扫描件，以便核对。

4. 各级基金项目应在文章首页以页下注形式标注，例如"基金项目：国家社科基金一般项目'……'（……）"，注明基金项目名称，并在圆括号内注明项目编号。

5. 文章中出现的外文专门名词（人名、地名等）除了特别常见的以外，一律附外文原文，用圆括号标明。

6. 文章所引资料的注释必须规范，准确标明作者、著作（文章）名称、出版社或出版物的名称、出版或发表的时间、页码等。注释一律采用页下注①……

7. 中文资料或中译本的注释一律使用汉语，例如：

钱穆：《中国近三百年学术史》，商务印书馆，1997，第 3 页。

汤用彤：《魏晋玄学与文学理论》，《中国哲学史研究》1980 年第 1 期。

〔德〕尼采：《论道德的谱系》，周红译，商务印书馆，1992，第 67 页。

8. 外文材料的注释一律用外文原文，不必翻译成中文。书名与刊物名一律用斜体标出，文章名加引号，但不用斜体，例如：

Saskia Sassen, *Expulsions: Brutality and Complexity in the Global Economy*, Cambridge: The Belknap Press of Harvard University Press, 2014, p. 51.

David Harvey, "Reinventing geography: An interview with the editors of New Left Review," in *New Left Review*, August, 2000.

9. 文章标题部分使用三号黑体，摘要部分使用小五楷体，正文部分使用五号宋体。文章英文部分，包括英文标题、摘要、关键词，英文专门名词（人名、地名等），英文注释等，均为 Times New Roman。文章章节标题使用四号黑体。

  10. 所有稿件，建议采用 word 文档投稿，也可投纸质稿。来稿请注明作者姓名、工作单位、职称、研究方向、联系地址、邮件地址等。

  本刊实行优稿优酬，稿费原则上按照 200 元/千字标准执行。

《中国区域文化研究》编辑部
2019 年 2 月

图书在版编目(CIP)数据

中国区域文化研究.第一辑:创刊号/卜宪群主编. -- 北京:社会科学文献出版社,2019.3
ISBN 978-7-5201-4239-7

Ⅰ.①中… Ⅱ.①卜… Ⅲ.①区域文化-研究-中国 Ⅳ.①G127

中国版本图书馆 CIP 数据核字(2019)第 024018 号

中国区域文化研究(第一辑,创刊号)

主　　编 / 卜宪群

出 版 人 / 谢寿光
责任编辑 / 宋月华　吴　超
文稿编辑 / 吴　超

出　　版 / 社会科学文献出版社·人文分社(010)59367215
　　　　　　地址:北京市北三环中路甲 29 号院华龙大厦　邮编:100029
　　　　　　网址:www.ssap.com.cn

发　　行 / 市场营销中心(010)59367081　59367083
印　　装 / 三河市东方印刷有限公司

规　　格 / 开　本:787mm×1092mm　1/16
　　　　　　印　张:16　字　数:264 千字

版　　次 / 2019 年 3 月第 1 版　2019 年 3 月第 1 次印刷
书　　号 / ISBN 978-7-5201-4239-7
定　　价 / 99.00 元

本书如有印装质量问题,请与读者服务中心(010-59367028)联系

▲ 版权所有 翻印必究